山东省人力资源社会保障课题
课题编号2024YBKT-2

三步助你成功就职

王韦懿 马 煜 张 鹏◎编著

· 毕业生求职必备手册
· 山东省人社厅"就职指南针"职业指导项目指定教材
· 山东省人社厅高校毕业生职业指导课题教材
· 山东省普通高等学校就创业指导课程（活动）推荐教材

中国海洋大学出版社
CHINA OCEAN UNIVERSITY PRESS
·青岛·

图书在版编目（CIP）数据

三步助你成功就职 / 王韦懿，马煜，张鹏编著．
青岛：中国海洋大学出版社，2024. 8. -- ISBN 978-7
-5670-4026-7

Ⅰ．G647.38

中国国家版本馆 CIP 数据核字第 2024WU6266 号

三步助你成功就职

SAN BU ZHU NI CHENGGONG JIUZHI

出版发行	中国海洋大学出版社		
社　　址	青岛市香港东路 23 号	**邮政编码**	266071
出 版 人	刘文菁		
网　　址	http://pub.ouc.edu.cn		
电子信箱	2586345806@qq.com		
订购电话	0532-82032573（传真）		
责任编辑	矫恒鹏	**电　　话**	0532-85902349
印　　制	蓬莱利华印刷有限公司		
版　　次	2024 年 8 月第 1 版		
印　　次	2024 年 8 月第 1 次印刷		
成品尺寸	185 mm×260 mm		
印　　张	15		
字　　数	303 千		
印　　数	1～1000		
定　　价	69.00 元		

发现印装质量问题，请致电 0535-5651533，由印刷厂负责调换。

编 委 会

主　　任：王韦懿　马　煜　张　鹏

副 主 任：彭　喆　邢晓宇　吴远庆　彭文瑞　王义利

　　　　　陈晓燕　林肇军　姜培杰　刘　莉　李　波

　　　　　钟向东　卢爱玲　蔡红兰　纪德力　武怀亮

参编人员：刘东来　王　玉　刘文义　衣学航　刘海强

前 言

在当今这个充满机遇与挑战的时代，高校毕业生正面临着前所未有的就业考验。"不就业""慢就业""毕业即失业""学校到职场断层"等现象频发，成为亟待解决的社会议题。为了帮助广大毕业生更好地适应职场环境，提升就业竞争力，我们精心编纂了《三步助你成功就职》一书。本书旨在通过系统性、专业性和有针对性的职业指导，为毕业生铺就一条通往职场成功的坦途，助力他们达到更高质量的就业目标。

本书的核心内容分为三个循序渐进的步骤，旨在引导学生逐步迈向职业巅峰。首先，我们从职业目标的明确入手，引导学生通过自我认知、职业探索及决策制定，破解求职初期的迷茫状态，为就职成功奠定坚实基础。清晰的职业方向是找到适合的工作、实现职业发展的前提，因此这一步至关重要。

然后，我们着重传授求职的关键技能和策略，包括如何撰写具有针对性的简历，以及如何为不同类型的面试做好充分准备。这一步是打开职业大门、实现就职突破的关键所在。我们深知这些技能和策略对于毕业生的重要性，因此在这一部分倾注了大量心血，力求提供实用、有效的指导。

最后，我们聚焦于职场适应与长期发展，通过培养职场能力、塑造入职必备素质，确保毕业生不仅顺利入职，更能快速融入职场并实现持久发展。这一步弥补了学校知识与职场实践之间的鸿沟，是就职成功并持续成长的保障。我们坚信，只有在职场中不断学习和成长，才能真正事业有成。

除了核心内容外，本书还汇集了大量实用信息，如求职网站导航、人才引进政策、就业政策解读、毕业生档案管理、报到流程，为求职者提供了一站式的求职指南。这些信息对于毕业生同样重要，因为它们有助于解决求职过程中的信息不对称问题，让毕业生更加自信、从容地面对职场挑战。

在本书编写过程中，我们力求创新，摒弃空洞说教，既提供了系统性职业指导，从职业目标明确到求职技能提升，再到职场适应与长期发展的全面指导，帮助毕业生系统地构建职业规划体系，又实战干货丰富，汇集了大量实战经验和技巧，这些内容都是即学即用的，能够帮助毕业生在短时间内迅速提升求职竞争力。本书还注重个性化需求，针对不同专业和行业的需求，设计了具有针对性的课程模块。无论是从内容架构还是具体细节上，都力求做到尽善尽美，以满足毕业生的实际需求。

　　总之，本书是我们多年职业指导经验的结晶，也是我们对广大毕业生的诚挚献礼。我们希望这本书能够成为你求职路上的明灯，指引你走向成功的彼岸。愿你在职场的征途中披荆斩棘、勇往直前，书写属于自己的辉煌篇章！

　　由于水平有限，书中难免有不足之处，敬请读者朋友批评指正。

编者

2024 年 5 月 22 日

目 录
CONTENTS

◆ **实务篇** ◆

◆ 资料篇 ◆

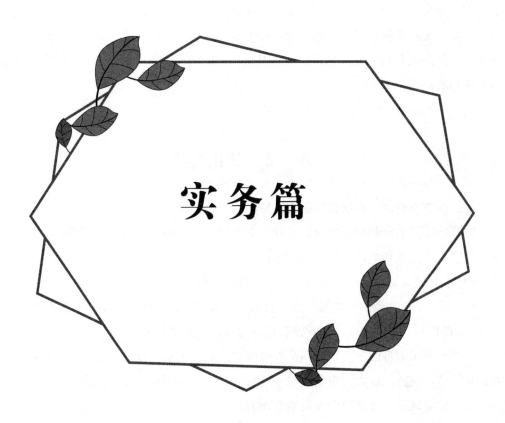

实务篇

Step 1　职业定锚：成功人生的基石

为什么有些人能力很强、本该在事业上获得成功，却事与愿违？为什么看似不怎么聪明的人却事业有成？这就是职业定锚的神奇力量！合适的职业能使个人才能得到充分发挥，带来无限的创造机会，也带来事业的成功。所以说，职业定锚是决定一个人的社会地位、经济收入乃至生活方式的重要因素，是指引我们前行的灯塔，是我们构建成功人生的基石。

第一节　认识自我

一、趣味小测试：开启自我探索之旅

在开始正式的自我探索之前，让我们先来做一个小测试，看看你对自己的了解有多少。请准备一张纸和笔，回答以下问题：

· 你小时候最喜欢玩的游戏是什么？它反映了你的哪些特质？

· 回想一下你曾经做过的最有成就感的一件事，是什么让你觉得有成就感？

· 假设你有一天的自由时间，没有任何安排，你会选择做什么？

这个小测试的目的是帮助你回忆起那些被遗忘在记忆深处的片段，从中发掘出你的兴趣和优势。现在，让我们带着这些小线索，开始真正的自我探索之旅。

二、挖掘兴趣：寻找职业发展的源动力

（一）探索兴趣岛

恭喜你！你获得了一次免费度假游的机会，有机会去探索兴趣岛下列 6 个岛屿中的一个。唯一的要求是你必须在这个岛上待满至少 3 个月的时间。请不要考虑其他因素，仅凭自己的兴趣挑出你最想前往的岛屿。

1 号岛屿：自然原始的岛屿。岛上自然生态保持得很好，有各种野生动物。居民以手工见长，自己种植花果蔬菜、修缮房屋、打造器物、制作工具，喜欢户外运动。

2 号岛屿：深思冥想的岛屿。有多处天文馆、科技博览馆及图书馆。居民喜好观察、学习，崇尚和追求真知，常有机会和来自各地的哲学家、科学家、心理学家等交换心得。

3 号岛屿：美丽浪漫的岛屿。有美术馆、音乐厅和街头雕塑，还有随时可见的街边艺人，弥漫着浓厚的艺术文化气息。居民保留了传统的舞蹈、音乐与绘画，许多文艺界的朋友都喜欢来这里找寻灵感。

4 号岛屿：友善亲切的岛屿。居民个性温和、友善、乐于助人，社区均自成一个密切互动的服务网络。人们重视互助合作，重视教育，关怀他人。这里充满人文气息。

5 号岛屿：显赫富庶的岛屿。居民善于企业经营和贸易，能言善道。经济高度发展，处处是高级饭店、俱乐部、高尔夫球场。来往者多是企业家、经理人、政治家、律师等。

6 号岛屿：现代化、井然有序的岛屿。岛上建筑十分现代化，是进步的都市形态，以完善的户政管理、地政管理、金融管理见长。岛民个性冷静保守，处事有条不紊，善于组织规划，细心高效。

按自己的第一选择的岛屿分组就座。

• 同一岛屿的人交流一下：自己为什么选择这个岛屿，看看大家有什么共同的兴趣爱好，归纳为关键词。

• 根据大家的交流给自己的小组命名并选取一个标志物，在大白纸上制作一张本小组的宣传图。

• 每个小组请一位同学用 3 分钟时间展示自己小组的图并在全班介绍一下自己小组成员共同的特点。

表 1-1 6 个岛屿所对应的人物性格特点呈现表

1 号岛	实用型——R	Realistic
2 号岛	研究型——I	Investigation
3 号岛	艺术型——A	Artistic
4 号岛	社会型——S	Social
5 号岛	企业型——E	Enterprising
6 号岛	事务型——C	Conventional

R 实用型人的特点：喜欢具体的任务；工具使用、动手能力强；喜欢做体力工作、户外活动；更喜欢与物打交道；技术性行业工作人员；工程师、木匠、外科医生。

I 研究型人的特点：喜欢探索和理解事物；平静、深邃、内敛；有智慧的；独立的；实验室研究员；科学家、禅师、智者。

A 艺术型人的特点：喜欢自我表达；富有想象力、创造力；追求美、自由、变化；喜欢多样性与展示；艺术家、诗人、自由职业者。

S 社会型人的特点：对人感兴趣；良好的人际交往技能，敏感的关系体验；服务他人、微笑；帮助别人解决问题；教师、护士、心理咨询师。

E 企业型人的特点：向人推销自己的产品或观点；追求领导力与社会影响；有抱

负，责任感强烈，勇于承担压力；言语说服能力强；销售、管理人员、政治家、律师、思想领袖。

C 事务型人的特点：喜欢有条理、程序化的工作；忠诚、乐于执行与服务；有组织有计划；细致、准确；会计、文秘、档案管理、信息整理。

（二）深入探索

霍兰德职业兴趣测试：通过回答一系列问题，测试自己在现实型、研究型、艺术型、社会型、企业型和常规型这六个维度上的得分，从而了解自己的职业兴趣倾向。

MBTI 性格类型指标：通过这一测试，可以了解自己在能量获取、信息收集、决策方式和生活方式等方面的偏好，进一步揭示自己的职业兴趣。

操作步骤：访问专业的在线测试平台，找到霍兰德职业兴趣测试或 MBTI 性格类型指标测试。仔细阅读测试说明，确保理解测试的目的和答题方式。认真回答每一个问题，尽量根据自己的真实感受和经历进行选择。完成测试后，查看测试结果，了解自己的职业兴趣倾向和性格类型。

自我反思与日记记录：通过写自我反思日记，每天记录下自己的感受、思考和行为，尤其是那些让你感到兴奋、满足或有兴趣的活动，以便更好地了解自己的情感、动机和行为模式。

生涯故事与自我叙述：通过叙述自己的故事，包括成长经历、重要事件和转折点等，能够更深入地理解自己的成长轨迹和职业倾向，发现那些影响自己职业选择的深层次因素。

三、评估优势：发现职业发展的核心竞争力

（一）什么是优势

优势是我们在职业发展中的核心竞争力，它让我们在激烈的竞争中脱颖而出。

（二）如何全面评估优势

要全面评估自己的优势，可以参考以下步骤：

（1）自我反思：静下心来，回顾那些感到成功、自豪和满足的时刻，思考在这些经历中展现出的特质、技能和才华，思考自己的长处和短处。你可以从技能、知识、经验、性格等多个方面进行思考。

（2）寻求反馈：向身边的朋友、同事或导师寻求反馈。他们可能会从不同的角度看到你的优势，给你提供新的启示。

（3）实践检验：将你的优势应用到实际工作中，观察它们是否能为你带来更好的表现和成果。通过实践检验，你可以更准确地评估自己的优势。

（4）进行优势评估测试：使用在线优势评估工具，如 StrengthsFinder、Gallup Q12 等。这是一个基于优势的测试，旨在帮助你发现自己的独特优势和天赋。

SWOT 分析：通过分析自己的优势（Strengths）、劣势（Weaknesses）、机会（Opportunities）和威胁（Threats），可以更全面地了解自己的职业竞争力。

操作步骤：找到可靠的在线测试平台，进行盖洛普优势识别器或其他优势评估测试。根据测试结果，列出自己的主要优势和天赋。

结合 SWOT 分析，思考如何在职业发展中充分利用这些优势，同时应对潜在的劣势和威胁。

（5）整理成就事件：回顾过去的经历，找出那些让你感到自豪和有成就感的时刻。分析这些事件，思考你在其中发挥了哪些优势，以及这些优势如何帮助你取得成功。将这些优势记录下来，作为未来职业发展的参考。

（6）资源盘点：梳理自己的人际关系网络，看是否有内推的人脉资源，这些资源可以为你提供职业发展的机会和信息；回顾自己的学习和工作经历，列出自己掌握的技能和知识，这些是你职业发展的基础；分析这些资源，思考如何整合它们，以提升自己的职业竞争力。

通过以上具体的自我探索方法和操作步骤，我们可以更深入地了解自己的兴趣、优势和资源。

（三）课后作业：了解自我的一些简单测试题目

一、兴趣与爱好

1. 你业余时间最喜欢做什么？

A. 阅读书籍或报纸

B. 参加体育运动或户外活动

C. 学习新技能或参加课程

D. 社交活动或与朋友聚会

2. 你对以下哪个领域最感兴趣？

A. 科学与技术

B. 艺术与创意

C. 商业与经济

D. 人文与社会科学

二、性格特质

1. 你更倾向于哪种工作方式？

A. 独立完成任务，喜欢独立思考

B. 与团队合作，喜欢共同解决问题

C. 灵活多变，喜欢应对新的挑战

D. 有条不紊，喜欢按计划行事

2.当你面对困难或挑战时，你通常如何反应？

A.保持冷静，寻找解决方案

B.感到焦虑，需要寻求他人帮助

C.勇敢面对，积极挑战自己

D.容易放弃，避免面对困难

三、职业倾向

1.你认为自己最擅长的领域是什么？

A.沟通与协调

B.分析与逻辑

C.创意与设计

D.管理与领导

2.你希望未来的工作具备哪些特点？

A.稳定且有良好福利

B.充满挑战与变化

C.能够发挥创造力与想象力

D.对社会有积极影响

四、价值观与目标

1.你认为人生中最重要的是什么？

A.家庭与亲情

B.事业与成就

C.个人成长与自由

D.社会贡献与影响

2.你未来五年的职业目标是什么？

A.在某个领域成为专家或领导者

B.创业或开办自己的公司

C.追求更高的学历或深造

D.实现工作与生活的平衡

第二节 认识职业

一、趣味小测试：家族职业树探索

在开启对职业世界的探索之旅前，让我们先来做一个有趣的小测试——绘制你的家族职业树。想象一下，你的家族就像一棵大树，每一代人的职业都是这棵树上的一个分支。从祖父母辈开始，记录他们的职业，然后是你的父母，再到你这一代。这棵职业树会揭示出哪些职业在你的家族中代代相传，又有哪些新的职业分支在逐渐生长。

在"树梢"处填上个人爱好的职业（可填数种），将家族中各人的职业分别填入树的枝干上（各枝干代表家族成员，标出称谓）。个人职业可能有所变动，因此可同时填上目前的职业与先前从事过的主要职业，并将与咨询对象有密切关系的重要人物圈起来。将家族人员职业的共同特点填在"树根"处。

绘制完家族职业树后，你可能会发现一些有趣的规律：或许你的家族中有很多教育工作者，或者你的祖辈们都是医生或商人。这些规律不仅反映了家族的传统和价值观，也可能对你自己的职业选择产生潜移默化的影响。通过这个小测试，我们可以初步认识到职业选择并非完全是个人的决定，而是受到家庭、社会和文化等多方面因素的影响。

图 1-1 家族职业树

二、深入探索：如何从专业来找到适合自己的职业？

每个人的专业都是通往职业世界的一座桥梁。如何从专业出发，找到最适合自己的职业？这需要我们进行深入探索。

（一）了解所学专业对应的行业

1. 如何确定专业所对应的行业？

（1）了解专业的课程设置和培养方向。

首先，需要深入了解自己所学专业的课程设置和培养方向。这通常可以在学校的官方网站、招生简章、学院的教学计划或者学生手册中找到。通过这些信息，可以初步判断专业所属的行业领域。

（2）咨询专业人士或教师。

如果对专业的行业归属仍然不确定，可以向学校的教师、职业规划师或者相关行业的专业人士咨询。他们可以根据你的专业背景和技能，为你提供更具体的行业定位建议。

（3）查阅行业分类标准。

可以参考国家发布的行业分类标准，如《国民经济行业分类》。这些标准通常会详细列出各个行业的具体范围和包含的专业领域。通过查阅这些标准，可以更准确地确定自己所学专业所属的行业。

2. 需要了解行业哪些内容？又该如何了解？

（1）了解行业现状及发展趋势。

操作方法有以下几种。

数据收集：利用网络资源，如政府统计数据、市场研究报告（如IBISWorld、Euromonitor），查找关于行业整体规模、年增长率、市场份额等信息。

趋势分析：对比历年数据，观察行业的增长或下降趋势。同时，关注行业新闻和分析文章，了解专家对行业未来发展的预测。

参加行业会议：如果有机会，可以参加相关的行业会议或研讨会，以获取第一手的行业信息和趋势分析。

（2）分析行业人才需求状况。

操作方法有以下几种。

招聘网站搜索：定期访问招聘网站，搜索与所学专业相关的职位，了解这些职位的需求量、薪资水平和任职要求。

与从业者交流：尝试通过社交媒体或行业论坛与从业者交流，了解行业内对人才的需求和期望。

参加招聘会：参加校园招聘会或社会招聘会，与招聘方直接沟通，了解他们对人才的具体要求。

（3）探讨行业的社会评价与社会声望。

操作方法有以下几种。

社交媒体调研：在社交媒体平台上搜索行业相关的讨论和评价，了解公众对该行业的整体看法。

阅读行业报告：查找并阅读与行业声誉相关的研究报告或文章。

与行业内人士交流：通过与行业内的人士交流，了解他们对行业社会声望的看法。

（4）关注行业代表人物。

操作方法有以下几种。

确定代表人物：通过网络搜索或行业资讯，确定行业内的领军人物和成功人士。

追踪动态：关注他们的社交媒体账号、公开演讲或采访，了解他们的职业轨迹和成功经验。

案例分析：选择几位代表人物，深入研究他们的成功秘诀，收获启示。

（5）熟悉行业知名企业名录。

操作方法有以下几种。

编制企业名录：通过网络搜索、行业报告或专业书籍，收集行业内知名企业的信息，整理成一个名录。

深入了解：选择几家代表性企业，深入研究它们的发展历程、业务模式、市场前景等。

实地参观或实习：如果有机会，可以尝试申请到这些企业进行实地参观或实习，以更深入地了解企业文化和运营模式。

（二）了解所学专业对应的职业

专业是职业的起点，了解所学专业对应的职业类型、工作内容和要求，是找到适合自己的职业的关键。

1. 如何确定所学专业对应的职业类型？

明确自己的专业所属行业。例如，如果专业是计算机科学与技术，那么所属行业就是信息技术（IT）行业。

（1）了解行业内的职业分类。

每个行业内都有多种职业路径，因此需要了解行业内的职业分类。可以通过招聘网站、行业报告或者专业书籍等途径来获取这些信息。以 IT 行业为例，常见的职业包括软件开发工程师、数据分析师、网络安全工程师、系统架构师等。

（2）分析自身专业与行业内职业的匹配度。

在了解了行业内的职业分类后，需要分析自己的专业与这些职业的匹配度。考虑自己的专业技能、兴趣和职业目标，看哪些职业与自己的情况相符。例如，如果专业是计算机科学与技术，并且对数据分析和处理有浓厚兴趣，那么数据分析师可能是一个合适的职业选择。

（3）寻求专业人士的建议。

如果仍然不确定自己的专业对应哪些职业，可以寻求专业人士的建议。可以向学校的职业规划师、相关行业的从业者或者招聘专家咨询，了解他们对自己专业对应职业的看法和建议。

（4）参加行业活动和招聘会。

参加与自己专业相关的行业活动和招聘会，可以更直观地了解行业内的职业机会和就业前景。通过与招聘方和行业内的专业人士交流，可以获取更多关于职业选择和发展的信息。

2. 需要了解职业哪些内容？又该如何了解？

（1）确定目标职业范围。

根据自己的兴趣和所学专业，列出你感兴趣的职业领域或具体职位。

网络搜索：使用搜索引擎，输入相关关键词（如"计算机科学与技术专业对应职业"），收集可能的职业列表。

（2）深入了解职业信息。

查阅职业描述：访问招聘网站，搜索你感兴趣的职业，并详细阅读职位描述和工作内容。注意记录每个职业的主要职责、日常工作流程以及所需的技能和资质。

观看职业视频：在视频平台上搜索相关职业的视频介绍或工作日常，以获取更直观的了解。

参加线上、线下讲座：关注学校或行业内的讲座信息，尤其是那些与你感兴趣的职业相关的讲座。在讲座中提问，了解更多职业细节。

（3）分析职业技能要求。

专业技能：仔细研究招聘广告中提到的专业技能要求。将自己的专业课程与这些技能要求进行对比，了解自己目前技能的匹配程度。根据对照结果，选择相关的专业技能培训课程进行提升。

通用技能：评估自己在沟通能力、团队合作能力、问题解决能力等通用技能方面的水平。参加校内外的实践活动或社团，锻炼和提升这些技能。

（4）了解个人素质要求。

研究职业对个人素质的要求：通过查阅相关资料或咨询行业内的专业人士，了解目标职业对个人素质的要求，如自信、责任心、时间管理。

自我分析与提升：对照职业所需的个人素质，进行自我分析，明确自己的优势和不足，并制订提升计划。

参加素质拓展活动：通过参加素质拓展活动，如户外拓展训练、心理训练、领导力培训、时间管理课程，提升自己的个人素质。

（5）明确岗位职责与工作环境。

岗位职责：仔细阅读和理解目标职业的岗位职责描述，明确岗位职责和权利范围。通过与在岗人员交流，了解他们的工作经验和岗位职责，获得更直观的认识。如果可能的话，参加相关的岗位培训，更深入地了解岗位职责和要求。

工作环境：通过招聘网站或公司官网了解工作环境和条件。如果有机会，可以实地参观相关企业或机构，亲身体验工作环境。向在岗人员咨询他们的工作环境和工作强度等，获得更真实的信息。参加招聘会或行业展览，这些活动通常会展示企业的工作环境和工作条件，可以借此机会了解更多信息。

表1-2涵盖了大多专业和职业，但仍无法穷尽所有可能的专业和职业对应关系。每个人的职业发展都受到多种因素的影响，包括兴趣、技能、市场需求等。因此，在选择职业和规划职业发展时，应综合考虑个人情况和外部环境。

表1-2 高等院校所设专业（部分）对应《中华人民共和国职业分类大典（2022年版）》中的行业和职业（参考）

高等院校所设专业	《中华人民共和国职业分类大典（2022年版）》中的行业	《中华人民共和国职业分类大典（2022年版）》的职业（包括新增职业）
计算机科学与技术	信息和通信技术服务业	计算机软件工程师、计算机网络工程师、数据工程师、人工智能工程师、信息安全工程师、云计算工程师、大数据工程师、区块链工程师、工业互联网工程技术人员
软件工程	信息和通信技术服务业	软件架构师、软件开发工程师、软件测试工程师、软件需求分析师、自动化测试工程师、软件项目管理师
电子信息工程	电子信息产业	电子工程师、通信工程师、嵌入式系统工程师、无线电技术工程师、雷达工程师、电子技术研发工程师
机械设计制造及其自动化	制造业	机械工程师、机械设计师、产品工艺师、自动化工程师、机器人工程师、增材制造（3D打印）设备操作员
电气工程及其自动化	电力、热力、燃气及水生产和供应业	电气工程师、电力工程师、电力系统自动化工程师、能源管理师
土木工程	建筑业	土木工程师、结构工程师、路桥工程师、水利工程师、绿色建筑工程师

高等院校所设专业	《中华人民共和国职业分类大典（2022 年版）》中的行业	《中华人民共和国职业分类大典（2022 年版）》的职业（包括新增职业）
化学工程与工艺	化工、制药、环保等行业	化学工程师、化工工艺工程师、化学分析师、制药工程师、环保工程师、危险废物处理工程师
材料科学与工程	制造业、科学研究	材料工程师、材料研发工程师、材料测试工程师、新材料工程师、冶金工程师
生物技术	生物制药、生物科技等行业	生物工程师、生物制药工程师、生物技术研究员、基因工程师、生物信息学分析师
医学类专业	医疗卫生行业	临床医生、护士、药师、医学检验师、医学影像技师、康复治疗师、健康照护师
经济学	金融、经济咨询、政府经济部门等	经济师、金融分析师、金融风险管理师、经济咨询师、政策研究员
财务管理	金融、会计、审计等行业	会计师、财务管理师、财务分析师、注册会计师、内部审计师
市场营销	市场营销、广告、公关等行业	市场营销经理、市场调研分析师、数字营销师、品牌经理、广告策划师
法学	法律服务业、政府法制部门等	律师、法律顾问、法务专员、合规专员、知识产权专员
教育学	教育行业	教师、教育咨询师、特殊教育教师、幼儿教育教师、职业培训师
新闻传播学	新闻、广告、公关等行业	新闻记者、编辑、内容策划师、新媒体运营师、融媒体运营师
艺术设计	设计行业、广告行业等	平面设计师、UI 设计师、产品设计师、插画师、动画设计师、室内装饰设计师
环境科学	环保、公共卫生等行业	环保工程师、环境影响评价工程师、公共卫生管理师
食品科学与工程	食品制造、加工、检验等行业	食品工程师、食品安全工程师、营养师、食品检验师

此外，还有一些与新兴技术和行业相关的新增职业，如虚拟现实工程技术人员、集成电路工程技术人员、服务机器人应用技术员、智能硬件装调员、工业视觉系统运维员。

（三）了解所学专业对应的企业

优秀的企业是职业发展的摇篮，了解所学专业对应的企业，有助于我们找到适合自己的职业平台。

1. 如何确定专业所对应的企业？

招聘网站搜索：在各大招聘网站上搜索与自己专业和职业方向相关的职位，并查看这些职位是由哪些企业发布的。这样可以直接找到有招聘需求的相关企业。

行业目录和企业名录：查阅行业目录和企业名录，找到与自己专业相关的企业列表。这些资源通常可以按照行业、地区等分类进行搜索。

社交媒体和专业论坛：在社交媒体和专业论坛上关注与自己专业相关的讨论组或话题，了解行业内的最新动态和企业信息。

参加行业展会和活动：通过参加行业展会、研讨会等活动，可以接触到更多的企业和行业内的人士，从而了解更多的企业信息和行业动态。

2. 需要了解职业哪些内容？又该如何了解？

你可以通过浏览企业官网、阅读企业年报或参加企业宣讲会等方式，了解这些企业的基本情况、发展历程、企业文化和招聘需求。在探索优秀企业的过程中，特别要注意观察它们的企业文化。企业文化是一个企业的灵魂，它反映了企业的价值观、行为准则和团队精神。一个适合你的企业文化，将让你在工作中感到更加舒适和自在，也更有利于你的职业发展。主要从以下几个方面来了解：

（1）研究企业的基本状况。

访问企业官网：仔细浏览企业官方网站，关注"关于我们"或"公司简介"等栏目，了解企业的规模、业务范围、市场地位等。

查阅行业报告：通过行业报告或市场分析，了解企业在行业中的地位和发展趋势。

使用企业信息查询平台：利用天眼查、企查查等平台，查询企业的注册资本、成立时间、经营范围等基本信息。

（2）探究企业的发展目标。

查阅企业年报或公告：如果是上市公司，可以查阅其年报或相关公告，了解企业的发展战略和规划。

关注企业新闻动态：订阅企业的新闻动态，及时了解企业的最新发展和未来规划。

参加企业活动或发布会：如果有机会，可以参加企业的公开活动或新品发布会，直接了解企业的发展方向和目标。

（3）体验企业文化。

浏览企业文化宣传资料：在企业官网或相关宣传资料中，查找关于企业文化的介绍。

社交媒体观察：关注企业的社交媒体账号（如微博、微信公众号），观察其发布的内容和风格，感受企业文化。

与企业员工交流：如果有机会，可以与在该企业工作的学长、学姐或业界人士交流，了解他们对企业文化的感受。

（4）了解企业人力资源状况。

查阅招聘信息：关注企业的招聘信息，了解其对人才的需求和要求。

参加招聘会或宣讲会：参加企业举办的招聘会或校园宣讲会，了解企业的人力资源政策和员工发展路径。

搜索员工评价：在招聘网站或社交媒体上搜索员工对企业的评价，了解员工满意度和发展情况。

（5）探究企业福利薪酬。

查阅薪酬福利政策：在企业官网或招聘信息中查找关于薪酬福利的政策介绍。

咨询人事或其他部门员工：如果有机会，可以与企业的人事或与企业其他部门员工沟通，了解具体的薪酬福利情况。

对比行业水平：通过招聘网站或统计数据来源，对比同行业其他企业的薪酬福利水平，以评估企业的竞争力。

三、引申思考 1：实习中如何判断该职业是否适合自己？

在企业实习过程中，判断自己是否适合这个职业可以从以下几个方面进行考虑：

（一）对工作的兴趣和热情

观察自己是否对工作内容保持持续的兴趣和热情。如果你发现自己对工作中的任务感到无聊或厌烦，那么这份工作可能不适合你。相反，如果你对工作充满好奇，愿意主动学习并投入时间，那么这是一个好的迹象。

（二）能力与工作要求的匹配度

评估自己的能力是否满足工作的要求。如果你在实习过程中发现，大部分任务都需要你额外花费很多时间和精力去学习或寻求帮助才能完成，那么可能说明你的能力与工作要求不完全匹配。但如果你发现自己能够胜任大部分工作，并在挑战中不断成长，那么这份工作可能适合你。

（三）工作压力与自我调适

注意自己在工作中的压力感受。如果你发现工作压力过大，且自己无法有效调适，那么可能需要考虑这份工作是否适合你。当然，适度的压力是正常的，也是成长的催化剂。关键是要看自己是否能够平衡工作和生活，以及是否在压力下保持良好的心态和效率。

（四）与同事和上级的关系

观察自己与同事和上级的关系如何。如果你发现自己难以融入团队，或者与上级沟通有困难，那么可能需要重新考虑这份工作。良好的人际关系是工作顺利的重要保障，也是判断工作适合度的一个重要因素。

（五）职业发展前景

考虑这份工作是否有助于你的职业发展。如果这份工作能够为你提供宝贵的经验和技能提升机会，且与你的长期职业规划相符，那么它可能是一个好的选择。反之，如果这份工作无法为你提供足够的成长空间和挑战，那么你可能需要考虑其他选项。

综上所述，判断自己是否适合这份工作需要从多个角度进行综合考虑。通过实习过程中的体验和反思，你可以更好地了解自己的职业倾向和能力特点，从而做出更明智的职业选择。

让我们来看一个例子：大四毕业生小丁在选择公司时发现，一家公司在新员工入职时会为他们买一棵树，由新员工亲手种在公司的地域之内，同时，树上会挂上种植人的姓名，并由种植人负责照看，意为"十年树木，百年树人"，员工与公司一起成长。这让小丁觉得，在这种企业文化氛围下工作会有很强的主人翁意识，虽然这家公司给的待遇并不是最高的，但是小丁还是选择了它。

四、引申思考 2：怎么判断这份工作的发展前景怎么样？

要判断一份工作的发展前景，可以从以下几个方面进行综合考虑：

（一）行业前景与趋势

首先要考虑的是所从事行业的前景和趋势。一个朝阳行业往往能带来更多的发展机会和空间。可以通过研究相关的行业报告、新闻以及市场数据来判断行业的增长趋势和市场规模。例如，近年来人工智能、大数据、云计算等高科技行业快速发展，从事这些行业的工作往往有较好的发展前景。

（二）公司实力与潜力

公司的实力和发展潜力也是判断工作发展前景的重要因素。可以通过查阅公司的财务报表、业绩数据以及市场份额等信息来评估公司的经营状况。同时，公司的创新能力、管理团队和企业文化等方面也是衡量公司发展潜力的重要指标。

（三）职业发展机会与晋升空间

一份好的工作应该能够为员工提供良好的职业发展机会。这包括明确的晋升通道、定期的培训和学习机会以及具有挑战性的项目等。了解公司的晋升制度和员工培训计划可以帮助你判断这份工作是否能够助力个人职业发展。

（四）工作内容与挑战性

工作内容与自己的兴趣和专业背景是否相符也是判断工作发展前景的一个重要因素。一份能够让你充分发挥自己才能和技能的工作，往往能带来更大的成就感和发展空间。同时，工作的挑战性也很重要，它能够激发你的学习动力和进取心。

（五）薪酬福利与激励机制

虽然薪酬福利不是判断工作发展前景的唯一因素，但合理的薪酬和福利待遇以及良好的激励机制能够增强员工的归属感和工作积极性。因此，在考虑工作发展前景时，也需要关注公司的薪酬福利政策。

综上所述，判断一份工作的发展前景需要从多个方面进行综合考虑。通过对行业前景、公司实力、职业发展机会、工作内容以及薪酬福利等方面的深入分析，可以更准确地评估这份工作的发展潜力。

五、如何判断"高薪"？

现在很多毕业生选择企业以"高薪"作为唯一标准，尤其一些比较抢手的专业毕业生，"薪"比三家，哪家出的高去哪家，哪怕选择地域比较远的企业也不愿选择本地企业。但企业开出的"薪水"真的是所谓"高薪"吗？

首先，薪水会与地域有关。一线城市（如北京、上海）的平均月薪可能比二、三线城市高出 30% ～ 50%，但是还需要考虑当地的生活成本。虽然一、二线城市的薪资水平相对较高，但这些城市的生活成本也很高。房租、物价、教育和医疗等费用都比其他城市要高出不少。例如，在一线城市如北京、上海，一套普通的租房可能就要占据工资的一大部分。高昂的生活成本使得即使拿着高薪，也并不意味着可以轻松享受生活。

其次，薪水还与工作强度和工作时间有关。在一、二线城市，工作机会多，竞争激烈，因此工作压力也相对较大。员工需要不断提升自己的能力和技能，以适应快速变化的工作环境。同时，由于一、二线城市的企业往往业务更加复杂、规模更大，员工需要承担更多的工作责任和期望。这种持续的工作压力可能会导致身心疲惫，甚至影响生活质量。

相对工作强度较大、工作时间较长的企业，也会额外给予员工一定薪资补偿。许多企业为了保持竞争优势，会要求员工投入更多的时间在工作上。例如，在需要经常加班的职位中，薪资可能比正常工作时间的职位高出 20% ～ 30%。

再次，应届毕业生的薪酬差距不大，毕业三年后收入涨幅明显。拉勾招聘数据显示，一线城市"北上广"平均招聘月薪在 5500 元以上，其中北京的平均招聘月薪最高，达 6832 元；新一线城市中，杭州平均招聘月薪最高，为 5741 元。动辄要求 1 万以上月薪的毕业生，是否能为企业创造出对等的价值？但无论是大城市，还是中小城市，毕业三年后，收入升值空间较大，不同人员薪酬差距拉大。

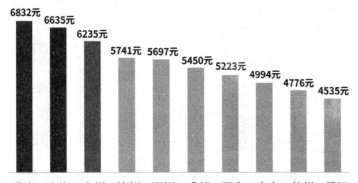

说明：数据样本来源于一线及新一线城市，数据来源于拉勾招聘大数据研究所。

图 1-2　2024 届毕业生不同城市企业招聘月薪

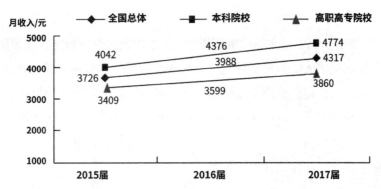

说明：数据来源于麦可思中国2015—2017届大学毕业生培养质量跟踪评价。

图 1-3　2015—2017 届大学生毕业半年后的月收入变化趋势

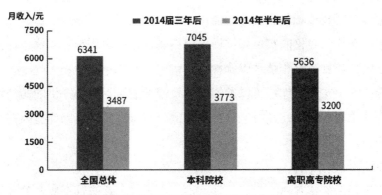

说明：数据来源于麦可思中国2014届大学毕业生三年后职业发展跟踪评价，2014届大学毕业生半年后培养质量跟踪评价。

图 1-4　2014 届大学生毕业三年后的月收入与 2014 届大学生毕业半年后的月收入对比

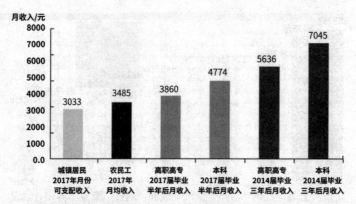

说明：数据来源于麦可思中国2017届大学毕业生培养质量跟踪评价，2014届大学毕业生三年后职业发展跟踪评价，国家统计局《2017年农民工监测调查报告》，2018-04-27《2017年国民经济和社会发展统计公报》。

图 1-5　2017届大学生毕业半年后、2014届大学生毕业三年后的月收入与2017年城镇居民月均可支配收入、农民工月均收入对比

综上所述，高薪受到多种因素的共同影响，每个因素的影响程度可能因情况而异。在追求高薪时，不应只看表面薪水，应综合考虑因素以做出最佳的职业选择，而且应届毕业生应将眼光放长远，待到羽翼丰满时自然水涨船高。

通过深入了解所学专业对应的行业、职业和企业，我们可以更全面地认识职业世界，找到适合自己的职业方向，为未来的职业发展奠定坚实的基础。

六、实践出真知：探索工作世界的具体方法

（一）具体方法

1. 定向实习与实训

寻找实习机会：你可以利用招聘网站、学校的校园就业指导中心或特定企业的官网来寻找与你所学专业或兴趣相匹配的实习机会。这些平台会经常发布最新的实习岗位，让你能够及时了解市场动态和企业需求。

主动申请：在找到心仪的实习岗位后，记得完善你的简历和求职信。在简历中，突出你的专业技能、项目经验和学术成就。

实训课程：除了实习，你还可以参加由学校或专业培训机构提供的实训课程。这些课程通常结合理论与实践，通过模拟项目、案例分析等方式，帮助你提高在实际工作环境中的操作能力。

2. 一天职业体验法

建议你选择一个你感兴趣的职业，尝试在一天内深入体验这个职业的各个方面。你可以通过找相关行业的前辈或朋友帮忙，或者参加一些行业内的活动来实现。在这一天里，尽量参与该职业的日常工作和活动，了解它的工作内容、环境及可能遇到的挑战。这种亲身体验能让你更直观地了解这个职业是否适合你。

3. 职场人物访谈法

选择一个或几个在你感兴趣的领域或行业中有经验的前辈或专业人士进行访谈。你可以通过社交媒体、行业论坛或专业组织来联系他们。在访谈中，询问他们的工作经历、职业发展路径、行业趋势和挑战等问题。这样的访谈不仅能让你获得宝贵的一手信息，还能帮助你建立职业网络。

4. 模拟咨询顾问法

这是一种通过模拟咨询顾问的工作方式和流程，来帮助个人更深入地了解某个行业、领域或问题，并尝试提出解决方案的方法。这种方法可以让人更全面地了解咨询顾问的工作内容，同时也有助于培养个人的分析、研究和解决问题的能力。

确定研究领域或问题：首先，需要选择一个你感兴趣或认为有挑战性的行业、领域或具体问题作为研究对象。这可以是一个真实的市场问题、企业战略问题或其他任何你需要深入了解的问题。

收集和分析信息：作为一名模拟咨询顾问，你需要像真正的咨询顾问一样去收集相关信息和数据。这可能包括行业报告、市场数据、竞争对手分析、用户调研等。收集完信息后，要对其进行深入的分析，以找出问题的根源和可能的解决方案。

提出解决方案：基于对信息的分析，你需要尝试提出具体的解决方案或改进建议。这些建议应该基于你的研究发现，并考虑实际情况和可行性。

呈现和讨论：将你的研究成果和解决方案以报告或演示的形式呈现出来，并与他人进行讨论和交流。这不仅可以帮助你进一步完善你的解决方案，还可以让你了解他人对你的建议的看法和反馈。

通过模拟咨询顾问法，你可以更深入地了解一个行业或问题，并培养自己的分析和解决问题的能力。同时，这种方法也可以帮助你体验咨询顾问的工作方式，为你未来可能的职业发展提供参考。

（二）以两个专业为例，进行具体探索

1. 软件工程专业

以软件工程专业为例，我们来详细探讨这个专业对应的行业、职业以及如何进行职业世界的探索。

（1）软件工程专业对应的行业。

软件工程专业主要面向的是 IT 行业，特别是软件开发和信息技术服务领域。随着信息技术的飞速发展，IT 行业已经成为全球最具活力和创新力的行业之一。在这个行业中，软件工程师是不可或缺的核心人才，他们负责设计、开发、测试和维护各种软件系统，为各行各业提供技术支持和创新解决方案。

（2）软件工程专业对应的职业。

软件工程专业毕业生可以从事的职业非常广泛，包括但不限于：软件开发工程师、测试工程师、系统架构师、产品经理等。这些职业都需要扎实的编程能力、良好的逻辑思维能力和团队协作能力。同时，随着技术的不断进步和市场的变化，软件工程专业毕业生还需要具备持续学习和掌握新技术的能力。

（3）探索软件工程专业的职业世界。

实习实践：通过参加软件公司的实习项目，可以亲身体验软件开发的全过程，了解软件开发的实际需求和工作流程。实习不仅可以帮助学生积累宝贵的实践经验，还可以为他们建立职业人脉，为未来的就业做好准备。

参加行业会议与研讨会：可以通过参加软件行业的会议和研讨会，了解行业最新动态和趋势，与业界专家和企业代表进行交流。这些活动不仅可以帮助学生拓宽视野，还可以为他们提供职业发展的灵感和方向。

网络探索：可以通过浏览招聘网站、行业论坛和社交媒体平台等，了解软件工程专业毕业生的就业情况和职业发展路径。同时，他们还可以关注一些知名的软件企业和技术博客，了解企业的文化和技术实力。

职业访谈：可以主动寻找已经从事软件工程相关职业的前辈或专业人士进行访谈，了解他们的工作经历、职业发展和行业见解。通过职业访谈，可以更直观地了解职业世界，获取实用的职业建议。

2. 汉语言文学专业

以汉语言文学专业为例，这是一个典型的文科类专业，涵盖了语言、文学、文化等多个方面。

（1）汉语言文学专业对应的行业。

文科类毕业生相比理工科来说，专业性较弱，普适性较强，渗透到多个行业中，有广泛的就业前景。他们可以在教育行业中担任教师或教育管理人员，也可以在新闻出版、文化传媒等领域从事编辑、记者、策划等工作，还可以在政府及企事业单位从事行政工作。此外，随着国际化程度的提高，汉语言文学专业毕业生在跨国企业和外交机构中的需求也逐渐增加。

（2）汉语言文学专业对应的职业。

汉语言文学专业毕业生可以从事的职业包括但不限：教师、编辑、记者、文案策划、公关人员、文秘、行政等。这些职业都需要良好的语言文字能力、文化素养和沟通能力。同时，随着新媒体和数字化技术的发展，汉语言文学专业毕业生还可以考虑从事网络编辑、新媒体运营等新型职业。

（3）探索汉语言文学专业的职业世界。

实习体验：通过参加教育机构的实习项目或文化传媒公司的实习工作，学生可以亲身体验相关职业的工作环境和工作内容，了解行业的实际需求和职业发展路径。

参与文学活动：学生可以积极参与校园内外的文学社团、诗歌朗诵会、文学创作比赛等活动，不仅可以锻炼自己的文学素养和表达能力，还可以结识志同道合的朋友和业界人士，为未来的职业发展积累人脉资源。

阅读行业资讯：学生可以定期阅读教育类、文化类、传媒类的报纸、杂志和网站，了解行业的最新动态和发展趋势，为自己的职业规划提供参考。

进行职业访谈：学生可以主动寻找已经从事汉语言文学专业相关职业的前辈或专业人士进行访谈，了解他们的工作经历、职业发展和行业见解。通过职业访谈，学生可以更直观地了解职业世界，获取实用的职业建议。

第三节 职业决策

在规划职业生涯时，我们如同在茫茫大海中寻找灯塔。职业决策，便是我们手中的罗盘，指引我们找到那束指引前行的光。在对自我和职业进行了正确认识后，我们要在此基础上进行职业决策。

一、生涯幻游：预见未来的职业舞台

闭上眼睛，让我们进行一次生涯幻游。请想象自己站在十年后的职场，你看到了什么？你正在从事什么工作？你的工作环境如何？你与同事的关系怎样？你对自己的职业发展满意吗？

我10年后生活一天的描述

1. 我10年后从事的工作是 _____。

2. 我从事的工作主要是内容是 _____。

3. 我的工作场所在 _____。

4. 工作的场所周围的环境 _____。

5. 工作的场所周边的人群 _____。

6. 我的婚姻状况 □已婚 □未婚 □其他 _____。

7. 家中成员有子女 _____ 人。

8. 居住的场所在 _____。

9. 居住的场所周围的环境 _____。

10. 居住的场所周围的人群 _____。

11. 我如何去实现它呢？ _____。

通过生涯幻游，我们得以窥见未来的自己，从而更加明确自己的职业期望和目标。这个小游戏引导我们深入思考自己的职业理想，为接下来的职业决策打下基础。

二、职业决策的具体方法

（一）结合生涯幻游与 SWOT 分析

表1-3 "生涯冥想"表

目的：通过想象"10年后我生活的一天"对未来的生活进行畅想，将理想信念蓝图化。 准备："我10年后生活一天"练习纸。 时长：约30分钟。	（1）想一想：你期望十年后你一天的生活会是什么样子的呢，你在从事什么样的工作，你的家庭状态是什么，你居住的环境是什么样子的？ （2）写一写：请将上述内容写在练习纸上。

在生涯幻游的基础上，我们进行 SWOT 分析，以更加全面和深入地了解自己在职业决策中的优势和劣势，以及外部环境的机遇和威胁。

优势（Strengths）：通过生涯幻游，我们可能已经预见到自己在某些职业领域中的优势，如沟通能力、领导力或创新思维等。这些优势将成为我们职业决策中的重要支撑。

劣势（Weaknesses）：同样，生涯幻游也可能暴露出我们在某些方面的不足，如缺乏耐心、抗压能力弱等。在职业决策时，我们需要正视这些劣势，并思考如何克服或规避它们。

机会（Opportunities）：结合当前的职业市场趋势和未来发展前景，我们可以识别出哪些职业领域具有更多的机会。生涯幻游中的某些场景或许已经为我们揭示了这些机会。

威胁（Threats）：同时，我们也要警惕那些可能威胁到我们职业发展的因素，如行业变革、竞争加剧等。在职业决策时，我们需要提前规划，以应对这些潜在的威胁。

通过将生涯幻游与 SWOT 分析相结合，我们可以更加清晰地看到自己在职业决策中的位置和方向。我们可以根据自己的优势和劣势，结合外部环境的机遇和威胁，制定出更加合理和有效的职业决策方案。

（二）平衡单法：科学决策的艺术

平衡单法是一种系统性、综合性的职业决策工具，它帮助我们在多个职业选项中做出最佳选择。下面，我们将详细解析平衡单法的实施步骤，并分享一些实用技能，以提升我们的决策能力。

（1）列出职业选项：首先，我们需要明确自己考虑的职业选项。这可以通过市场调研、与专业人士交流或参考职业指南等方式获取。确保列出的职业选项既符合自己的兴趣和能力，又具有实际可行性。

（2）确定决策标准：接下来，我们需要确定在决策过程中要考虑的因素或标准。这些因素可以包括个人兴趣、能力匹配、发展前景、薪资待遇、工作环境等。每个因素都是我们评估职业选项的重要依据。

（3）评估与打分：对于每个职业选项，我们需要根据确定的决策标准进行评估和打分。这可以通过收集信息、进行访谈或自我反思等方式完成。在打分过程中，要确保客观公正，避免主观臆断。

（4）权衡利弊：完成评估与打分后，我们需要对每个职业选项的利弊进行权衡。这可以通过对比不同选项的得分情况，分析它们在各个标准上的优劣差异。同时，我们还要考虑自己的价值观和职业目标，以便做出更加符合自己需求的选择。

（5）做出决策：最后，在综合考虑所有因素的基础上，我们可以做出职业决策。在决策过程中，我们要保持冷静和理性，避免受到外部因素的干扰。同时，我们还要为自己的决策制定实施计划，明确下一步的行动步骤。

（三）职业卡片法

（1）准备阶段：收集各种职业信息，包括职业名称、主要工作内容、所需技能、工作环境等。准备卡片，每张卡片上记录一个职业的相关信息。

（2）筛选阶段：根据自己的兴趣、能力和职业规划，初步筛选出可能感兴趣的职业卡片。

（3）深入研究阶段：针对筛选出的职业卡片，进行深入的研究和了解，包括查阅相关书籍、网站、行业报告等。与从事该职业的人进行交流，获取更多第一手资料。

（4）决策阶段：根据研究结果，结合自己的实际情况和目标，最终确定一个或几个适合自己的职业方向。

（四）决策树法

（1）定义问题：明确职业决策的具体问题，例如选择哪个职业领域或具体职位。

（2）列出选项：列出所有可能的职业选项。

（3）构建决策树：以树状图的形式展示每个选项及其可能导致的后果。在树的每个分支上，列出可能的风险、收益和其他相关因素。

（4）评估与选择：对每个选项和后果进行评估，考虑其发生的概率和可能的影响。根据评估结果，选择最佳的决策路径。

（五）多准则决策分析法（MCDA）

（1）确定决策准则：根据个人需求和职业发展的要求，确定一系列决策准则，如薪资、工作稳定性、发展前景、个人兴趣等。

（2）赋予权重：为每个准则分配权重，反映其相对重要性。

（3）评分与排序：对每个职业选项在每个准则下进行评分。根据评分和权重，计算每个选项的总分。按总分从高到低排序。

（4）决策：选择总分最高的职业选项作为决策结果。

（六）职业咨询访谈法

（1）选择咨询师：寻找具有丰富经验和专业知识的职业咨询师或行业专家。

（2）准备问题：根据自己的需求和疑惑，准备一系列问题，涉及不同职业的特点、要求、发展前景等。

（3）进行访谈：与咨询师进行面对面的访谈，深入了解不同职业的信息。在访谈过程中，保持开放和积极的态度，认真倾听咨询师的建议和意见。

（4）总结与决策：根据访谈结果，结合自己的实际情况和目标，进行职业决策。

三、确定职业生涯发展路线

确定职业生涯发展路线，包括确定职业方向、制定具体的职业目标、制定实现职业目标的行动计划，并不断调整自己的职业发展规划。职业方向我们已经通过第一、二节内容学习，明确了如何确定方向并进行职业决策。下面主要从具体职业目标的设定、行动计划来探讨。

（一）设定短期、中期和长期具体职业目标

在自我评估和市场调研的基础上，我们可以设定具体的职业目标。这些目标应该包括短期、中期和长期目标，以便我们分阶段实现自己的职业愿景。

短期目标：通常关注于当前的职业发展和技能提升，如获得某个职位、完成某个项目或掌握某项技能。

中期目标：更注重在职业领域的深入发展和晋升，如成为团队负责人、获得更高的职位或取得行业内的认可。

长期目标：关注于整个职业生涯的规划和成就，如成为行业专家、创办自己的公司或实现某种社会影响。

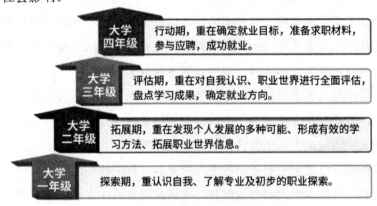

图 1-6 大学四年的主要生涯目标

（二）制定实现职业目标的行动计划

1. 技能提升计划

根据职业目标所需的技能和知识，我们可以制定具体的技能提升计划。这包括参加培训课程、阅读相关书籍、参与实践项目等方式来提升自己的专业能力。同时，我们还可以利用在线资源和社交平台来拓展自己的学习渠道和人际关系网络。

2. 工作实践计划

除了技能提升外，我们还需要通过实际工作来积累经验和展示自己的能力。因此，我们可以制订工作实践计划，包括主动承担更多的工作责任、参与重要项目或挑战性工作、积极寻求反馈和建议等方式来提升自己的工作表现。

3. 人脉拓展计划

人脉资源在职业发展中同样重要。我们可以通过参加行业会议、研讨会、沙龙等活动来拓展自己的人脉圈子，与同行建立联系并分享经验和资源。此外，我们还可以利用社交媒体等渠道来扩大自己的人脉网络。

4. 定期回顾与调整

职业发展的过程中难免会遇到各种挑战和变化。因此，我们需要定期回顾自己的职业目标和行动计划，根据实际情况进行调整和优化。这包括重新评估自己的职业定位、调整职业目标、更新技能提升计划和工作实践计划等。

（三）毕业时期职业发展规划

1. 职业方向的确定

在毕业时期，确定职业方向是至关重要的一步。通常，毕业生面临三种主要的职业生涯发展路线：专业技术型发展道路、行政管理型发展道路以及自我创业。在发展路线抉择过程中，可以针对下面三个问题询问自己：我想往哪一路线发展？我适合往哪一路线发展？我可以往哪一路线发展？

（1）专业技术型发展道路：这种道路通常适用于对某一领域技术或专业有浓厚兴趣并希望在该领域深入发展的毕业生。例如，计算机科学专业的毕业生可以选择成为一名软件工程师，通过不断学习和实践，成为该领域的专家。

（2）行政管理型发展道路：行政管理型发展道路则适合那些对管理、协调和组织工作有浓厚兴趣，并希望在未来成为团队或组织领导者的毕业生。这种发展道路要求毕业生具备良好的人际沟通能力、团队协作能力和领导能力。

（3）自我创业：自我创业则是一种更为独立和具有挑战性的发展道路。它要求毕业生具备创新思维、市场洞察力和创业精神，能够发现并抓住市场机遇，创建并运营自己的企业。

2. 短期：求职规划（以行政管理型发展道路为例）

在确定行政管理型发展道路后，我们需要制定短期的求职规划。

（1）简历与求职信的准备：首先，我们需要制作一份专业且有针对性的简历，突出自己在大学期间参与的管理类活动、实习经验以及相关的技能和证书。同时，针对目标职位，撰写一份简洁明了的求职信，表达自己对行政管理工作的热爱和追求。

（2）求职渠道的拓展：我们可以通过招聘网站、人才市场、校园招聘会等渠道寻找行政管理相关的职位。此外，还可以利用社交媒体、人脉关系等方式，获取更多的求职信息和机会。

（3）面试技巧的提升：在获得面试机会后，我们需要充分准备，包括了解公司背景、职位要求以及可能的面试问题。同时，我们还需要注意自己的形象和气质，展现出自信、专业的一面。在面试过程中，要善于倾听、表达清晰、逻辑严密，展现出自己的管理潜力和领导才能。

3. 今后职业发展路线规划（以行政管理型发展道路为例）

（1）短期目标：在毕业后的一至两年内，我们的目标是找到一份与行政管理相关的职位，并快速适应职场环境。在这个阶段，我们需要努力学习和积累实践经验，提升自己的管理能力和团队协作能力。

（2）中期目标：在工作的三到五年内，我们的目标是逐步晋升至更高的管理职位，如部门主管或项目经理。为了实现这一目标，我们需要不断提升自己的专业技能和管理能力，积极参与公司的项目和活动，展示自己的领导才能和业绩。

（3）长期目标：在工作的五年以上，我们的目标是成为公司的高层管理人员或自己创业。在这个阶段，我们需要具备全局观念和战略眼光，能够制定并执行公司的战略计划。同时，我们还需要不断学习和创新，跟上市场和行业的发展趋势，为公司的发展贡献自己的力量。

4. 持续学习与自我提升

在行政管理型发展道路上，持续学习与自我提升是至关重要的。我们可以通过参加管理培训课程、阅读相关书籍、参与行业交流等方式来提升自己的管理知识和技能。同时，我们还需要关注行业和市场的动态变化，不断调整和优化自己的职业规划和发展路线。

总之，毕业时期的职业发展规划是一个系统而复杂的过程。我们需要根据自己的兴趣和能力选择合适的职业方向，并制定详细的求职和职业发展计划。通过不断努力和实践，我们一定能够实现自己的职业目标并取得成功。

Step 2 求职秘技：成为求职界的王者

第一节 心理准备

大学生在择业过程中经常会出现从众、焦虑、自卑、自负、攀比、依赖、嫉妒、封闭等负面心理状态，导致这些心理的原因主要是不能正确认识自我、认识社会、缺乏就业技巧、缺乏积极的职业生涯规划意识等。要想成功就业，首要的就是做好心理准备，学会对心理进行自我调适。

一、正确认识自我

（一）解读

充分认知自我，坦然接受自己的现状，明确自己的长处与不足，学会最大限度地发挥优点，规避弱点。要用成长和发展的视角来审视和提升自己。同时，要善于捕捉和把握属于自己的职业机会，注意每个机会的时效性；一旦发现适合的职位或创业机遇，就要毫不犹豫地采取行动，勇于尝试，不怕失败，拿出敢为人先的魄力。

（二）案例呈现：职场新人"老跳蚤"

李然，计算机专业毕业后，先在一家计算机公司工作了三个月，但感觉公司销售任务繁重，技术工作相对边缘，于是转而加入一家软件公司。然而，他很快发现自己难以胜任新工作，技术水平不达标，工作进度和质量都未达到公司要求，最终被老板解雇。之后，他又进入一家弱电公司，虽然公司业务涉及电子、通信、计算机等多个领域，但工作的重复性、加班的疲惫感以及公司沉闷的工作氛围让他再次萌生离职的念头。不过，在全球 IT 行业大规模裁员的背景下，他选择了暂时留下，一年内三次跳槽的经历也暂时画上了句号，但他内心依然怀揣着进入 500 强企业的梦想。

（三）专家点评：职业选择是机遇的把握

职业选择不仅关乎个人能力，更在于对机遇的敏锐把握。许多职场新人在初入职场时往往自视甚高，对现状不满，频繁跳槽，最终却可能发现最初的选择已是最优。因此，保持平和的心态，理性评估自己的能力和市场需求至关重要。求职过程中，找到与个人能力、兴趣相匹配的职位是关键，不高攀也不低就，避免职业发展中的盲目性和不必要的跳槽。

相较于其他求职者，大学生群体通常更具工作热情和求知欲，学习能力也更强。因此，企业在招聘时往往更青睐那些具备专业素养、特长明显、思维敏捷且善于团队协作的大学生。一个充满活力、热情洋溢的人总能轻易赢得他人的喜爱和信任，这也是企业所欣赏的品质。因此，从步入职场的第一天起，就应不断提升自己的综合能力，以积极、开放的心态迎接未来的职业挑战。同时，保持虚心学习、耐心倾听、热心助人和诚信待人的态度是职场新人不可或缺的重要素质。

二、正视就业现状

全国高校毕业生人数逐年增加，当前及今后一段时期大学生的就业形势会相当严峻。缺少社会经验的大学生在选择职业的过程中难免会产生焦虑，这属于正常现象。适度的心理焦虑能够使大学生产生压力，这种压力可以变成动力，可增强大学生的进取心。

三、调整就业期望值

（一）解读

根据自己的实际情况和就业形势调整自己的就业期望值。

1. 合理设定薪资期望：在制定薪资期望时，要结合自身能力、行业经验以及所在地区的薪资水平进行综合考虑。避免盲目追求高薪，而忽视了自己的实际价值和市场行情。

2. 拓展就业领域：不要局限于传统的就业领域和岗位，要敢于尝试新兴行业和职位。例如，可以考虑互联网行业的运营、产品、技术等岗位，或者投身到创业、自由职业等领域。

3. 重视个人成长：在选择工作时，除了关注薪资待遇外，更要重视工作对个人成长和能力提升的帮助。一份好的工作应该能够让你不断学习新知识、提升技能，并为未来的职业发展奠定基础。

（二）案例呈现：要想成就大业，需从基层做起

张平，一位工商管理专业的本科生，怀揣着成为管理精英的梦想，毕业后毅然选择南下寻找更广阔的发展空间和高薪机会。然而，南方的就业市场竞争激烈，简历投出众多却回应寥寥。原本在本地有竞争力的学历和学校品牌，在这里却显得平平无奇。面对如此困境，张平开始感到焦虑：难道找工作真的这么难吗？

（三）专家点评：理想需要能力来实现

其实，张平的问题并非孤例。许多毕业生在求职时都容易陷入盲目自信的误区，认为自己学习成绩优秀、学校牌子亮，就一定能轻松找到好工作。然而，他们往往高估了自己的优势，低估了职场的复杂性和竞争性。当理想与现实产生巨大落差时，心态很容易受到打击。

理想需要能力来实现。对于初入职场的毕业生来说，不要过于追求高大上的职位和薪水，而应脚踏实地，从基层做起。理想和梦想，离现实可能很远；而小卒才是立足职场的起点，是让你先生存下来的现实选择。

企业需要的是什么样的人呢？有经验、有潜力、忠诚且敬业的人。作为求职者，我们应该认清自己的不足，扬长避短，设计一个适合自己的求职方案。不要害怕从基层做起，因为基层是积累经验、提升能力的最佳场所。只有通过不断学习和实践，我们才能逐渐成长为职场中的大牌。

未来新的就业模式是一个由"赚钱、充电、憧憬"三个阶段构成的循环，这个循环将贯穿我们整个职业生涯。当我们找到一份工作时，这个循环就从我们与新公司的协调开始。我们投入才智和精力，通过不断学习提高工作能力，直到这个职位无法满足我们的成长需求。然后，我们利用更高级的职业技能寻找更好的工作机会，使事业更上一层楼。这样的循环模式不仅让我们充满自信，还能让我们的职业生涯按照自己设定的目标稳步前进。

四、树立合理的职业价值观

我们要充分认识到职业对个体发展、社会进步所起到的重要作用。要在考查社会需要的基础上，树立重自我职业发展、才能发挥、事业成功的职业价值观。

五、调适就业心态

调适就业心态，需要做到以下几个方面。其一，改变错误的自我认知与社会认知，在面对现实的就业形势时，学会冷静选择。其二，要孕育真、善、美的感受，保持良好心境，提高自己应对各种突发事件的心理承受能力。其三，树立竞争意识，当出现就业焦虑时，学会理性思考，并根据实际情况更新自己的思想观念。其四，坦然面对就业挫折，正确分析失败原因，及时调整求职策略。其五，遇到挫折时，首先应加强自我心理暗示，肯定自己、鼓励自己、相信自己；其次可以向老师、家长、朋友等人倾诉，寻求他们的帮助；最后，还可以转移自己的注意力，通过跑步、旅游、听音乐等形式放松心情、缓解情绪。

第二节　简历制作

一、优秀简历包含哪些内容

优秀简历所需要具备的内容框架：基本信息、教育背景、工作经历、个人技能、自我评价。

（一）基本信息

个人信息通常出现在简历最前端，让 HR 能一目了然，了解到应聘者的基本情况。同时，个人信息也是区别你与他人简历不同的最大要素。

个人信息部分主要包括姓名、电话、邮箱、求职意向，当然这四个是必填的，其他的是选填，填好了是加分项，否则很可能减分！

（二）教育背景

简历中"教育背景"是至关重要的一个部分，因为对于很多企业招收应届生 / 实习生的筛选过程来看，"教育背景"是筛选候选人的一个重要的因素。

完整教育背景包含学校全称、就读时间、专业名称以及学历，应届生可以写得更详细一点，比如绩点排名怎么样，有没有突出的科目。

（三）工作经历

如果 HR 停留在一份简历上的时间是 6 秒，那工作经历至少占 4 秒。无论是专业背景，还是从业背景，对于 HR 来说，"你适不适合这个职位"才是他们最关心的问题。记住，碾压对手的工作业绩不是凭空捏造的，一定要有数据支撑，要学会用数据说话！

（四）自我评价

自我评价应关注三个方面，语言简练、用事实说话、突出优势。

第一，语言简练，即加入关键词，以突出你的专业优势和技能。这些关键词可以包括行业术语、特定的软件或工具等，准确地描述自己的综合能力。第二，用事实说话，即简历中不能存在虚假成分，自我评价应以事实为基础，并结合具体事例进行阐述。第三，突出优势，即在简历中展现出你与他人与众不同的优势，可以从学历背景、实习经历、科研项目经历、专业技能等方面展现。

二、如何制作一份"一岗一历"的优秀简历

一份优秀的简历必须是一份根据企业招聘需求而制作的具有针对性的简历。

（一）步骤一：明确求职目标与企业需求

在制作简历前，首先要明确自己的求职目标，即想要应聘的职位。同时，深入了解目标企业的文化、业务和发展方向，以及该职位的具体职责和技能要求。这可以通过浏

览招聘网站、企业官网或社交媒体等渠道获取相关信息。

例如，假设你是一名计算机科学与技术专业的学生，希望应聘一家互联网公司的软件开发工程师岗位。通过了解企业需求，你得知该岗位主要负责后端开发，要求应聘者具备扎实的编程基础、良好的团队协作能力和项目管理经验。

（二）步骤二：解析岗位说明书和招聘要求

（1）仔细阅读：首先，要仔细阅读岗位说明书或招聘要求，理解该岗位的主要职责、必备技能和经验要求。

（2）关键信息提取：提取出关键信息，如特定的技能要求、行业经验、教育背景等。

（三）步骤三：针对性撰写履历

（1）个人信息：需要清晰地列出自己的个人信息，包括姓名、联系方式、教育背景等。教育背景应突出专业名称、主修课程以及与求职岗位相关的学术成果。根据岗位所在行业或公司文化，适当调整个人照片的选用，以呈现出专业、得体的形象。

（2）求职意向：明确表述自己的求职意向，与招聘岗位名称保持一致。如果招聘单位有多个岗位适合，只选择最符合自己条件和兴趣的岗位进行申请。

（3）教育背景：突出与岗位相关的学历、专业和主修课程。如果岗位对学术成果有要求，可以适当提及自己的学术论文或科研项目经历。例如：

姓名：[×××××]

联系方式：×××-××××-××××，×××××@××××.com

教育背景：××大学，计算机科学与技术专业，本科/硕士（根据实际情况填写）。

主修课程：数据结构、算法设计、数据库原理、计算机网络等。

学术成果：发表过×篇与软件开发相关的学术论文，参与过×个校级/省级科研项目。

（4）工作经历：挖掘与岗位相关的经历与成就。

①工作经历：按时间顺序列出过往的工作经历，包括公司名称、职位、工作时间等。针对每一段工作经历，重点突出与岗位相关的职责和成就。例如，可以描述在某个项目中承担的角色、完成的任务以及取得的成果。

②实习经历：如果有实习经历，也应按照类似的方式列出，并强调在实习期间所学到的技能和经验。例如：在××公司担任软件开发实习生，负责后端开发工作，熟练掌握 Java、Python 等编程语言，以及 Spring、MyBatis 等开发框架。在实习期间，参与了××项目的开发工作，负责模块的设计和编码实现，提高了系统的性能和稳定性。

③校园经历：对于应届生或缺乏工作经验的求职者，可以突出校园经历，如学生会、社团等活动，展示自己的领导能力、团队协作能力等。使用"动词＋结果"的方式，量化工作成果和贡献。

④项目经验：参与过××科研项目的开发工作，负责后端服务的设计和编码实现。通过该项目，熟悉了软件开发流程，提高了团队协作能力，并成功解决了××技术难题。突出自己在团队合作、项目管理、沟通协调等方面的能力，如果这些是岗位所看重的。

（5）技能与资格证书部分：列出与岗位相关的专业技能。如：熟练掌握Java、Python等编程语言以及面向对象程序设计思想；熟悉Spring、MyBatis等主流开发框架以及MySQL等关系型数据库；具备良好的团队协作能力和项目管理经验；对新技术和新领域有较强的学习能力和探索欲望。

如果岗位有特定的资格证书要求，务必在履历中明确提及自己是否具备该证书。

（6）自我评价与特点部分：强调个人特点与岗位要求的契合度。在简历中可以适当强调自己的个人特点和优势，以便让企业更好地了解你并考虑你的申请。这部分内容可以放在简历的自我介绍或者个人评价部分。如学习能力强、责任心强、具备良好的团队协作精神等。

（7）适应性和学习能力：在撰写简历时，要突出自己的适应性和学习能力。这些信息可以包括你在不同职位和行业中的表现、学习新技能的能力、适应新环境的能力等。这些信息可以让招聘者更好地了解你是否能够快速适应新的工作环境和挑战。

（8）职业规划：可以适当提及自己对行业的热爱和对未来职业发展的规划，以展示自己对该岗位的认真态度和长期投入的意愿。

综上所述，根据专业和企业需求制作简历需要明确求职目标、梳理个人信息与教育背景、挖掘并展示与岗位相关的技能与经历、强调个人特点与优势以及注意简历格式与排版等方面。通过认真制作和反复修改简历，可以提高自己的求职成功率并找到满意的工作机会。

三、举例说明"一岗一历"简历的制作

（一）招聘岗位：数据分析师

岗位要求：

本科及以上学历，统计学、数学、计算机等相关专业优先；

至少2年以上数据分析相关工作经验；

熟练掌握SQL、Excel、Python等数据分析工具；

良好的逻辑思维能力和沟通表达能力。

针对上述要求撰写的简历：

姓名：张三

联系方式：×××-××××-××××

邮箱：××××@example.com

求职目标：数据分析师职位，致力于为企业提供精准的数据分析和决策支持。

教育背景：××大学，统计学专业，本科/硕士（根据实际情况填写），期间系统学习了统计学原理、数据挖掘等课程，为数据分析工作打下了坚实基础。

工作经验：在××公司担任数据分析助理两年，熟练使用SQL查询数据库，运用Excel和Python进行数据处理和分析。曾主导一个销售数据分析项目，通过深入分析销售数据，帮助公司提升了××%的销售额。

技能与证书：熟练掌握SQL、Excel、Python等数据分析工具；持有数据分析师三级证书。

自我评价与特点：具备较强的逻辑思维能力，能够快速准确地分析复杂数据。同时，我也拥有优秀的沟通表达能力，能够与团队成员有效沟通，确保数据分析结果的准确传达和应用。

（二）招聘岗位：软件工程师

公司：××科技有限公司

招聘岗位：软件工程师

职位描述：负责公司产品的软件设计和开发工作；参与软件系统的需求分析、架构设计、编码实现及测试等工作；维护并优化现有软件系统，确保其稳定性和可扩展性；与团队成员紧密合作，完成项目交付任务。

任职要求：计算机相关专业本科及以上学历；至少两年以上的软件开发工作经验；熟练掌握Java编程语言，了解Spring等主流开发框架；熟悉数据库技术，如MySQL、Oracle等；具备良好的团队协作精神和沟通能力；对新技术有浓厚兴趣，具备快速学习新技术的能力。

岗位说明书：软件工程师需负责公司软件产品的设计、开发和维护工作，确保软件系统的稳定性和可扩展性。在日常工作中，需与团队成员紧密合作，共同完成项目任务。同时，软件工程师还需不断学习和掌握新技术，以适应不断变化的市场需求。

针对上述要求撰写的简历：

姓名：×××

联系方式：×××-××××-××××

邮箱：mailto：example@email.com

应聘职位：软件工程师

期望薪资：面议

到岗时间：随时

教育背景：××大学，计算机科学与技术专业，本科/硕士。

主修课程：数据结构、算法设计、计算机网络、数据库原理等。

毕业时间：××××年××月。

工作经历：××公司，软件开发工程师，××××年××月—至今。参与公司多个项目的软件开发工作，包括需求分析、设计、编码和测试等环节；熟练掌握Java编程语言，能够独立完成复杂功能的开发工作；熟悉Spring等主流开发框架，能够合理设计系统架构，提高系统的可扩展性和可维护性；熟练使用MySQL数据库，能够进行高效的数据库操作和优化；与团队成员紧密合作，确保项目按时交付，并多次获得公司表彰。

技能与证书：熟练掌握Java编程语言及Spring等开发框架；熟悉数据库技术，如MySQL、Oracle等；具备良好的团队协作和沟通能力；通过英语四级考试，具备良好的英文阅读能力。

自我评价：我是一名热爱编程、具备扎实技术功底的软件工程师。在过去的工作中，我积累了丰富的软件开发经验，能够迅速融入新团队并承担开发任务。我对新技术充满热情，具备快速学习和应用新技术的能力。期待在贵公司发挥我的专业技能，为公司的发展贡献力量。

（三）招聘岗位：市场营销经理

假设应聘的是一个市场营销经理的职位，岗位说明书要求候选人具备市场营销策划能力、团队协作能力和数据分析能力。

针对上述要求撰写的简历：

在个人信息部分，确保基本信息准确无误，并选用一张专业得体的个人照片。

在求职意向部分，明确表述应聘市场营销经理的职位。

在教育背景部分，突出与市场营销相关的学历和专业，例如商业管理或市场营销专业。如果有相关的学术成果或实践项目，也可以适当提及。

在工作经历部分，挑选与市场营销相关的工作经历进行描述。例如，可以提及自己曾负责某个产品的市场推广工作，通过策划线上线下活动，成功提升了产品的知名度和销售额。同时，强调自己在团队合作和项目管理方面的能力，例如曾带领团队完成某个大型市场推广项目，并取得了良好的业绩。

在技能与资格证书部分，列出自己熟练掌握的市场营销工具和方法，例如SEO技巧、社交媒体营销等。如果具备相关的资格证书，如市场营销师证书等，也务必明确提及。

在自我评价与特点部分，强调自己的市场营销策划能力、团队协作精神和数据分析能力。例如可以表述为："我具备较强的市场营销策划能力，能够根据不同产品和目标受众制定有效的推广策略。同时，我注重团队协作，擅长与不同部门沟通协调以达成共同目标。此外，我还具备一定的数据分析能力，能够通过数据分析和挖掘来优化市场推广效果。"

四、制作简历需要注意什么

制作简历时特别容易忽视的点主要包括以下几个方面：

（一）字迹格式与排版

简历应该简洁明了、易于阅读，避免出现过多的废话和不必要的细节。同时，要注意字体、字号和颜色的搭配，以及各个部分的布局和排版。

（1）使用清晰、简洁的字体和排版，排版要合理，避免字迹模糊、字体过小、行距过密、结构混乱、出现大段落的文字等，以影响阅读体验。尽量保持履历内容在一页纸内，避免过于冗长。

（2）突出重点信息，使用粗体或下划线等方式强调与岗位相关的关键技能或经验。

（3）电子版简历要注意字体、大小的统一，字迹要工整，避免潦草，以免给招聘者留下不专业的印象。例如：宋体或者黑体，切记不可以使用艺术字体，这样会让画面不美观。

（4）避免使用 Word 版本的简历直接发送，建议将简历转换为 PDF 格式，以确保格式的一致性。

（5）简历风格避免过于花哨，基本模板也是可以的，过于花哨的模板反而有时会分散 HR 的注意力。

（6）尽量不要在简历上放照片。如果公司没有强制要求的话，可以不用在简历上放照片，如果放要放正规的证件照。

（7）简历除了放到附件中，还应该复制到邮件的正文中，重新排版一下，邮件的主题可以采取下面的形式："×× 大学 ×× 专业 ×× 真诚应聘贵公司 ×× 职位"。

（二）信息的完善性和准确性

（1）个人信息部分应尽量完善，包括姓名、联系方式、教育背景、工作经验等，以便招聘者全面了解求职者。

（2）提供的信息必须真实准确，任何虚构或夸大的内容都可能在背景调查中被揭穿，从而损害求职者的信誉。

（3）在一份简历上，你应该写且只能写一个应聘职位，避免没有写明应聘职位或应聘职位不唯一。

（4）不能把和岗位没有多少关联度的过往经历都写到简历上，那些无关的经历你可以酌情删掉。

（5）简历上的亮点，建议不要超过三个，且都是符合岗位要求的亮点。

（6）如果公司没有强制要求，不需要提自己的缺点。

（7）个人评价避免空洞、过度自夸，不要堆砌一堆形容词，而是挑几个符合岗位要求的特点，然后用数字或细节去证明。

（8）应附上作品并且易于打开。作品可以是任何能证明你过去成绩的东西，比如你想证明你自己的新媒体运营能力出色，你就可以把自己的好文章链接放上去。有些求职者作品是有了，但是却放在一个压缩包里，或者需要 HR 下载某个网盘软件才能下载。如果你让 HR 的工作变得更加麻烦，可能他就不会看你的简历了。

（三）如何让简历扬长避短、绕过暗礁

（1）缺乏工作经验怎么办？

如果你没有直接的工作经验，可以突出自己的教育背景来弥补这一不足。在简历中，强调你所学过的特色课程，以及参与过的与申请职位相关的活动。同时，你可以将学业经历视作一种工作经验，展现你在自学、完成任务方面的能力。此外，不妨回顾过去的经历，挖掘那些可以视为经验的部分，如做义工、参加教育培训、军训或兼职。在这些经历中，重点强调你的可迁移技能，这样能够有效弥补工作经验的不足。

（2）如何设定清晰的工作目标？

虽然简历中不一定非要明确写出工作目标，但如果你还无法确定一个长远的职业规划，可以先设定一个短期目标并体现在简历中。另外，你也可以根据不同的职位需求，准备多份简历，每份都针对性地写上不同的工作目标。这样做有助于你根据目标筛选和呈现最相关的信息，同时避免自我设限。在简历中提及工作目标时，务必使用明确的语言。例如，你可以这样表达："我寻求一个具有挑战性的市场营销职位，期望能在非营利组织的筹款活动中贡献我的经验和技能。"

（3）学历不符合要求时如何应对？

如果你的学历低于职位要求，但你有信心和技能胜任这份工作，那么在撰写简历时，你需要精心策划教育背景和经历部分。你可以提及自己自学过哪些相关课程或接受过哪些培训，而无需强调是否已完成这些学习。重点是展示你具备职位所需的技能。这样做能增加你获得面试机会的可能性，避免在初步筛选阶段就被淘汰。

（4）细节决定成败：避免简历中的低级错误

在撰写简历时，务必注意避免打字或语法错误，以及任何可能引起歧义的表达。这些错误可能会让招聘经理产生误解，甚至直接将你的简历弃置一旁。因此，仔细检查简历的每一个细节至关重要，确保它完美无瑕地展现你的专业形象和实力。

第三节　决胜面试

面试是一种经过精心设计，在特定场景下，以面试官对考生的面对面交谈与观察为主要手段，由表及里测评考生的知识、能力、经验等有关素质的一种考试活动。面对面地观察、交谈等双向沟通方式，不但突出了面试问、听、察、析、判的综合性特色，而且使面试与一般的口试、笔试、操作演示、背景调查等人员素质测评的形式也区别开来。简历帮助我们获得了面试的机会，而面试则直接决定我们能否获得心仪的工作，实现理想的就业愿望。所以说，面试成功与否，是我们能否成功走向职场施展才华的决定因素。

一、面试三部曲

面试并不简单，需要做好面试的前期准备、面试中的过关斩将、面试后的跟进。三部曲都圆满，最后的结果才完满。

（一）前奏——面试的前期准备

1. 面试准备之接到通知面试电话

接到电话后，最重要的是需要记着电话中的六大信息：应聘公司的名称、应聘的职位、面试官姓名、面试的具体时间、面试的地点及交通信息、需要携带的证件。在接到HR面试电话通知时，如果身边有笔，最好将相关信息记下来。如果不方便记录或者周围环境嘈杂听不清，可以向HR提出发邮件的请求。不用担心，专业的HR不会因为你这个要求而给你减分。相反，正确的措辞和严谨的态度可能会给HR留下好印象。当然，如果听不清也可以简单礼貌地询问："不好意思，我没听清楚，能否再说一遍？"如果多次询问都无法听清，可以要求HR将面试信息发送至邮箱。

2. 面试准备之面试的着装艺术

在面试中，失败者的穿戴常常不合时宜。想要成功大抵要按照面试官评判服装的大概标准去穿戴，即协调中显示着个人的气质与风度；稳重中表达着对人的可信赖程度；独特中展示个性。虽说着装要郑重一点，但也不必千篇一律的穿工作服、白衬衣，尤其女孩子端庄文雅的着装更给面试官留下美好的印象。你可以从过去你的无数形象中选择和面试相匹配的地方。要相信自己的和身旁众多"参谋"的审美能力。

面试中，着装的款式应该简练、朴素、不抢眼。服装的款式可分为"风格式服装""门面式服装"。"门面式服装"，纯为包装自己以博取别人的好印象，所以适于面试中，比如西装、套裙。但是，如果一款"风格式服装"，能尽现你的个性，又与面试的气氛相融合，又何乐而不为呢？在面试前，保持干净整洁的外貌。修整干净的指甲，仔细修剪胡须或刮脸，头发应梳理整齐，不应做夸张发型，不要出现乱糟糟的情况，洗脸、刷牙并使用漱口水，确保口气清新，避免吃大蒜或洋葱等有强烈气味的食物。面部要保持精神抖擞，尽量避免熬夜。注意香水或香味。香水是私人选择，但在面试时最好不要过度使用。有些人对香水过敏或对一些成分敏感，任何浓烈的气味都可能干扰面试官的注意力。如果你选择使用香水，请确保量少，气味温和并在面试前一段时间喷洒。

女生可以选择穿着职业套装或连衣裙，建议以裙装为主，颜色同样以深色系为主，避免过于暴露或花哨的款式。衬衫或上衣应选择简洁大方的款式，颜色与裙子或外套相协调，优雅的小礼服搭配西裙或庄重的连衣裙都不失为理想之选。鞋子可以选择黑色或深棕色的高跟鞋或皮鞋，避免选择过于花哨或夸张的款式。确保衣物没有皱痕，避免夹杂异味。合适的衣着可以展示你的专业度和对职位的重视。同时，女性应该轻微地化妆来提升面部特征，并给人一种自信和专业的形象。然而，过度浓妆或五颜六色的妆容可能会给人留下不专业的印象。使用自然色调的化妆品，并避免使用过多的亮粉和浓重的口红。如果你选择不化妆，确保面部洁净和清爽。

除了衣物本身，还应注意整体形象的协调性和整洁度。顺直长发或低束发较好，可以根据自身脸型进行设计。配饰应简洁大方，不要过于烦琐或夸张。在面试前，应仔细检查自己的穿着是否整洁干净，避免出现污渍、破损等情况。

作为男性，在应试时应注意的几个点如下：

首先，男生可以选择穿着西装或职业套装，颜色以深色系为主，如深蓝、黑色，避免过于花哨或暴露的款式。衬衫应选择单色或简单图案的，与西装或外套颜色相协调。领带可以选择简洁大方的款式，颜色与衬衫和西装相搭配。鞋子应选择黑色或深棕色的皮鞋，保持干净光亮。同时，注意裤子的长度和鞋子的匹配，不要露出袜子口。其次注意头发修整，如果稍嫌过长，应修剪一下。男生可以把头发吹得整齐一点，皮鞋擦干净一些。切忌穿着前卫、浓妆艳抹，尤其男生戴戒指、留长头发等标新立异的穿着与装饰不太合适，给面试官的印象不太好。

除了着装和发型妆容外，仪态和表情也是形象打造的关键。在面试过程中，需要保持良好的坐姿和站姿，避免驼背、耸肩等不良姿势。同时，需要保持自然、微笑的表情，展现出自信、亲和的形象。

3. 面试准备之素质方面

（1）仪表风度。要注意个人言谈举止、穿衣打扮、精神状态的适应和调整。研究表明，仪表端庄、衣着整洁、举止文明的人，一般做事有规律、注意自我约束、责任心强。

（2）专业知识。作为对笔试的补充，面试前你需要进一步巩固专业知识，以更好地符合所要录用职位的要求。

（3）工作实践经验。面试官根据查阅应试者的个人简历或求职登记表，查询应试者有关背景及过去工作的情况，以补充、证实其所具有的实践经验，同时考查应试者的责任感、主动性、思维力、口头表达能力及遇事的理智状况等。

（4）口头表达能力。你需要加强锻炼，以便在面试时将自己的思想、观点、意见或建议顺畅地用语言表达出来。

（5）综合分析能力和应变能力。加强学习锻炼，不断提高自己通过分析抓住本质、说理透彻、分析全面、条理清晰的能力，提高自身反应能力和应变能力。

（6）求职动机。面试时经常会被问到你为何希望来本单位工作，对哪类工作最感兴趣，在工作中追求什么，以判断本单位所能提供的职位或工作条件等能满足来面试者的工作要求和期望。这些都需要提前做好相应准备。

上述的考查点，其实考查的是应试者的三大技能即专业知识技能、自我管理技能和可迁移技能。如果我们紧密围绕彰显自己的三大技能，让其与所应聘的岗位紧密对接，那么就可以让面试顺利进行并收获不错的结果。

4. 面试准备之材料方面

（1）面试材料包括毕业生就业推荐表、简历、自荐信、成绩单及各种证书（获奖证书，英语、计算机等各类技能等级证书）的原件和复印件、个人作品、已发表的文章、论文、取得的成果等。

（2）另外，需要带的一些随身物品，如手机、地图等指路工具、纸、笔、本子、水、纸巾、口香糖、梳妆工具。

5. 面试准备之面试所需三大信息

面试前还需查找一下面试可能需要的三大信息，包括企业信息、职位信息、交通路线。企业信息来源企业官网，包括企业文化、企业背景、产品业务等。职位信息来源招聘网站，包括工作职责、仕职要求、薪酬福利等。交通路线来源网上地图，包括交通工具、最优路线、时间花费等，应给自己留下充足的时间到达面试地点。

6. 面试准备之心态调整

在面试前一天晚上，需要做好以下准备。

（1）复习你对应征公司的了解情况和你的个人简历。

（2）整理你曾做过的工作中所学得的相关技能，以及为什么你是应聘职位的最佳人选的理由。将要点记录在一张索引卡片上。

（3）如果准备带上能证明自己的业绩的资料，那么，标出最引人注目的几项。

（4）将套装、化妆盒、个人简历、纸张和一支笔放好。

（5）晚餐不能吃得太饱，早点休息，睡前吃块小甜点、喝杯牛奶，"洗个痛快澡"或者"泡个热水脚"，听一些曲调委婉、节奏舒缓的轻音乐；平躺在床上，放松身体，闭上双眼，做8～10个深呼吸，轻轻用手指和指腹按摩头皮、前额和后脖颈处，睡个好觉。

7. 面试准备之突发问题应对

（1）迷路。最好问交警或者环卫工人，他们给出的路线比较可靠，如果问普通路人，最好多问几个人，以确保对方所指的路线是正确的。

（2）堵车。一旦看出自己可能会迟到，请立即打电话告知 HR，并说明迟到的客观原因，像堵车这种情况，一般 HR 是可以接受的。

（3）尿急。别不好意思，赶紧问路人！如果在市区，可以看看附近有没有网吧、超市、餐厅；如果在人烟稀少的郊区，怎么解决您看着办。

（4）身体不适。请立即打电话给 HR 说明情况，和 HR 重新约定面试时间。如果 HR 毫不留情地拒绝你的申请，那你就需要考虑一下，这样的公司是否值得你去。

（5）忘记地址。如果有智能手机，可以上网查一下地址，或者求助于路人，让他们帮你查一下，或者打电话求助家人朋友，实在没办法，那就直接打电话问 HR。

8. 面试准备之面试前的最后 15 分钟

（1）确保提前到达面试地点，在休息室等候，可以提前整理自己的思路，并用这些时间熟悉公司的环境，特别是很热的夏天，可以整理一下自己的仪容。

（2）在等候中注意观察该公司的办公室气氛。如果大家都穿牛仔服装并用随意的口气打招呼，你就知道自己在面试时不必太刻板。

（3）留意看看周围有没有一些企业的宣传资料，或者企业的广告、海报、简介等，充分掌握单位的信息。

（4）不要在别人的办公间闲逛，你随便的态度会引起公司员工的不满，甚至会打扰到别人正常工作。

（5）不要和前台或进出公司的人乱搭讪套近乎，还请不要乱喝水，以免面试中内急。

（6）请不要直勾勾地看着每一个在你面前走过的公司员工，甚至还摆出一副让人莫名的笑容。

（7）请收起你的游戏机等一切娱乐工具。你是来应聘的，而不是来排队吃饭唱 K 的。

（二）交响曲——面试中的过关斩将

1. 作答节奏

面试时应该放慢说话的速度，冷静思考，理清思路。在面试中，每次作答时，你都应耐心等对方问完，并停顿两三秒，整理好思绪，再从容不迫地回答。

2. 克服紧张

当面试紧张时，首先要做好充足的资料准备，有条理的记熟每一个点。然后做好充分的心理准备，看得轻得失，要想我的对手可能更紧张。还要练习一下坐姿，保证坐得舒服，身体稍往前倾。当进门之前深吸一口气，如果实在紧张得不得了，就坦白告诉考官。面试的过程中果然碰上了你有备而来的问题，也千万别因觉得猜中了就迫不及待地开口背起稿来，甚至还打断对方的问题，那反而会弄巧成拙。

3. 被考倒处变不惊

当面试官询问专业问题而你却不知如何回答时，首先应该先微笑地确认一下问题，因为，有时极可能是自己没听懂问题而不会作答，待确认好后或许就能应答，实在不知如何回答，切忌乱说，不要不会装会，丢失考官看中的"诚实"。最好这样回应："关于这方面，很抱歉我刚好一时想不出来完整的内容，不过给我一点时间的话，我有把握能整理出最正确的资料。另外，关于这一方面，我比较有心得的是相关的某某领域，如果您允许的话，我很乐意将我在这方面所知道的，向各位做个简单说明。"或"对不起，很惭愧，对于这个问题我认识还不够，看来今后要加强这方面的学习。"

4. 不要怕说错话

说错话不要放在心上，只要错误影响程度不大就接着往下说。千万不要长时间停顿或吐舌头，说错的影响比较严重时，应该在适当的点进行更正并道歉，如："对不起，刚才我太紧张了，好像说错话了，我的意思是……不是……请原谅。"

5. 懂得重复询问

回答听不明白的问题时，可以要求考官再重复一次，如果重复了还不明白，那么肯定是题目出错了，要委婉一点表示自己不大明白答题要求作答的方向，可以态度诚恳地说："不知道您指的是不是这个……？"切忌信口开河。

6. 把握机会勇于发问

最后主考官往往会反问你："有什么问题要问我的吗？"此时你一定要有所回答，无论是教育训练制度、工作实际内容、未来升迁管道等，都是不错的问题。要是实在没有疑问，也该利用这个机会表达你今天来面谈的感想："今天来到贵公司，让我感受到亲切而专业的企业文化，让我更希望能有机会进来贡献所学。"要是你回答："喔！我想不出有什么好问的。"这代表你不是听话不认真，就是反应不灵光，给人的印象就会大打折扣。

7. 提前准备答案

在面试前应提前预设好可能问的问题和理想的答案，把答案流利地念出来至少需要重复三遍以上，这样才能把对问题的理解内化到心中，做到自然流畅，否则就会被招聘HR的火眼金睛看作做作。

一般面试时开场都要自我介绍，那就是我们的简历的有声浓缩精华版。建议针对应聘的公司和职位的区别，至少准备三个不同版本的自我介绍并且将之烂熟于心，力争在面试过程中赢得头彩。

面试时各个应试者八仙过海，各显其能，恨不得把十八般武艺全部用上，拿下这一城。那究竟考官会问哪些问题？该怎样回答这些问题来征服考官呢？我们将在后面的章节中在不同的面试中详细阐述。

（三）尾声——结束面试及跟进

1. 结束面试

没有合适的告别，面试的效果将会大打折扣。那么面试结束的时候求职者都应该注意些什么呢？

第一，要保持自己的个性，保持真诚，给考官留下深刻的印象。面试的整个过程是严肃的，双方都以极其认真负责的态度参与其中，告别时一些真诚的个人化的语言可以有效地活跃面试考场气氛，给面试"公事化"的严肃形象带来亲切感。

第二，考生可以在面试结束时对自己做一个概括。当考官发出结束面试的信号后，考生可以用简短的话总结概括一下你本人的情况以及你对此次面试的认识。你的概括要尽可能简练，你还要注意这种结束语尽量保持客观，并将面试的成果，归功于考官。

第三，考生要注意不要有不应有的言行。不要一边向考官致谢并道别，一边整理自己的个人材料、衣着。这样的行为是极不礼貌的，尽管你可能是无意识的；不要表现得慌张、冒失。面试结束后不要匆忙把一些文件材料抓在手里，夹着公文包和外衣就慌张地出去，过一会又返回询问考官自己是否丢下了什么东西；不要跟考官东拉西扯，反复追问面试结果。容易造成考官情绪上的抵触与反感，反倒弄巧成拙。

第四，无论面试情况如何都要始终如一。即使准备不充分，临场发挥欠佳，或者感觉考官对自己没有兴趣、感觉与考官话不投机，都不能放弃努力争取的机会。既使考官已经委婉地拒绝了你，你也应该表现得冷静，要大方地、不卑不亢地离开，也许此时你的冷静和最后的努力会让对方改变主意。

2. 面试跟进

面试结束后，我们不能挥一挥衣袖，不带走一片云彩，而是需要有礼节地跟进面试结果。这里有一个非常重要的跟进工具——感谢信。感谢信作为一种礼仪文书，是一方受惠于另一方后及时表达谢意的一种方式和工具。

（1）感谢信表达的内容

①对考官给予面试机会表示感谢。

②对考官在面试过程中回答自己的一些关于职位信息的提问，让自己对工作世界有了进一步的探索表示感谢。

③请考官告知自己面试的结果以便为下一轮的面试做准备，并请他对下一轮面试给予一些建议。

（2）感谢信的不同功用

①面试后三天内发感谢信，目的是加深印象，拉近距离。

②收到进一步面试的通知之后发感谢信，目的是获得下轮面试的建议。

③面试完之后不太想去那家单位，要在恰当的时间给人家一个答复。这既是基本的礼节问题，也是对单位负责任的态度体现。

④被拒绝进入下轮面试之后发感谢信，目的是进一步获得作为业内人士的建议，而且有可能被感谢的业内人士会提供其他工作机会。

所以，感谢信是面试后不可或缺的跟进步骤，使用好感谢信有时可以为你带来意想不到的惊喜。

要想打一个面试的漂亮仗，就要做好以上的三个环节。

二、公务员面试

（一）公务员面试注意事项

1. 面试须知及成绩构成

根据《招考简章》中规定的面试人数与计划录用人数的比例，按照笔试成绩从高到低的顺序确定各职位进入面试的人选，并在专题网站上公布。达到笔试合格分数线的人数与计划录用人数比例低于规定面试比例的职位，将面向社会进行调剂。调剂在公共科目考试内容相同（即指报考者应答的是同一类试卷）的职位之间进行，调剂公告、职位等通过专题网站发布。

招录机关负责面试实施，时间、地点等事项详见招录机关在本部门网站和专题网站上发布的面试公告。面试时，报考者须提供本人身份证件（本人有效居民身份证、学生证、工作证等）原件、所在学校或者单位盖章的报名推荐表、报名登记表等材料。凡有关材料主要信息不实，影响资格审查结果的，招录机关有权取消报考者参加面试的资格。报名推荐表、报名登记表等材料可从专题网站下载、打印。

部分招录机关在面试阶段组织专业能力测试，专业能力测试设置情况和测试内容、分值比重等见《招考简章》或者招录机关发布的面试公告。

面试结束后，招录机关通过专题网站发布报考者的面试成绩以及综合成绩。其中，未组织专业能力测试的，综合成绩按照笔试、面试成绩各占50%的比例合成；组织专业能力测试的，综合成绩按照笔试成绩占50%、面试成绩和专业能力测试成绩共占50%的比例合成。

2. 面试准备

（1）网上答题的模板，建议大家看一看，应该有帮助。但要注意不要生硬地照搬。尤其一些培训班和模板给出的参考答案要做到融会贯通，而不是按套路一字不差地答，这样会引起考官的反感，分数势必不会高。

（2）面试考的不是答案的准确，考的是考生的素质和能力。所以面试要参考技巧，又不能照搬，关键要放松地答出水平和高度来！每位考官的手里都有一个题本，除了题目之外，还有很简单的答题要点，可以参照打分。但实际上，考官不完全依照这个答案的，只要考生答的符合实际，有可行性，再有新意和深度就可以得到高分。

（3）面试分数低的原因主要来源于一是刚毕业不熟悉社会实际，不了解时事；二是太紧张，不知道说什么好；三是受到网上面试技巧和社会上培训班的影响太深，模式化太重。在面试准备期间可以多看时政报纸及新闻，了解政治方向和分析语言，学会站在政府的角度上分析和处理问题。

（4）关于着装：不要纠结于穿不穿丝袜、发型要扎马尾辫还是盘起来、皮鞋要穿什么颜色的这样的问题，在考官看来，只有"干净整洁"和"不干净整洁"的区别。但上衣一定要穿有领的。穿着应体现出考生的专业性、严谨性和自信度，让考官对考生的整体形象留下良好的印象。

（5）心态调整：保持自信和积极的心态，避免紧张或过度焦虑影响面试表现。如果感到紧张，可以尝试深呼吸或利用其他放松技巧来缓解紧张情绪。

（6）了解岗位和单位：在面试前对所申请的公务员岗位和单位进行深入了解，包括其职责、工作内容和单位文化等。这将有助于你更好地回答与岗位相关的问题并展示自己的适配性。同时，也可以提前准备一些与岗位相关的问题，向考官展示自己的专业素养和求职动机。

3. 面试流程

公务员面试有一个专门的候考室，这是考前汇合的地方，在考前三十分钟会开始抽签，通过抽签来决定面试的出场顺序，所以考生在参加公务员面试至少要提前半个小时来。其次，当抽完签面试完的时候，第一个面试者，面试完成后不得回候考室去休息，要留在考场专门的休息室休息，也不得和其他考生进行见面沟通，第二个面试者同样如此，直到所有考生都已经参加完面试，此时再能出考场。当然中间有休息时间，但考生不得接近考场以及候考室只能在专门的休息室附近休息。

4. 面试过程

进场：如果门是处于关闭状态，工作人员未开门，考生应敲门，敲门的动作自然、声音清楚就好，敲门声太大或太小都不合适，得到考官请进的允许后，考生进入考场。但如果门本身就是开着的，考生直接进入即可，不用非得敲上门才行。

问好：考生抬头挺胸稳稳地站在考官面前，手自然地垂放在裤线两侧，避免给考官一种怯生生、拘谨、不自然的感觉，眼神坚定地、简洁地与各位考官大声问好。稳妥起见，一般说"各位考官好，我是1号考生"，然后以鞠躬、点头或是微笑的方式表达对考官的尊重。鞠躬30°～60°就够了，不要那样深深地鞠一躬，也不要走到考官很近的地方鞠躬再走回座位。

入座：得到考官的许可后方可入座。入座时动作要干练利落，面带微笑，给人大方得体的感觉。入座之后，要站有站相，坐有坐相，端正坐姿，把握好身体与桌边的距离、眼睛与桌面的尺寸以及手臂的放置比例。坐在椅子上要挺胸抬头，表情自然，两肩打开，双手平稳地放在考桌上，两脚平落地面。

开始答题：在答题的过程中，考生需要注意的是，自己和对手面对的是一样的题目，因此无论碰到简单的还是难的题目，考生要做到镇定、从容面对。答题中绝对不要有玩手、抖腿、抿嘴、吐舌头、眨眼睛、推眼镜等小动作。细微之处考查人，所以考生要注意在考试过程中的每一个细节。答题时不要先说"考生思考完毕，现在开始答题"这一类的话。不要觉得不加这句话就不礼貌。其实把面试的过程当作是交流的过程，自然一点的回答也可以拉近考官和考生的距离，考生自己也可以没那么紧张。

回答组织类或应急类题目时，不要开头先说"领导把这项任务交给我，是对我的信任，我会努力完成好这项任务"这样的话。同理，在综合分析题目中，也不要碰到什么题目都用"作为一名公务员，我会怎样怎样……"来结尾。要想让自己显得诚恳一些，不要依赖这句话，把重点放在自己的表情和语调上更好。

答题时间应规划好，20分钟，答每题前花1～2分钟在纸上列个提纲，对着提纲说相对放松一些。但准备时间不宜过长。合理分配答题时间，避免在某个问题上花费过多时间而导致其他问题回答不充分。答题时，提醒自己微笑着看主考官说话，这样从考官这个角度看起来感觉好。

答题时语速不要过快，掌握好节奏，不急不慌，依照自己列的提纲边说边想，娓娓道来。语气语调要有高低起伏、抑扬顿挫。考生备考中可以采取演讲的方式锻炼自己的言语表达，增强自己参加面试的自信心。同时大部分考生在表达的时候语气词过多，如：啊，呢，哪，喔，啦。平时，在练习的时候，考生可以给自己录音，反复拿来听，看看自己存在哪些语气词，多加练习，逐渐改掉这些毛病。

面试过程中答题的语速和声音很重要，抽签抽到前面的考生，考官可能会更认真听你的内容，同时也会对你回答时的一些停顿或者断断续续有耐心。抽到后面的号，答题的语速和声音重要性大于答题内容，声音清晰语速适中每道题你能这样说上两三分钟就是高分，但考官对于后面这些同学的停顿或者"嗯……呃……"之类的断断续续的回答就没那么有包容性了，因此后面的同学要是回答不下去了，果断以"回答完毕"或者"我对这个问题的看法就是这样"之类的话语结束。

离场：在考生回答完毕的时候，要保持进场时的自信和坚定，向考官真诚地道谢退场，在礼仪上做到有始有终。

5. 面试仪态

当进入座位以后，尽量不要出现晃腿、玩笔、摸头、伸舌头等小动作，容易给考官一种不成熟、不庄重的感觉。

眼神交流：在面试过程中，保持与面试官的眼神交流，考生从进场开始到退场为止，至少要保证 60% 以上的时间与考官进行目光交流，显示你的自信和专注。避免长时间低头或四处张望，这可能会给面试官留下不自信或缺乏专注的印象。当然，在答题过程中，有些考生惧怕考官的眼神，这个时候我们可以选择不直接看考官的眼睛，而是注视考官的眉毛、鼻尖、额头等面部三角区部位，同时也可以多和给予自己眼神鼓励的考官进行交流，即便是心里紧张，我们也要尽力克服，不要过于依赖桌面上的答题本或草稿纸，让自己做到心态平稳，眼神坚定，自如地应对面试现场。

面部表情：答题时要做到表情自然，切忌僵硬死板、面无表情。笑是面部表情的一种，它是考生在面试考场除口头表达外的另一种语言。考生从进入面试考场那一刻起，要懂得适时微笑。

6. 语言表达

言谈举止：回答问题时，注意语速和语调，保持声音洪亮且清晰，确保考官能够听清你的回答。在回答问题时，尽量抓取题目的核心要点，简洁明了地表达自己的观点。避免使用过多的口语化表达或方言。

思维能力：面试题目往往涉及一些实际问题或社会现象，考生需要具备分析问题、解决问题的能力。在回答问题时，考公务员，无论是申论写作，还是面试答题，要把自己就当成政府的公务员，从政府管理的角度来分析来回答，要抓住问题的关键点，进行深入的分析和思考，提出切实可行的解决方案。同时，要注意逻辑性和条理性，避免出现混乱或自相矛盾的情况。

"我"字的使用：在考场上，考生喜欢以"我"开头进行表达，如："我"适合这份工作；"我"毕业于"211"重点大学；"我"爱好广泛……但是这种说法要考虑考官是否接受，是否喜欢？

请大家比较一下这样的两种说法：

考生甲："在我负责销售部期间，我使部门工作获得了较大起色，并且在我的严格管理下，本部门工作人员也得到了极大的锻炼和进步，因此我得到了总公司的赞赏，这令我非常欣慰！"

考生乙："在我负责销售部期间，部门工作获得很大起色，不仅销售额比去年上升了百分之三十，而且部门职员也得到了极大的锻炼和进步，总公司对此的奖励，是对我们全部工作人员的极大的鼓励。"

应该说，考生乙比考生甲更会令人接受和喜欢。他没有一连串地使用五个"我"并且未将功劳全部归为自己，因此同样的内容，考生乙的表达效果就好得多。

借口说话：面试时的很多问题是直接针对考生提的，需要考生正面做出回答。而其中的有些问题如果考生"借口说话"可能效果会更好。

例如考官询问："你认为自己大学期间的成绩优秀吗？"那么考生如果正面回答：

"我想应该是不错的吧！"就很难有说服力。而如果考生借用他人的"口"来证实自己，就会有效得多。例如"我本科四年中有三年拿到了一等奖学金，毕业时被评为优秀毕业生。由于在专业上取得了一定成绩，我系唯一的一名中科院院士张教授让我进入他的实验室，并对我的工作做了中肯的评价。毕业前，在张教授指导下，我在刊物上发表了一篇学术论文，该刊物的主编认为这篇论文观点新颖、内容翔实……"

"借口说话"在具体应用时要注意"借的口"——选择的人或事物应该是考官能接受，能认可的。如果考生说："我母亲一直认为我很聪慧……"就似乎不太合适，因为自己的亲人对自己的评价不够客观和权威。

借口说话，既不能大张旗鼓、盛气凌人，又不能无中生有，凭空捏造。只要避免了这几点，"借口说话"的技巧就能恰当地运用。

像哲人般地说话：适当地引用一些谚语、名人名言、成语故事会突出考生的文化底蕴，通过所引用内容的深度来衬托自己的成熟。

如考生不小心说错了话，自我解嘲地说："的确，正如一个名人所说'真理往前面走一步，就是谬误'，我刚才显然多走了一步。"这样的引用不仅表现了自己的文化素养，同时也为自己的一时失误找到了理直气壮的解释。

此外，考生还需要注意情绪控制。面试过程中可能会遇到一些难题或挑战，考生需要保持冷静、自信的态度，不要过度紧张或情绪失控。可以通过深呼吸、放松肌肉等方式来缓解紧张情绪，保持良好的心态。

（二）面试题目及参考答案

公务员面试的题目难以穷尽，下面根据常见的几种面试类型列出题目及参考答案和讲解，同学们可以总结出答题思路，触类旁通。

1. 时政热点类问题

就现象谈看法（给出一个当前热点现象，让考生谈看法）。

答题思路：

（1）分析该现象发生原因。

（2）从多角度、多方面分析该现象的影响。

（3）结合实际，提出解决对策。

题目：你如何看待当前的数字经济及其对社会发展的影响？

参考答案：

现状分析：数字经济正以前所未有的速度改变着我们的社会和经济格局。它依托数字技术和信息网络，推动了各行各业的创新和效率提升。

积极影响：数字经济提高了生产效率，为企业和消费者带来了更多便利。例如，通过大数据分析，企业可以精准地了解市场需求，优化供应链管理。对于消费者而言，数字经济提供了更加个性化的服务和产品选择。

挑战与问题：然而，数字经济也带来了一系列挑战，如数据安全、隐私保护、就业结构变化。这些问题需要政府、企业和公众共同努力来寻求解决方案。

政策建议：政府应制定合适的政策来平衡数字经济的创新与风险，加强数据保护和隐私安全立法，同时推动相关行业的技能培训和再就业计划。

2. 哲理思辨类问题

就一句有哲理的话或谚语谈看法。

答题思路：

（1）分析这句话的含义。

（2）从多角度、多方面分析这句话的现实意义。

（3）结合自身，表明自己的立场。

题目："千里之行，始于足下"这句话给你怎样的启示？

参考答案：

理解寓意：这句话告诉我们，任何伟大的事业都要从眼前的小事做起，不能好高骛远。

实践应用：在实际工作中，我们应该注重细节，踏实做好每一步。无论是制订计划还是执行任务，都要从实际出发，一步一个脚印地前进。

积累经验：通过不断积累经验和知识，我们可以为未来的成功打下坚实的基础。每一次的努力和尝试都是构建成功和实现梦想的基石。

3. 组织活动类问题

答题思路：

（1）准备阶段：明确活动对象、内容及目标效果，精心策划并制定详细计划，积极征询领导建议。

（2）实施阶段：实时监控活动进展，灵活调整方案以应对实际情况。

（3）总结阶段：活动结束后进行全面总结，详细向领导汇报成果与反馈。

这道题目实际上是在考查我们组织和策划活动的能力，这是在任何机关单位都必备的一项核心技能。尽管许多人可能有过组织各种活动的经验，但如何在面试中清晰、有条理地表达出来，却是一项不小的挑战。因此，要想脱颖而出，需简洁明了地描述活动流程，确保考官能够轻松理解。网络上有很多类似的答题模板，但不是生搬硬套，需要具体问题具体分析。

如以开展一次社区宣传活动为例。事前不仅仅是写计划请领导审阅，你可以说：在事前准备阶段，要到社区摸清基本情况，如人口、结构、性别、年龄情况，确定宣传的基本思路，与领导沟通，写出计划；事中，采取哪些方式来进行宣传，比如发挥居委会的力量，发挥社区小学生的力量，说几种措施，设橱窗啦、贴宣传画啦、发宣传材料、组织演出、竞赛，这些是没有固定答案的，措施说得越多越好，越有特色越好。

在执行过程中，大多数人都知道来上一句"做好经费的预算和申请"，但很少人会意识到"花小钱办大事"这个层次，没有人说尽量节约经费，办得既热闹又节约。或者说，有的活动其实根本不需要什么经费，有的考生也照说不误。

还有一些套话是，"注意在过程中协调各方关系，注意应对突发事件"或者"做好安全保卫工作"。这些话本身没有错，但不要一字不变地说。可以变成自己的话：具体协调哪些单位和人的关系，注意在过程中听取各方意见，以便有不妥之处能及时修正，如果涉及人员安全的话，还要做好安全保卫工作。这样感觉就好多了。

事后，大家都一模一样地说：写一个总结报领导，自己也总结经验教训。这话也可以变通一下，组织完这项活动，听取一下居民的意见，写一个总结报领导，或者在媒体上宣传一下，同时也把所有的材料存档，为今后开展此项活动提供参考。

题目：如果由你负责组织一场环保公益活动，你会如何策划和实施？

参考答案：

明确目标与宗旨：首先确定活动的目标和宗旨，例如提高公众的环保意识，促进环保行动。

预算与规模规划：根据目标和宗旨，制订合理的预算和规模计划，确保活动的顺利进行。

选择场地与设施：选择适合活动的场地，并准备好必要的设施和设备。

制定活动流程：设计详细的活动流程，包括环保知识讲座、互动游戏、环保实践环节等，以吸引和参与者的兴趣。

邀请嘉宾与媒体：邀请相关领域的专家和媒体参与活动，提高活动的影响力和知名度。

宣传推广：通过社交媒体、传统媒体等多种渠道进行宣传推广，吸引更多人的关注和参与。

总结评估与改进：活动结束后进行总结评估，收集反馈意见，以便改进未来的活动策划和实施。

4. 情景处理类问题

情景处理类题目的设置，其目的主要是真实有效地考查考生的临场反应能力和人际关系的处理能力。对于此类题目要求考生不但要掌握人际沟通类题目基本的答题思路和原则，还要在备考中提升自己的角色转换和化解矛盾的执行能力。

该题型可以说是面试各大题型中最灵活的一类，要求考生立刻解决题中设定情景下的突发事件和棘手状况，着重考查两点：一是应变能力，二是处理实际问题的本事。如：有地方发生地陷，村民恐慌，你怎么处理？

考生在回答时需注意以下几方面：第一，认真审题，把握住题目中的关键词；第二，要注意心理的稳定性，迅速分析情况，提出恰当的措施；第三，要注意身份定位，将自己置身于题中设定的情景中，进入一个处理突发事件的模拟过程；第四，要扩宽思维，多提对策，这是答题中的亮点，也是考生个性化的体现。

题目：一个重要项目的截止日期即将到来，但团队成员之间出现了严重的沟通障碍，导致项目进度受阻。作为项目负责人，你将如何处理？

参考答案：

（1）了解情况：首先与团队成员进行一对一的沟通，了解每个人的想法和困惑，找出沟通障碍的根源。

（2）制定解决方案：根据了解到的情况，制定针对性的解决方案。例如，可以组织团队建设活动增进彼此了解，或者建立更有效的沟通机制和流程。

（3）明确目标与分工：重新明确项目的目标和每个人的分工，确保每个团队成员都清楚自己的职责和任务。

（4）加强监控与跟进：在项目执行过程中加强监控和跟进，确保项目进度按照计划进行，并及时解决出现的问题。

（5）总结与反馈：项目结束后进行总结和反馈，分析项目成功和失败的原因，以便改进未来的项目管理。

5. 人际处理类问题

答题思路：

（1）工作第一原则。无论出现什么情况不能影响工作的有效开展。

（2）表明态度，反思自我。要首先从自身找原因，善意假设同事是有思想觉悟的，易于沟通的，善解人意的。

（3）积极沟通原则。要采取恰当方式主动与同事沟通，争取同事理解。

（4）共同解决，总结经验。

题目：如果你的同事在工作中经常推卸责任，影响团队合作，你会如何处理？

参考答案：

私下沟通：首先尝试与同事进行私下的沟通，了解他的想法和困难，并寻求共同的解决方案。

明确责任与期望：与同事明确工作责任和期望，确保每个人都清楚自己的职责和任务。

提供支持和帮助：如果同事确实面临困难或挑战，主动提供支持和帮助，共同解决问题。

向上级反馈：如果私下沟通无法解决问题，可以向上级反馈情况，并寻求上级的指导和帮助。

保持冷静和客观：在处理过程中保持冷静和客观，避免情绪化的冲突和矛盾。

6. 言语表达类问题

题目：请就"绿色发展"这一主题发表一段简短的演讲。

参考答案：

绿色发展是当今社会的重要议题。随着经济的快速发展，我们也面临着日益严峻的环境问题。因此，绿色发展不仅是一种责任，更是我们未来发展的必由之路。我们需要注重可持续发展，推广清洁能源，优化产业结构，加强环境治理等措施。只有这样，我们才能实现经济与环境的双赢，为子孙后代留下一个更美好的家园。让我们共同努力，推动绿色发展，共创美好未来！

7. 人岗匹配类问题

题目：你为什么选择报考这个岗位？你认为自己有哪些优势？

参考答案：

我选择报考这个岗位，主要基于以下几点原因。

首先，我对这个领域有浓厚的兴趣，长期以来一直在关注和学习相关的知识和技能。我认为，兴趣是最好的驱动力，能够让我在这个岗位上持续进步，为工作投入更多的热情和精力。

其次，我的专业背景和实习经历使我对这个岗位的工作内容有了深入的了解和实践经验。在大学期间，我主修××专业，并取得了优异的成绩。此外，我还积极参加了相关的实习项目，亲身感受到了这个岗位的工作环境和挑战。这些经历不仅让我对这个岗位有了更深刻的认识，也为我未来在这个岗位上发展奠定了坚实的基础。

谈到我的优势，我认为主要有以下几点。第一，我具备较强的学习能力和适应能力，能够迅速掌握新知识和技能。在以前的学习和工作中，我始终保持着对新知识的渴望和好奇心，这使我能够不断提升自己，适应不断变化的工作环境。第二，我拥有良好的团队合作精神和责任心。我深知团队合作的重要性，能够积极与同事沟通交流，共同完成任务。同时，我也非常注重工作的质量和效率，对自己的工作成果有很高的要求。最后，我认为自己还具备较好的沟通能力和解决问题的能力。在以前的项目经验中，我曾多次遇到复杂的问题和挑战，但每次都能够冷静分析、果断决策，最终成功解决问题。这种能力在未来的工作中也将是非常重要的。

综上所述，我选择报考这个岗位是出于对该领域的热爱和对自己能力的自信。我相信，凭借我的优势和努力，我一定能够在这个岗位上取得优异的成绩。

8. 专业知识类问题（以税务岗位为例）

题目：请简述增值税的基本原理及其作用。

参考答案：

增值税是以商品和劳务在流转过程中产生的增值额作为计税依据的一种流转税。它的基本原理是道道征税、税不重征、环环紧扣、税负公平。增值税的作用主要体现在以下几个方面：一是保证国家财政收入的稳定增长；二是有利于促进专业化协作生产的发展和生产经营结构的合理化；三是有利于"奖出限入"，促进对外贸易的发展。

9. 综合分析类问题

在面试中，各位考生最需要注意的题型就是"综合分析"。此综合分析非笔试的综合分析。在笔试中，考生只需按照材料所给，围绕题干找出要点即可。

但在面试中的综合分析，需要考生有一个完整的作答思路，且能够将自己的思路清晰的呈现给考官，这就需要考生的思维逻辑要强。考生经过长久的练习，自然会对于作答此类题目形成条件反射。所以，只有完整的作答逻辑是不够的，要想给考官留下深刻的印象，就需要考生在综合分析的"开头"和"结尾"有亮点，不拖泥带水、不循规蹈矩。

对于综合分析题，补充几点。

一要全面。如分析一些大学生到农村锻炼有临时观念的现象，可以先说，这种现象是现实存在的（这句话也是一个小技巧，在很多题里可以作为第一句），然后先分析内因，即当事人的心态，再分析外因，即毕业生就业难现象、社会环境、机制，从小到大，一层层分析，显得有条理。

二是辩证。如某市市民对政府禁用一次性筷子这一举措褒贬不一，你怎么看？

从正面可以从节约能源来说，这个很容易想到。但提到反面的人就少了，反面可以说，市民对使用非一次性筷子会担心消毒及卫生的问题。如果想使话题轻松一点，可以这样说："比如我本人，到饭店吃饭时，有的饭店既有一次性筷子，也有不是一次性的，我就很为难，想节约点资源吧，又担心不卫生，估计市民像我这样想的不在少数，如果能卫生方面出台举措，打消大家的顾虑，我想大多数人还是会支持禁用一次性筷子的。"或者也可以提到现在很多饭店用那些收费一元消毒的碗杯勺的使用反响，或者能说饭店成本、加重消费者负担等方面的问题，这就是举一反三了！

在综合分析题里，要善于运用哲学原理来分析，如上述所说一个事物的两个方面、内因和外因，还有事物的发展规律、人不可能两次踏入同一条河流等等。如果能在答题里上升到哲学的高度，或者只是提到就行，那考生就是比较有水平的啦。而这些稍加训练是可以做到的，毕竟我们每个人都学过不少哲学知识！

题目：近年来，随着网络技术的快速发展，一些政府部门开始推行"互联网＋政务服务"，你如何看待这一现象？请从利弊两方面进行分析，并提出你的建议。

参考答案：

"互联网＋政务服务"是近年来随着网络技术发展而兴起的一种新型政务服务方式。以下是我对这一现象的看法。

首先，我们来看"互联网＋政务服务"带来的利处。

提高效率：通过互联网平台，政务服务可以实现24小时不间断地在线办理，大大提高了办事效率，减少了群众的等待时间。

便捷性：群众可以随时随地通过网络办理各项业务，无需亲自前往政府部门，节省了时间和精力。

透明度增加：政务服务的流程、标准和结果都可以在网络上公开，增强了政府的透明度，便于群众监督。

然而，"互联网＋政务服务"也存在一些弊端。

数据安全问题：随着政务服务向数字化、网络化转型，数据安全问题日益突出。如何保障个人隐私和数据安全成为一大挑战。

技术门槛：部分群众可能由于技术门槛而无法享受"互联网＋政务服务"的便利，如老年人或不熟悉网络操作的人群。

服务质量不均：不同地区的政务服务水平和质量可能存在差异，导致"互联网＋政务服务"的效果在不同地区有所不同。

针对以上利弊，我提出以下建议。

加强数据安全保障：政府部门应建立完善的数据保护机制，确保个人隐私和数据安全。同时，加强对政务服务平台的监管，防止数据泄露和滥用。

降低技术门槛：政府应提供简单易用的操作界面和详细的使用指南，帮助群众更好地使用"互联网＋政务服务"。此外，可以设立专门的咨询窗口或热线电话，为群众提供技术支持和帮助。

提升服务质量：政府部门应加强对政务服务人员的培训和管理，确保服务质量。同时，建立有效的反馈机制，及时收集和处理群众的意见和建议，不断改进政务服务。

综上所述，"互联网＋政务服务"在提高政务效率、便捷性和透明度方面具有显著优势，但也面临着数据安全、技术门槛和服务质量不均等问题。通过加强数据安全保障、降低技术门槛和提升服务质量等措施，我们可以更好地发挥"互联网＋政务服务"的优势，为群众提供更加高效、便捷的政务服务。

10. 漫画类问题

有很多地方的公务员面试中加入了漫画等形式的题目。

题目：认真理解这幅漫画，给出一个标题，并结合社会现象进行阐述分析。在一根巨大的手指上，一个人昂着头大步沿着手指头指的路向前走，手指的前方飘着两朵云。

参考答案：

我给出的标题是："指崖"止步犹未晚。

漫画中的这个人，昂头向前大步走，他本以为按照手指的方向，会是一片坦途，而且脚下的路也显示安全无恙，殊不知，在手指的尽头，已经无路可走。再往前走，会从指间跌落下去，粉身碎骨。必须在"指崖"止步，寻求正确之路（先解读漫画，并简要说出漫画的寓意，点题）。

现实生活中，漫画中反映的现象屡见不鲜：有的人盲从于所谓"高人"指点的道路，实际这条路却不适合自己，甚至可能是一条不归路；有的人被眼前的安逸、安全所迷惑，没有意识到危机就在脚下，悄悄到来。有的人只顾低头拉"车"，不会抬头看路；有的人明知前方无路可走，甚至会粉身碎骨，仍然抱着侥幸心理，或经不住诱惑，一步步走向深渊，少数腐败分子的犯罪轨迹就是最好的说明（此段列举了社会现象，进一步揭示漫画的寓意）。

之所以会出现这些情况，与自我认识不高定位不准、人云亦云，只唯上、只唯书、不唯实有关；与没有时刻树立居安思危意识有关；与没有树立正确的人生观、世界观、价值观有关。无论是什么原因，这些现象所产生的后果，都是难以想象的，对己、对人、对社会，有百害而无一益（分析漫画寓意社会现象的原因，并说出危害）。

"高人"所指的路不一定适合你，鞋子是否舒服只有自己的脚知道；前人走过的路不一定是坦途，因为条件、环境可能已经发生变化；眼前安全的路不一定没有危险；明知错误的路如不止步回头，会是一条不归之路（进一步分析漫画所揭示的道理）。

漫画给了我们启示、警醒。对于我们年轻人来说，人生的道路还很漫长，前方也可能会有坎坷，但方向必须正确。要做好自我定位，认清自我优劣，选择适合自己的人生之路，不能盲从于所谓的"高人"指点迷津，不唯上、不唯书，只唯实。要树立正确的"三观"，保证所走的路不出偏差、不脱轨道；要时刻保持清醒头脑，居安思危，防患未然；要及时认清错误的道路，悬崖勒马、"指崖"止步、回头是岸，回归正确之路（提出解决问题的思路，与前文相对应，并在结尾呼应标题）。

11. 自我反思类问题

该题是指出考生工作中的不足，问考生怎么办？

答题思路：

（1）自我反思，分析在哪些环节中没有做好自己的工作。

（2）坦诚自己的错误及改错决心。

（3）总结经验，避免再犯。

题目：如果你的工作出现失误，给本单位造成经济损失，你认为该怎么办？

参考答案：

第一，我本意是为单位努力工作，如果造成经济损失，我认为首要的问题是想方设法去弥补或挽回经济损失。如果我无能力负责，希望单位帮助解决。

第二，是责任问题。分清责任，各负其责，如果是我的责任，我甘愿受罚；如果是一个我负责的团队中别人的失误，也不能幸灾乐祸，作为一个团队，需要互相提携共同完成工作，安慰同事并且帮助同事查找原因总结经验。

第三，总结经验教训。一个人的一生不可能不犯错误，重要的是能从自己的或者是别人的错误中吸取经验教训，并在今后的工作中避免发生同类的错误。检讨自己的工作方法、分析问题的深度和力度是否不够，以致出现了本可以避免的错误。

三、选调生面试

选调生，是各省党委组织部门有计划地从高等院校选调品学兼优的应届大学本科及其以上毕业生到基层工作，作为党政领导干部后备人选和县级以上党政机关高素质的工作人员人选进行重点培养的群体的简称。

（一）选调生面试注意事项

1. 选调生面试相对正式，形式与公务员考试有相似之处。在准备方面可以参考上文提到的公务员面试。

2. 关于山东选调生，从 2024 年度开始，重新调整为限制当年应届生报考。因此，2025 年山东选调生要求 2025 年当年应届毕业生报考，将于 2024 下半年发布公告！山东选调生有四大类选调生。

第一批定向选调，以前叫专额定向选调，只有 10 所高校，2023 增加到 16 所，2024 年增加到 17 所。分别是北京大学、中国人民大学、清华大学、中央财经大学、对外经济贸易大学、南京大学、中国政法大学、武汉大学、哈尔滨工业大学、中国科学技术大学、山东大学、中国海洋大学、复旦大学、西安交通大学、中国石油大学（华东）、浙江大学、上海交通大学。每所高校有自己的职位表，符合岗位专业要求。考试单独组织，先笔试后面试。2024 年度山东选调生考试于 2023 年 9 月 27 日发布公告，10 月 29 日笔试，11 月中旬面试。

第二批定向选调，面向国内外部分高校及相关专业毕业生实施定向选调：限制国内高校 49 所、部分国（境）外高校 96 所、部分高校的限制相关专业。（国内双一流高校或双一流学科和 QS100 高校、世界一流学科建设高校的相关专业），要求符合岗位专业要求，考试采取笔试＋结构化面试，第二批定向选调和第二批常规选调同时报名、笔试。

第二批常规选调，报考条件：全国普通高校及海外高校 2025 年全日制应届大学本科及以上学历毕业生；须是学生干部中的中共党员（含预备党员）；不限制专业。

拔尖选调，面向山东 20 座省属重点高校定向招聘。分别是山东农业大学、山东师范大学、烟台大学、聊城大学、青岛理工大学、青岛大学、青岛科技大学、济南大学、山东第一医科大学、鲁东大学、曲阜师范大学、山东中医药大学、山东理工大学、山东科技大学、临沂大学、山东建筑大学、青岛农业大学、山东财经大学、齐鲁工业大学、山东政法学院。报考条件：中共党员（含预备党员）；主要学生干部（时间需要连续半年以上）；校级以上荣誉（优秀学生干部，三好学生，优秀党员等）；至少两年学习成绩排名前 30%（班级／本专业）。

学生干部身份：中共党员，含预备党员，已列为党员发展对象且录用报到前能被发展为预备党员的可以报考，须与报考岗位所在市党委组织部或省直单位联系提供相关证明；学生干部名称。为保证填写规范，请按照以下学生干部基本名称填写：班长、副班长、班生活委员、班学习委员、班卫生委员、班体育委员、班纪律委员等；班团支部书记、班团支部副书记、班团支部组织委员、班团支部宣传委员等；院系团总支学生组织委员、院系团总支学生宣传委员等；校（院系）学生会主席、校（院系）学生会副主席、校（院系）学生会秘书长、校（院系）学生会副秘书长、校（院系）学生会办公室主任、校（院系）学生会办公室副主任、校（院系）学生会某部部长、校（院系）学生会某部副部长；党支部书记、副书记、委员等。未列入名录的，可填写规范的名称、规范格式：班××（职务）；院系学生会××（职务）；校学生会××（职务）。

学生干部不包括：学生会干事、第二课堂中心主任、心理咨询室主任、记者团团长、编辑部、广播站、电视台、网站等单位管理成员、青年志愿者联合会、各类协会、艺术团、研究小组、学习小组、党小组等组织负责人及成员，以及其他不被认定为学生干部的名称。

担任学生干部时间：须连续半年以上，或报考时已担任学生干部且录用报到前能达到半年以上。

3. 选调生面试与公务员考试面试尽管两者在面试形式上可能相似，都常采用结构化面试，但还存在一些区别。

（1）考查重点不同。公务员考试面试更注重考查考生的综合素质、行政能力、对政策法规的理解以及解决实际问题的能力。选调生面试则可能更加注重考查考生的政治素质、领导能力、组织协调能力以及未来发展的潜力。

（2）题目内容差异。公务员考试的题目可能更侧重于考查行政能力、职业素养、对政策法规的理解等，例如："你如何看待公务员的职业道德？"或"请谈谈你对当前某项政策的看法"。选调生考试的题目则可能更注重考查领导能力、政治觉悟、组织协调能力以及解决复杂问题的能力，例如："作为选调生，你如何理解并践行党的群众路线？"或"假设你负责一个重要项目的组织工作，你会如何规划和实施？"

（3）难度与深度。由于选调生通常被视为储备干部，其面试题目可能在难度和深度上相对较高，更侧重于挖掘考生的深层次思考和解决问题的能力。公务员考试的题目则相对更为基础和普遍，以评估考生的基本职业素养和能力为主。

（4）岗位特性。公务员考试涵盖的岗位广泛，面试题目会根据具体岗位的工作性质和需求来设计。选调生则更注重考查与未来领导工作相关的能力和素质。

（5）实际应用。选调生面试中的题目可能更多地涉及实际工作中的情景模拟，要求考生提出具体的解决方案或策略。可能会更多地询问考生对于个人未来在政府部门中的发展规划、如何看待和应对仕途中的挑战等问题。公务员考试中的题目则可能更加理论化，要求考生对某个概念、政策或现象进行分析和解读。

（6）在选调生面试中，专业知识要求。某些专业性强的公务员岗位（如税务、海关）可能会在面试中涉及更多专业知识。选调生面试则通常更注重通用能力和潜力的考查，而非特定专业知识。

（7）题型区别。公务员考试面试：常常采用结构化面试，题型包括综合分析、组织管理、人际关系、应急应变、自我认知等多种类型。题目设置较为标准化，通常会有明确的答题要求和评分准则。选调生面试：也可能采用结构化面试，但题型和题目往往更加贴近实际工作情景和领导能力的考查。可能会增加一些与选调生特定要求相关的题型，如政策理解、领导决策等。

（二）面试题目及参考答案

1. 题型一：综合分析题

（1）题目1：总书记指出："青年兴则国家兴，青年强则国家强。青年一代有理想、有本领、有担当，国家就有前途，民族就有希望。"请你谈谈对新时代青年的看法。

分析：这是综合分析里的领导人讲话题，既然是综合分析题，那么核心在于"综合"，我们看到很多机构的答案，综合分析题也狂炫对策，"狂炫对策"的答法想都不用想——分不会很高，因为你的答案缺少深度、广度、长度，因为你能提对策，别人也能，完全没有比较优势了。我们反反复复强调过，综合分析题不能"狂炫对策"。这题难度还是比较大，大家很难开放性想到青年工作在当下的重要性有哪些。

参考答案：

我们的答案是从宏观、微观两个层面分析原因——为什么重视青年工作；再从历史、今天2个层面分析影响——青年对于时代的影响；最后从媒体、政府、青年三个层面提出对策。

总书记一直高度关注中国青年的发展。从强调"中国青年始终是实现中华民族伟大复兴的先锋力量"到提出"中国青年是有伟大创造力的青年"。这些讲话无不体现对青年工作的关心、重视、信任。党的二十大报告更是提出，"全党要把青年工作作为战略性工作来抓"。为什么总书记如此重视青年工作？

从宏观上来说，我国经济面临着阶段性的压力，青年一代人需要理想信念、需要本领担当才能支撑起时代命运，渡过黎明前的黑暗。很多媒体都称 90 年代到 2010 年的日本年轻人为"失去的一代人"，他们在日本经济下行过程中成为迷失理想信念的一代人，青年迷失目标，一个国家就失去了朝气。我们这代年轻人绝不能成为垮掉的一代，新一轮的科技革命和产业变革正在发生，需要无数有热血、敢奉献的青年人才。我们比历史上任何时期都更接近、更有信心和能力实现中华民族伟大复兴的目标，同时也需要这代青年人准备付出更为艰巨、更为艰苦的努力。

从微观上来说，"躺平文学""佛系思维"不断在青年人群体里蔓延，广东省委书记黄坤明曾呼吁："躺平不可取、躺赢不可能"。毛主席说过："青年人就像早上八九点的太阳。"躺平、躺赢、佛系这样的"亚文化"一定要杜绝在摇篮中，我想起总书记说过的一句话："新时代的中国青年要以实现中华民族伟大复兴为己任。"所以我们更需要正能量去引导青年成为有理想、有本领、有担当的一代人。

青年一直以来，都是国家的前途、民族的希望！

翻开历史，回首百年中国近代史，无论风云变幻、沧海桑田，中国青年永远是引领潮流、热爱人民的弄潮儿。1919 年爆发的五四运动，是一场彻底的反帝反封建的伟大爱国革命运动，中国青年以磅礴之力鼓动了中国人民和中华民族振兴中华的志向。1922 年 5 月，在中国共产党直接领导下，中国社会主义青年团第一次全国代表大会在广州召开，翻开了中国青年运动新的历史篇章。

回到今朝，新的伟大征程上，从无数年轻医护工作者在新冠疫情防控斗争中冲锋在前，到无数青年干部在决战脱贫攻坚征程上倾力奉献、苦干实干，从平均年龄只有 33 岁的中国航天人艰苦奋斗、勇攀科技高峰，到冬奥赛场上无数青年健儿兑现"使命在肩、奋斗有我"的人生誓言……当代中国青年在中国共产党的旗帜下，把青春奋斗融入党和人民事业，为人民战斗、为祖国献身、为幸福生活奋斗。

新时代下，要做好青年工作，需要打好组合拳：第一，媒体要做好宣传工作。要通过多种形式向广大青年讲好党的故事、新中国的故事、英雄的故事，厚植爱党、爱国、爱社会主义的情感，引导广大青年激发矢志奋斗的精神力量。第二，政府要做好关爱工作。要着力优化关系广大青年的成长环境、教育环境、就业环境、居住环境、健康环境，充分保障广大青年的发展权益，为广大青年创造良好发展条件，用关爱、关怀为广大青年打造实现梦想的广阔舞台。第三，青年自身也要担当责任。我呼吁每个新时代青年，要绽放"长风破浪会有时"的时代使命；以"请党放心，强国有我"的豪情，阔步向前；以"可以平视世界"的自信，与时代共成长；以"敢立潮头之尖"的勇气，去创新创业！考生作答完毕！（作答全部时间为 4 分钟）

（2）题目2：当下，越来越多的年轻人开启了"白天上班，晚上学艺"的节奏，他们积极参加老年大学、社会夜校学习非遗手工、舞蹈声乐等课程，甚至出现了一课难求的现象。对此你怎么看？

分析：这是综合分析里的社会现象题，前段时间的抖音热门就是夜校一课难求，这肯定是一个值得鼓励和推广的社会现象。原因比较容易分析，可以分主体——社会经济大环境让大家有条件学、个人层面对自我提升的渴望；接下来就是影响分析——对个人发展、对文化传播、对社会进步，这个题的原因可以说很多，是本题破题的重点；最后对策层面就是怎么鼓励和推广。

参考答案：

最近一段时间，"青年夜校"成为众多年轻人的"夜生活"基地。北京、广州、西安、长沙、深圳等地的夜校一课难求。有的地方还出现了超65万人同时在线抢近1万个课程名额的"盛况"。"夜校"，这个听起来似乎已是"过去时"的教育形式，如今正以新姿态"闯"进年轻人的夜生活。

"青年夜校"成为一种新潮流，我们不仅在这里面感受到了中国浓厚的学习之风，更构筑了都市青年的"精神桃花源"，让他们在工作之余，丰富自己的生活，提升自己的多样化能力，不仅有好去处、新追求，更能在夜校学习中不断进步、舞动青春。分析夜校一夜爆火的原因，我认为有如下几点：

首先，老年大学和夜校是都市青年的"交流空间"。夜校作为重要的公共文化和交流的空间，为都市青年提供了绝佳的文化消费场景。年轻人为了共同的兴趣爱好汇聚一起，他们在喜欢的领域不断探索，在夜校这个空间，大家能交到志同道合的朋友。

其次，老年大学和夜校是都市青年的"充电乐园"。当下正处于"知识爆炸"的时代，新技术、新概念、新业态不断涌现。时代对青年提出了更高的要求，满足时代发展的需要，而夜校往往上一节课只需几十元，成本较低。有的人学外语、有的人学编程、有的人学理财，年轻人通过夜校这个性价比较高的平台"解锁"更多人生可能，让青年"充电"的过程有更多的获得感、满足感、成就感。

最后，老年大学和夜校是都市青年的"精神港湾"。根据马斯洛层次需求理论，在满足了基本物质保障以后，追求精神层面是人的天性。从汉服舞蹈到古典乐器，从手机摄影到红酒鉴赏，从女子防身术到中医养生，老年大学和夜校提供了丰富的课程，构筑了都市青年的文化"栖息地"，让他们的精神家园更充盈。

"青年夜校"给予了职场青年们追求曾经梦想的平台和机会，打开了青年们的思路，在降低费用压力的同时冲淡了功利化的"思想钢印"，随着"青年夜校"越来越受青睐，我们也该思考：年轻人究竟最需要什么样的"夜校"？"青年夜校"又该如何辐射更多年轻人？对此，一方面，"青年夜校"应不断加强课程体系建设，创新教学内容，并且拓展教学形式，形成寓教于乐的多元复合功能；另一方面，也可以通过打通家庭、学校、社会教育各个环节，形成政府统筹、教育牵头、社会参与的全民终身学习机制，充分发挥高等学府、群团组织、社会团体在跨领域资源整合与人员组织方面的积极作用，让优质公共文化资源惠及更多年轻人。

2. 题型二：组织管理题

题目：如果你负责组织一次宣传活动，你会如何策划和执行？

分析：此类题目考查考生的组织管理能力，要求考生能够合理规划、有效协调资源以达成目标。思路为明确宣传活动的目的、目标和受众；制定详细的策划方案，包括活动主题、内容、形式等；确定活动预算、场地、人员分工等具体事项；执行过程中注重团队协作、沟通协调和问题解决；活动结束后进行总结评估，提炼经验教训。

参考答案：在组织宣传活动时，我会首先明确活动的目的和目标受众，确保活动具有针对性和实效性。接着，我会制订详细的策划方案，包括确定活动主题、设计活动内容、选择适合的宣传形式等。在执行过程中，我会注重团队协作和沟通协调，确保各项工作顺利进行。同时，我也会密切关注活动进展，及时调整方案以应对可能出现的问题。活动结束后，我会进行总结评估，提炼经验教训以便未来更好地开展类似活动。

3. 题型三：人际关系题

题型分析：此类题目考查考生处理人际关系的能力，要求考生能够妥善处理与同事、领导等的关系。

答题思路：分析原因，主要从自身找问题；分步骤写出如何解决问题。如，主动与同事沟通，了解彼此的想法和需求。寻求双方都能接受的解决方案，达成共识和妥协。在处理过程中保持自己的原则和底线。

（1）题目1：你到机关工作一年，由于成绩比较突出，得到领导的肯定，但同时你发现同事们越来越孤立你，此时，你该怎么办？

参考答案：

我取得的成绩，既离不开领导的关心，也离不开同事们的帮助，我一定会戒骄戒躁、再接再厉，争取取得更大的进步。面对同事们的疏远，我会摆正心态，从自身找原因，改进自己的不足，化解与同事之间的尴尬。

同事们之所以会与我疏远，一方面可能是由于我在取得了一定成绩和得到领导的肯定之后，没有摆正心态，做人做事有些高调和张扬，工作的方式方法也存在问题，引起了同事们的不满。另一方面也可能是由于我平时专注于工作，忽略了与同事的深入交流，这使我们之间产生了一些隔阂。

为了打破与同事之间的隔阂，更好地在工作中合作，我会从以下几个方面做努力：第一，端正心态，改进工作的方式方法，切实做到谦虚谨慎、不张扬、不骄傲；第二，主动与同事多沟通、多分享观点，帮助同事解决工作中的难题，并经常交流成功的经验；第三，积极主动参加团队聚会，并根据同事们的共同爱好组织一些业余活动，邀请大家参与，以此来加深彼此间的了解，让我更好地融入团队。

相信通过以上努力，我一定能改变目前尴尬的局面，拉近与同事之间的距离，在今后的工作中团结协作，共创佳绩。

（2）题目2：单位领导出差在外，打电话让你办一件事情，你是严格按照领导的指示办的，但是最终办砸了，给单位造成了一定的损失，同事们都在背后议论你，你如何处理？

参考答案：

工作的失误有时候可能会给单位造成不可估量的损失，所以出现这样的情况，我不仅会第一时间联系领导，承认错误并汇报实际情况，更会根据领导的指示采取一切有效措施，弥补过失，将不良影响和损失降至最低。

虽说我严格按照领导的指示处理事情，可是却把事情办砸了。这说明我在与领导的电话沟通中，没有准确理解领导的指示，对于信息要点把握不全面、有遗漏，导致事情办砸。同时我会反思自己，工作效率和方法是否存在问题，导致事情没有保质保量完成。所以为了尽量弥补损失，我会立即分析并总结事情办砸的原因，并给出解决建议，联系领导，说明现在的情况及我的建议，根据领导的指导意见，做好这件事的后续工作。

这次工作失误提醒我在以后与领导电话沟通或面谈的过程中，要仔细记录，有不确定的信息，及时跟领导核实；并在工作进程中，多向领导汇报工作进度和情况，好让领导做出新的指示，防止出现错误。同时我也要通过进一步熟悉工作流程，钻研更有效的工作方法并不断创新思路，学习和借鉴其他同事的经验，来提高工作效率。在总结经验的同时，我会虚心请教有经验的老同事，咨询他们遇到此类问题的处理方法，并且查阅类似事件的相关资料，结合当时的实际情况，做好补救工作。为了杜绝此类事件的再次发生，我会不断提高处理各类突发事件的能力和职业素养，为今后开展工作打牢基础。

由于我的失误，给单位造成了不必要的损失，也引起了同事们的议论。所以，我会主动道歉并承认错误。在后续日常工作中，我会做好本职工作，用实际行动获得大家的认可和信任。除了在工作方法上与同事多请教多讨论，在工作之余我也会就大家共同关注和感兴趣的话题聊天讨论，多参加集体活动，加深彼此的了解，更好地融入团队。我相信，随着接触得增多，合作与同事磨合，大家的工作会更高效，关系也会更和谐。

（3）题目3：你的同事小张告诉你，你的另一个同事小王在领导面前说你的坏话，结果第二天领导在会上批评了你，你该怎么办？

参考答案：

在工作遇到问题时，我们要不断总结反思自身，接受批评，改正问题，才能把工作做好。同时，积极倾听同事的意见和建议，和同事处理好关系也非常重要。遇到这样的情况，我会摆正心态，从自身找原因，寻求进步。

首先，面对领导的批评，我会在会上虚心接受，主动承认自己的错误。会后，我会找到领导，寻求领导的帮助和指导。并向领导表明自己的态度：在以后的工作中避免出现此类问题。同时，我也会多向同事请教，根据同事的建议，进一步改进工作方法，提升工作能力，避免以后再出现此类错误。

其次，小张向我说明情况，我会对他表示感谢，因为他也是希望我能够看到自己身上的缺点并及时改正。这是他对我工作的关心，也希望他以后也能多指出我的问题，帮助我改进。另外对于这样的事情，我需要有一个客观理性的判断，这样更有利于处理我与同事之间的关系。

最后，对于小王，我不能武断地将正常的工作汇报当作是打我的小报告，而是要认真反思自己的工作和生活。另外小王向领导反映问题，就证明我还有很多问题需要去改正，他也是出于大局考虑，可能我的错误严重影响到团队工作，小王才会及时向领导汇报。我要认真反思自己是在工作上没有做好，还是人际关系没有处理好，才导致同事向领导反映情况。在以后的工作中，我要摆正态度，对待工作要更加严谨认真，对于同事也要多去沟通，多去关心。同时，我还会一如既往地积极配合小王工作，倾听他的意见，不会因为这次的事情而心存芥蒂。

在以后的工作中，我会主动倾听同事意见，多去发现自己身上的问题，向同事学习并加以改正。相信通过我的努力，我会让领导满意、同事理解。

4. 题型四：情景应变题

（1）题目1：在召开一个重要会议时突然停电了，作为会议主持人你会如何应对？

题型分析：此类题目考查考生在突发情况下的应变能力和处理问题的能力。

答题思路：保持冷静并迅速评估情况；制订紧急预案并告知与会人员；协调资源尽快恢复供电或采取其他补救措施；确保会议能够顺利进行或另行安排时间地点继续会议。

参考答案：在召开重要会议时突然停电的情况下，我会首先保持冷静并迅速评估现场情况。接着，我会立即与会场工作人员沟通了解停电原因及预计恢复时间，并制订紧急预案。如果短时间内无法恢复供电，我会及时告知与会人员相关情况并致以歉意，同时协调资源如备用电源或照明设备以确保会议能够继续进行。如果条件允许，我也可以考虑另行安排时间地点继续会议以确保所有议程都能得到充分讨论和决策。

（2）题目2：小张是一名乡镇工作人员，因为工作原因被调到市级部门跟班练习，回到乡镇时，心里有落差，积极性不高。假如你是小张，你怎么办？

参考答案：

如果我是小张，作为一名乡镇工作人员，我会做好以下几个方面：

第一，及时调整心态，端正态度。充分认识到自己的本职工作就是乡镇工作人员，就是要做好工作为乡镇人民服务，而不是对工作环境和条件挑拣抱怨。乡镇条件虽然比市直部门差一点，但依然能够为自己的工作开展提供良好保障，自己之前能够很好适应并有效开展工作，今后也一定能做得更好。

第二，总结学习成果，运用到实际工作中。被调往市级部门跟班练习，是为了让自己更好地学习进步，回来更好地服务乡镇。我会积极总结跟班练习期间的学习成果，反思之前工作中的不足，积极改进，有条件的情况下积极推广市级部门的优秀工作经验和方法，让自己的乡镇工作做到更好。

第三，积极投入工作，真抓实干。只有全身心投入到工作中，才能真正做出成绩，真正为乡镇发展做好服务。我会积极投入到工作中，高标准、严要求，扎实做好各项工作，将自己的工作做到实处，做出成效。

总之，作为乡镇工作人员，我会及时反思自我，调整心态，做好本职工作，真正扎根乡镇，用自己的工作成绩为乡镇的发展助力。

四、大学生村官面试

（一）面试注意事项

1. 报考大学生村官的流程和考试形式

（1）报名：每年在全省的公务员考试结束之后，各地会以网络等形式出示大学生村官的招聘启事。考生需符合大学生村官的报名要求，如大学专科以上学历，优先录取中共党员、学生干部等。

（2）资格审核：报名之后要在规定的时间内进行资格审核，包括学历、党员身份、在校荣誉等。

（3）参加考试：大学生村官考试内容和公务员考试相似，但更注重基层情况，如农民、农村、农业相关话题。

（4）成绩公布：考试后，成绩通常会在当地事业单位招考网上及时公布，考生可以上网查询。

（5）准备面试：笔试成绩优秀的考生，有机会进入面试环节，需充分准备面试。

（6）体质检查：面试结束后，拟录取人员需要进行体检，确认身体状况适合从事大学生村官工作。

（7）公示与录用：体检合格后，会进行名单公示，无异议后即可等待上班通知。

（8）考试形式：

笔试：通常包括公共基础知识和职业能力测试，内容涵盖政治、法律、人文科学等方面。

面试：一般采用结构化面试形式，考查考生的综合素质和应对能力。

2. 报考大学生村官五步曲

（1）第一步：深入探索岗位与自我定位。在申请大学生村官岗位之前，深入了解该岗位的具体要求和工作环境至关重要。探索大学生村官的核心职责、日常工作面临的挑战以及所需的技能和素质。同时，反思自己的职业规划、个人兴趣和价值观，确保与大学生村官岗位有较高的契合度。这样，你不仅能在面试中更加自信地展现自己，还能为未来的工作做好充分准备。

（2）第二步：关注时事与政策走向。由于大学生村官工作与国家政策和社会时事紧密相连，因此，你需要密切关注国家大事和时事热点。通过阅读主流媒体、政府公告和政策文件，了解当前的社会、经济、政治形势，特别是与农村、农业、农民相关的政策动态。这将有助于你在面试中展现对时事的敏感度和对政策的理解能力。

（3）第三步：明确面试重点与备考策略。虽然大学生村官面试可能涉及多个方面，但每个地区和岗位的面试重点可能有所不同。研究过往的面试题目和考查方向，了解面试中可能遇到的难点和重点。根据这些信息，制订针对性的备考计划，合理分配学习和练习时间，确保在面试中能够从容应对各种问题。

（4）第四步：实战模拟与心理调适。面试不仅是知识和能力的考查，更是心理素质的较量。通过参与全真模拟面试，你可以更好地感受面试的氛围和压力，从而在实际面试中更加从容不迫。同时，全真模拟还能帮助你发现自己的不足，及时调整备考策略。

（5）第五步：持续积累与提升能力言语表达。良好的言语表达能力是面试成功的关键。在备考期间，注重词汇和知识的积累，多读、多说、多写，提高自己的语言表达能力和逻辑思维能力。此外，注意练习如何用简洁明了的语言准确表达自己的观点和思想，这在面试中将是一个重要的加分点。

3. 面试前后的细节

（1）着装要得体大方，给面试官留下良好的第一印象。

（2）在面试过程中保持冷静自信，认真倾听问题并思考后再作答。

（3）回答问题时要条理清晰、言简意赅，突出自己的优势和与岗位的匹配度。

（4）面试结束后保持礼貌和感谢的态度，展现自己的职业素养和人际交往能力。

4. 大学生村官面试与公务员、选调生的区别

与公务员、选调生面试相比，大学生村官的面试题目通常偏重于实际应用和对农村工作的理解。由于大学生村官的工作性质更贴近基层实际，面试题目往往会围绕如何在农村地区开展工作、解决农村实际问题等。例如，可能会考查考生对于推动农村经济发展、改善农村民生、加强农村基层组织建设等方面的想法和措施。

与公务员面试相比，大学生村官的题目更加具体和实用，而公务员面试则可能更加侧重于政策理解、行政能力、职业素养等方面的考查。公务员面试的题目往往更加广

泛,包括政策分析、组织协调能力、决策能力等各个方面。选调生作为储备干部,其面试题目在难度和深度上可能相对较高,更注重挖掘考生的深层次思考和解决问题的能力。

(二)面试题目及参考答案

1. 题型一:自我认知与职位匹配

题目1:你为什么想成为大学生村官,你觉得自己有哪些优势?

题型分析:此类题目旨在了解考生对大学生村官职位的理解,以及考生自身的优势和适应性。

答题思路:阐述自己对大学生村官职位的认识和期望;列举个人优势,如专业知识、沟通能力、组织协调能力等,并说明如何将这些优势应用于大学生村官工作。

参考答案:我选择成为大学生村官,是因为热爱农村与农业:我出生并成长在农村,对农村有着深厚的感情。我热爱这片土地和这里的人民,希望为农村的发展贡献自己的力量。

实现自我价值:作为新时代的大学生,我希望通过自己的知识和能力,为新农村建设出谋划策,实现自我价值。

学习与成长的机会:农村工作具有其特殊性和复杂性,这对我来说是一个极好的学习和锻炼机会,有助于我个人的全面成长。

我的优势在于,我拥有扎实的农业知识,能够帮助村民提高农业生产效率;同时,我具备良好的沟通能力和组织协调能力,相信能够处理好与村民、村委会和其他相关部门的关系,推动农村社区的和谐发展。

2. 题型二:组织管理与策划能力

题目:如果你被选为大学生村官,你打算如何开展工作?

题型分析:此题考查考生的组织管理和策划能力,以及对大学生村官工作的具体规划。

答题思路:描述自己对大学生村官工作的整体规划和目标;详细说明工作计划,包括了解村情、加强沟通、推动项目等;强调持续学习和适应的重要性。

参考答案:

深入调研:首先,我会对所在村庄进行深入的调研,了解村民的需求、村庄的资源优势和发展瓶颈。

制定发展计划:根据调研结果,结合村庄的实际情况,制订切实可行的发展计划,如农业产业升级、乡村旅游开发等。

组织实施与监督:我会加强与村民、村委会和其他相关部门的沟通,建立良好的工作关系。在此基础上,积极争取政府和社会各界的支持,组织实施发展计划,以促进农村经济发展和文化繁荣。并定期对工作进展进行监督与评估,确保计划的顺利推进。

持续学习与改进：在工作过程中，我会不断学习和总结经验，根据实际情况调整工作计划和策略，以实现村庄的可持续发展。同时，我会不断学习和提升自己，以适应农村工作的各种挑战。

3. 题型三：人际关系处理

题目1：在工作中，你如何处理和同事或村民的矛盾？

题型分析：此题考查考生处理人际关系和解决问题的能力。

答题思路：强调沟通和理解的重要性；提出具体解决矛盾的方法，如倾听、协商等；强调以大局为重，维护团队和谐。

参考答案：

倾听与理解：首先，我会保持冷静，认真倾听村民的意见和诉求，努力理解他们的立场和感受。

沟通与协商：积极与村民进行沟通，寻找双方都能接受的解决方案。在必要时，可以组织村民大会或座谈会，共同商讨解决问题的办法。在整个过程中，我会始终以大局为重，维护团队的和谐与稳定。

依法依规处理：对于涉及法律法规的问题，我会依据相关法律法规进行妥善处理，确保公平公正。

寻求外部支持：如果矛盾难以解决，我会及时向上级政府或相关部门汇报情况，寻求专业的指导和帮助。

4. 题型四：情景应变与解决问题

题目：村里发生突发事件，你会如何应对？

题型分析：此题考查考生在突发情况下的应变能力和解决问题的能力。

答题思路：描述自己对突发事件的初步判断和应对措施；强调协调资源和寻求帮助的重要性；总结经验教训，提出改进措施。

参考答案：如果村里发生突发事件，我会首先迅速了解情况并做出初步判断。然后，我会立即组织相关人员进行应急处置，如疏散村民、联系救援等。同时，我会积极协调各方资源，包括政府、救援机构等，以获取更多的支持和帮助。在处理完突发事件后，我会及时总结经验教训，提出改进措施，以防类似事件再次发生。

五、"三支一扶"工作人员报考面试

"三支一扶"是指高校毕业生到农村基层从事支教、支农、支医和帮扶乡村振兴（在2020年前为扶贫）的服务项目。该项目由中华人民共和国人力资源和社会保障部会同有关部门组织实施，旨在为基层输送急需人才，同时为青年人才提供在基层一线锻炼成长的平台。

（一）面试注意事项

1. 与公务员、大学生村官等面试相比，三支一扶面试的题目特点是什么？

注重乡村发展问题：三支一扶面试中，经常出现的题目是关于乡村发展的客观问题。这些问题聚焦于当前乡村发展中出现的具体问题，如乡村空心化、人才流失、农村厕所改革等。这要求考生平时需要多积累相关知识，关注基层问题，并能具体问题具体分析。

涉及宏观政策理解：除了具体问题，面试还会考查考生对宏观政策的理解，如"共建共治共享""一村一品""三农建设"等政策。考生需要从治理体系和治理方式的角度进行谈论，这要求平时对政府工作报告和相关政策有所了解。

面试形式多样：近年来，三支一扶面试的考查形式也趋于多样，如结构化面试、无领导小组讨论等。其中，结构化面试是主要的考查方式，它包含自我认知、人际沟通、组织管理、应急应变、综合分析五大模块。

与公务员面试和大学生村官面试相比，三支一扶面试有以下特点：

难度相对较低：三支一扶面试相对于公务员考试来说，竞争没有那么激烈，题目难度也相对较低。

更侧重基层实际：三支一扶计划是针对农村基层的服务项目，因此面试题目更加侧重于考查考生对基层实际问题的了解和解决能力。而公务员面试和大学生村官面试则可能涉及更广泛的社会、经济、政治等问题。

岗位匹配性高：三支一扶面试很重视考生的实际岗位工作能力，面试题目中往往会根据考生报考的岗位特点设置身份和情景。这一点与公务员面试相似，但可能更加具体和贴近基层实际。

总的来说，三支一扶面试更注重考查考生对乡村发展问题和宏观政策的理解，以及解决实际问题的能力。同时，面试形式多样，难度相对较低，更侧重于基层实际和岗位匹配性。

2. 三支一扶面试的注意事项

（1）准备阶段

仔细阅读招募公告：在申请三支一扶计划之前，务必仔细阅读招募公告，了解所申请的职位的具体要求、岗位职责、工作地点等信息。这些信息将有助于你更好地准备面试，并制定出合适的面试策略。

准备技能和知识：在面试前，应准备好应聘岗位所需的技能和知识。可以通过与面试人员聊天、模拟面试或寻求职业建议等方式来提高自己的专业素养。

（2）面试阶段

举止得体：进入面试考场时，如果门是关着的，可以先敲门然后等待两秒钟再进入；如果门是开着的，则可以直接进入。在面试过程中，应保持自然的举止，不要过于刻意或拘谨。

避免多余小动作：在回答问题时，应端坐在课桌后面，避免出现如抖腿、摸头发等多余的小动作，以保持专业的形象。

注意眼神交流：在答题过程中，要与考官建立良好的眼神交流，既不要躲避考官的目光，也不要一直盯着考官看，要建立起一种自然的交流感。

灵活应对面试：根据面试的时间段（上午或下午）调整自己的答题策略。如果是上午面试，考官精力比较充沛，可以多说一些内容，完整表达自己的观点；如果是下午面试，考官可能比较疲惫，这时应声音洪亮，提振考官的精神。

使用礼貌用语：在面试过程中，多使用礼貌用语，如"老师们好！""谢谢您的指点！"等，以给考官留下良好的印象。

认真倾听问题：当考官提问时，要认真倾听问题并思考两秒再作答，避免脱口而出给考官留下不稳重的印象。

保持微笑和自信：在面试过程中保持微笑和自信的神态，这可以给考官留下坦诚、友好和自信的印象。

（3）回答问题阶段

推测与坦诚：如果遇到答不出的问题，可以进行合理的推测，但一定要声明是个人看法。如果实在没有把握，最好坦白承认并当场向考官求教，切忌不懂装懂。

举例要恰当：在回答问题时如果需要举例来支持观点，一定要确保例子与题干相关且恰当。避免使用与题干不符或过于宏大的例子。

（二）面试题目及参考答案

三支一扶面试主要包含自我认知、人际沟通、组织管理、应急应变、综合分析五大模块。

1. 自我认知题型

题目：你为什么要报考三支一扶？

题型分析：此题属于自我认知类问题，旨在了解考生的报考动机、职业规划和价值观。

答题思路：表明自己的价值观和职业追求与三支一扶的精神相符合；强调自己希望为基层做出贡献，并看重这个过程中的个人成长；可以结合个人经历和特点，说明自己适合从事三支一扶工作。

参考答案：我选择报考三支一扶，首先是因为我深知基层工作的重要性和挑战性，我希望能够将自己的知识和技能运用到实际工作中，为农村和偏远地区的发展贡献自己的力量。其次，我看重在这个过程中能够获得的个人成长和锻炼，相信通过三支一扶的服务，我能够更加深入地了解社会和国情，提升自己的综合素质。最后，我认为我的性格特点和专业技能使我适合从事这样的工作，我有信心能够胜任，并做出成绩。

2. 人际沟通题型

题目：在工作中，你的同事对某个问题持有不同意见，你将如何处理？

题型分析：此题考查考生的人际沟通能力和处理冲突的能力。

答题思路：表现出积极沟通、倾听和理解他人观点的态度；提出建设性的解决方案，寻求共识；强调团队合作和共同目标的重要性。

参考答案：面对同事的不同意见，我会首先倾听他们的观点，并尝试从他们的角度理解问题。然后，我会提出自己的观点，并寻求共同之处，以便我们能够找到一个双方都能接受的解决方案。我相信通过开放、诚实的沟通和共同的努力，我们能够达成共识并完成工作任务。

3. 组织管理题型

题目1：如果你负责组织一次乡村文化活动，你会如何策划和执行？

题型分析：此题考查考生的组织管理能力和活动策划能力。

答题思路：明确活动的目标和宗旨；制定详细的策划方案，包括活动内容、时间、地点、预算等；合理分配资源，确保活动的顺利进行；活动后进行总结和评估，以便改进未来的活动。

参考答案：在组织乡村文化活动时，我会首先明确活动的目标和宗旨，确保活动符合乡村文化的特点和需求。然后，我会制订一个详细的策划方案，包括确定活动内容、时间安排、活动地点和预算等。在活动执行过程中，我会合理分配人力和物力资源，确保活动的顺利进行，并及时处理可能出现的突发情况。活动结束后，我会进行总结和评估，以便在未来的活动中不断改进和提高。

题目2：你是一个驻村书记，村里面的果农水果销售不好，然后要你组织一次果园水果采摘活动，你怎么开展？

题型分析：组织活动类问题主要考查考生的计划组织协调能力，包括统筹安排工作、调配资源等。

答题思路：明确活动的目标和宗旨；制订详细的活动方案，包括时间、地点、参与人员、活动内容等；阐述如何调动村民的积极性和参与度；说明如何通过此次活动促进水果销售和村民增收。

参考答案：明确活动目标和宗旨：本次活动旨在通过果园水果采摘活动，提升村民对本地水果的认知和兴趣，同时促进水果销售，帮助果农增收。

制定活动方案：

时间：选择周末或节假日，便于吸引更多游客和消费者参与。

地点：村内果园，确保果园环境整洁、安全。

参与人员：邀请村民、游客、消费者等参与，同时组织志愿者协助活动进行。

活动内容：包括果园参观、水果采摘体验、品尝及购买环节等。

调动村民积极性：通过村委会、广播、宣传栏等途径广泛宣传活动信息，鼓励村民积极参与并邀请亲朋好友参加。同时，可以设立奖励机制，如最佳果园奖、最佳销售员奖等，激发村民的热情和参与度。

促进水果销售和村民增收：在活动现场设立专门的销售区域，提供优惠价格和打包服务，吸引消费者购买。同时，可以与当地的超市、餐饮企业等合作，拓展销售渠道。此外，还可以利用网络平台进行线上销售，进一步扩大销售范围。通过这些措施，帮助果农提高水果销量和收入。

4. 应急应变题型

题目：在支教过程中，突然遇到学生突发疾病，你会如何处理？

题型分析：此题考查考生在紧急情况下的应急应变能力。

答题思路：保持冷静，迅速判断情况的严重性；采取必要的急救措施，同时寻求专业医疗救助；及时通知学生家长和学校领导，做好后续跟进工作。

参考答案：在遇到学生突发疾病的情况下，我会首先保持冷静，迅速判断学生的病情。如果情况紧急，我会立即拨打急救电话，并在学生等待救援的过程中，尽我所能提供初步的急救措施。同时，我会及时通知学生的家长和学校领导，确保他们了解情况并能够及时赶到现场。在救援人员到达后，我会积极配合他们的工作，并做好后续的跟进和关怀工作。

5. 综合分析题型

题目：近年来，农村电商发展迅速，你如何看待这一现象？

题型分析：此题考查考生的综合分析能力和对当前社会现象的理解。

答题思路：分析农村电商发展的背景和原因；探讨农村电商带来的积极影响和挑战；提出促进农村电商可持续发展的建议。

参考答案：农村电商的快速发展是近年来一个引人注目的现象。这一现象的背景是互联网技术的普及和农村经济的发展需求。农村电商为农产品打开了新的销售渠道，提高了农民收入，同时也为消费者提供了更多样化的产品选择。然而，农村电商也面临着一些挑战，如物流配送、产品质量控制等问题。为了促进农村电商的可持续发展，我认为应该加强基础设施建设，提高物流配送效率；加强产品质量监管，保障消费者权益；同时，政府和企业也应该加大对农村电商的支持力度，提供更多的政策扶持和资金支持。

六、退役大学生士兵计划面试

以专升本退役大学生士兵计划为例，面试特点主要体现在对考生综合素质的全面考查上。面试通常会采用个人面试的形式，考官会根据考生的简历和专业背景提出问题。面试内容可能包括考生的自我介绍、专业知识、工作经验、学习计划和职业发展规划等方面。

因为内容会根据不同的学校、专业和年份有所变化，现提供一些可能的面试题型和题目类型以供参考：

（一）面试题型

自我介绍与经历阐述：要求考生简要介绍自己的基本情况和在军队中的经历。

专业知识测试：针对考生所报考的专业领域提出问题，考查其专业知识的掌握程度。

情景分析与问题解决：给出具体的工作或学习情景，要求考生分析并提出解决方案。

职业规划与发展：询问考生的未来职业规划和发展方向。

（二）题目

1. 自我介绍类

请简要介绍一下你的基本情况和在军队中的经历。

你在军队中获得了哪些荣誉和成就？

2. 专业知识类（具体题目会根据专业不同而变化）

请解释一下你所学的专业中某个核心概念或理论。

在你的专业领域，你认为最重要的技能或知识是什么？

3. 情景分析类

假设你在工作中遇到了一个难题，你将如何解决它？

如果你与同事或上级发生意见分歧，你会如何处理？

4. 职业规划类

你为什么选择专升本继续深造？

你对自己未来的职业规划有什么想法？

（三）参考答案（仅为示例，非标准答案）

1. 自我介绍类

我叫×××，曾在××部队服役××年，期间担任过××职务，负责过××工作，获得了××荣誉。军队生活锻炼了我的意志和团队协作能力。

2. 专业知识类（以计算机专业为例）

在计算机科学中，数据结构是一种组织和存储数据的方式，它对于程序设计和算法实现至关重要。

在我看来，编程能力和对计算机网络的深入理解是计算机专业最重要的技能。

3. 情景分析类

面对工作中的难题，我会先分析问题原因，然后寻找可能的解决方案，并咨询同事或专家的意见，最后选择最合适的方案实施。

如果与同事或上级发生意见分歧，我会先听取他们的观点，然后表达自己的想法，通过沟通和协商来达成共识。

4. 职业规划类

我选择专升本继续深造是因为我意识到在当前竞争激烈的市场中，提升自己的学历和专业技能是非常重要的。

我的职业规划是将来能够成为一名优秀的××领域专家，为社会的发展贡献自己的力量。

七、特岗老师面试

特岗老师是指通过中央对于中西部地区农村义务教育的特殊政策，公开招聘高校毕业生到中西部地区"两基"攻坚县以及县级以下的农村学校进行任教。

（一）面试注意事项

1. 衣着得体：参加特岗教师面试时，应穿着合宜的面试装，避免脏污、皱褶、过于花哨或性感的服饰，以及露趾鞋等。适当的着装能够增强自信，给面试官留下良好印象。

2. 语言表达清晰：在面试过程中，要保持语言表达的清晰和连贯，避免自言自语或抢话，也要注意不要让别人无法插话。同时，要避免使用过于绝对或模棱两可的言辞。

3. 展示教学理念和方法：在面试中，应准备分享自己的教学理念、教学方法以及参与过的社会实践活动，以此来展示自己的教学能力和专业素养。

4. 注意细节把握：除了大的方面，还要注意面试中的细节，如面试前的准备、面试过程中的态度、对问题的反应速度等。

（二）备考注意事项

1. 注重基础知识的学习：特岗教师考试注重考查考生的基础知识和能力，因此考生需要夯实基础知识，充分消化课本和教材内容。

2. 关注时事热点和政策法规：考试中可能会涉及时事热点和政策法规的考查，因此考生需要对此保持关注，了解教育行业的最新动态和趋势。

3. 做好面试准备：考生需要做好充分的面试准备，可以通过参加模拟面试、观摩其他教师的课堂教学等方式来提高自己的面试表现和实际教学能力。

4. 保持积极心态和良好的生活习惯：备考特岗教师考试是一个长期的过程，需要考生保持积极心态，避免压力过大。同时，保持良好的生活习惯，如合理饮食、保证充足的睡眠时间等，以保持身体健康和精神饱满的状态。

（三）面试题目及参考答案

特岗教师考试面试的特点主要体现在考查的全面性和实际教学能力的检验上。面试通常采用结构化的形式，考查应聘者的职业认知能力、综合分析能力、语言表达能力、应急应变能力、人际沟通能力、计划组织能力以及管理学生能力等。

以下是特岗教师考试面试常见的题型、题目及参考答案。

1. 题型一：综合分析类

常见问法是怎么看待问题，考查的是考生对一些事物整体的分析能力。教师结构化中常见的综合分析包括对现象的看法、对观点的解读、对时政的关注以及对教师职业的认知。

这类题目的答题思路流程是按照：是什么→为什么→怎么办的逻辑展开的，即提观点→重分析→抓落实。

题目 1：对于"行者，道为先"怎么理解？

本题为态度观点类题目，是对一句古文的理解，那么可以先翻译这句话，再结合实际现实或教师职业特点，考生答题自主发散性强。

审题点 1："行者，道为先"。

可以先把什么是行者，什么是道，依次进行解释，行者，是在行动、有行为的人，道则是道理、信念、道德的意思。这句古文就可以理解为想要有所行为，就必须把理想信念放在第一位，简单说就是理想信念是行动的先导。关键就在于对"道"这个字的理解，在答题的时候可以对重点理解的词进行组词翻译。

审题点 2："怎么理解"。

怎么理解是典型的综合分析题的问法，结合现实可以具体分析道为先的重要意义，使用主体分析法、例证法与理证法，对教师自身，坚定的理想信念促进教师教育教学的顺利进行，对学生，坚定的理想信念可以助力其成长成才，对整个社会，坚定的理想信念可以为全面决胜小康社会提供精神力量。最后结合今后可能成为一名人民教师，阐述在思想和行动上，如何坚定和落实自己的理想信念。

所以，本题答题思路可以为，表达观点—分析意义—落实行动。

参考答案：

各位考官，我十分赞同这句话，对于我们的工作生活有一定的指导意义。行者，即有行动的人，道为先，即把理想信念放在第一位，突出了思想对行动的先导作用。坚定的理想信念对我们有重要的意义。

第一，坚定的理想信念可以使教师忠于职责，遵守教师职业道德规范，促使教师真正做到教书育人、关爱学生，能够营造良好的教育教学氛围，有利于日常教育教学工作的开展，更能促进教师个人在职业道路上的提高和发展。例如我们的山村教师支月英，就是凭借坚定的理想信念，用双手托起大山孩子们的梦想，36 年如一日坚守在讲台，把自己的青春奉献给了山村教育事业。

第二，坚定的理想信念可以促进学生树立目标，并能为之坚持不懈的努力，最终可以成长成才，有许多鲜活的例子，如张海迪身患高位截瘫，就是凭着坚定的理想信念，自学完成小学、中学、大学知识，最终学会 4 门外语，并翻译了 16 本海外著作，被授予过"在最美奋斗者"称号。

第三，对于整个社会而言，我们正处于全面建成小康社会、踏上了全面建设社会主义现代化国家新征程。保持坚定的信念，有助于社会经济发展、人民生活和谐稳定。

如果以后能够成为一名人民教师，我会在工作生活中践行"道为先"。思想上树立坚定的职业信念，做合格的灵魂工程师，保持纯洁的思想道德修养，积极向党组织学习，保持想要做老师的初心，不断进行自我反思与总结。行动上，积极参加学校或社会主题教育培训，在具体教育教学工作中，关爱学生，认真传道授业解惑，为人师表，用自己的行动给学生树立信念做好榜样。

题目 2：你为什么选择教师行业？

本题为职业认知中的自我认知类题目，考查考生的兴趣爱好、个性特点、工作态度等与工作岗位的匹配程度，答题时着重展现自身优势。

审题点："为什么选教师"。

题干强调的是原因，因此我们可以从主观原因和客观原因两方面来分析，答题时要侧重分析客观原因，如专业能力、性格特点、人生规划等，具备这些条件后再给出落实对策。

所以本题答题思路可以为，提观点表达主观原因，重分析阐述客观原因，最后抓落实给出具体对策。

参考答案：

教师是一个高尚的职业，一名光荣的人民教师的身份是我梦寐以求的梦想，我愿意为共和国的教育事业贡献我的一份微薄力量，所以我选择当老师。当然，我相信我也具备当老师的条件。

首先，在专业能力上，在校期间就系统学习教育学、教育心理学知识，并通过了教师资格的笔试，我期待着将我所学知识投入教学中去。除此之外，在校期间，我曾有过中小学实习经历，也做过两年家教老师，不断的实践提高了知识水平，积累了一定的工作能力。

其次，我的性格特点也比较适合当老师。我对人活泼开朗、热情主动，相信会成为一名学生喜爱的老师；我对事认真负责、一丝不苟，一定会尽心尽力地做好教学工作。

最后，在求学之路上，我对很多老师的印象十分深刻。在我学习取得成绩时，他们鼓励我让我增长自信；在我遇到问题时，他们耐心帮助我，直到我恍然大悟。从这些老师的身上，我看到了教师的多个闪光点：敬业、仁爱、耐心、高尚，我敬爱这些教师，他们的高尚作为深深影响了我的世界观、价值观和人生观，所以我也想成为这样的人。

当然，作为一名新人，我还有很多不足，我愿意在今后的工作生涯中加强学习，向前辈、领导主动请教、做事勤恳踏实、用自己的一颗赤诚之心浇灌祖国的未来。

2. 题型二：组织管理类

常见问法是怎么组织或怎么办的问题。考查的是考生组织活动的能力。常见的组织管理包括组织班会、家长会、参观、夏令营等活动。这类题目的答题思路按照：事前→事中→事后时间轴的顺序答题。

题目：校长让你来组织一次夏令营活动，你打算怎么办？

本题为组织管理类题目，是外出活动中常见的夏令营。组织好一次夏令营活动，顺利开展活动是我们在答题中必须体现的。

审题点 1："校长让你来组织一次夏令营活动"。

在班级管理中老师不可避免地要遇到很多组织活动的问题，对于夏令营这样的外出活动在答题时要注意考虑到安全问题，必须时时强调，在夏令营活动的开展中凸显活动主题，以及组织活动的过程，答出的答案在考官前呈现的时候要有画面感，这才是落到实处的组织活动。

审题点 2："你打算怎么办"。

题干中首先要做好人员、物资等的前期准备，其次组织学生开展活动中遵循安全第一的原则，使活动有序有效地开展，最后活动结束，做好总结。这个时候可以按照常规的时间轴来答题。

所以本题答题思路可以为，前期准备—中期开展—后期跟进。

参考答案：

夏令营活动有助于培养学生热爱生活的情感和团队合作的意识，是一项非常有意义的活动，校长把这项活动交给我来组织，是对我的极大信任，我一定尽全力把它组织好。

第一，做好充分的前期准备。我会跟领导进行沟通，明确此次活动的主题，跟有相关经验的同事沟通，获取相关组织经验，邀请家长志愿者，安排后勤医务人员，准备好食物、教具、安全物品。联系好车辆，并确定好路线。在此基础上把相关事项和流程呈现在活动方案之中。

第二，充分开展此次夏令营活动。在活动过程中，路上，我会跟学生叮嘱安全第一、遵守活动规则。如果在活动中遇到任何问题都不要慌张，记得第一时间跟老师联系，大家尽量不要走散等。

组织学生开展活动时，保证活动有效多元。在夏令营活动中，我会发放活动材料，让大家进行写生创作，玩集体活动游戏等，确保活动丰富，大家团结协作、互帮互助，保证活动充分开展。在此期间，我会拍摄留存照片。

返程之前我会和其他老师一道清点人数，确保一个不少。返程路上我也会鼓励同学们畅谈收获，我个人也会参与其中，保证整个夏令营活动有序结束。

第三，做好后期跟进工作。活动结束后，我会布置学生写一写活动后的感受，并把活动中拍摄的照片和水平上传到学校订阅号以及班级家长群进行宣传。我也会总结经验，对不足之处进行反思，为今后更好地开展类似工作积累经验。

3. 题型三：教育教学类

这类问题通常要求应聘者解决教育教学中的实际问题或矛盾。

教育教学类题干的常见问法就是怎么办的问题，通常题干中会给出矛盾让解决，考查的是考生在教育教学中解决问题的能力。常见的问题出现在应急应变、人际关系处理和日常管理当中。

这类题目的答题思路可以按照：表明态度→解决问题→惩前毖后来解决。

题目 1：学生上课，你发现他发烧了，作为班主任你怎么办？

本题为特殊场景的应急题目，在上课当中学生身体情况出现问题的一个应急处理，在答这类题目时要注意学生的安全永远是第一位的，此时要暂停授课查看学生身体状况，做出初步判断，处理完后还要保证课堂的顺利进行。

审题点 1："学生上课"。

这类安全事件发生在学生上课期间，老师要第一时间检查学生身体，暂停授课，解决完问题后还要安抚学生，回归课堂，保证课堂顺利进行，如果因为处理学生病情耽误上课后续要记得给学生补课。

审题点 2："发现学生发烧"。

题干中明确说明学生发烧，所以在维护现场的时候必须先检查受伤学生的情况，这个时候可以做合理假设，发烧严重和不严重，严重的话老师要拨打 120，及时送医，不严重则可以送校医务室观察。类似这样学生身体突然出状况的题目皆可按照这样的思路来答题。所以本题答题思路可以为，开篇表态—病情检查—解决问题—惩前毖后。

参考答案：

不管在任何时候，学生的生命安全永远是第一位，遇到这种情况我会先暂停上课冷静处理。

首先，快速查看学生发烧情况，做出初步判断。

其次，如果学生发烧严重，进入高烧，精神严重不好，我会赶紧拨打 120，将该生送往医院，与此同时，联系家长，希望家长也能赶到医院照顾孩子。去医院之前，我会给学生安排好相应的学习任务，让班干部带领学生自学。如果发烧不严重，只是有点低烧，那我会安排班干部带着该生到校医务室进行检查，并且送回宿舍休息。那我也会在课堂上强调如果有谁身体不舒服一定要及时说出来，顺势将学生的注意力拉回课堂，并维持好课堂秩序继续授课。

最后，在以后的工作中，我会将班级学生因为此事落下的课程补上，避免跟不上课程进度；也要加强和学生以及家长的交流，不仅交流孩子的学习，如果有学生身体不舒服会让家长提前说明，避免因为信息不畅耽误孩子病情；为了更好地监督学生的日常身体状况，可以在班级签到里边增加健康栏，这样方便班主任每日了解学生的身体状况。

题目2：你如何处理学生之间的冲突和矛盾？

参考答案：首先，我会倾听双方的诉求，了解冲突的起因和背景。然后，我会组织双方进行面对面的沟通，引导他们表达自己的想法和感受，并尝试找出解决问题的方案。如果必要，我会邀请其他教师或学校管理人员协助解决冲突。

4. 题型四：模拟上课或教学演示

这类题型要求应聘者展示实际教学能力，包括课堂组织、教学方法和师生互动等。

题目（模拟上课）：请给出一堂关于"植物的光合作用"的初中科学课的教学演示。

参考答案（概述）：在这堂课中，我会首先通过生动的实验或多媒体资料引入光合作用的概念，然后详细解释光合作用的原理和过程。接着，我会组织学生进行小组讨论，让他们探讨光合作用对环境和人类生活的重要性。最后，通过课堂练习和互动问答来巩固学生的学习成果。

八、大学生志愿者面试

大学生志愿者计划通常指的是"大学生志愿服务西部计划"。这是一项由共青团中央、教育部、财政部、人力资源和社会保障部联合实施，针对普通高等学校应届毕业生或在读研究生到西部基层开展为期1至3年志愿服务工作的计划。

（一）面试注意事项

1. 面试注意事项

语言表达：面试时要保持语言表达清晰、准确，避免使用过于复杂或模糊的词汇。适当运用停顿、语调等语言技巧来增加表达效果。

个人形象：穿着应大方得体，整齐干净，避免穿着过于随意或过于正式。

坐姿应端正，面带微笑，展现出自信和专业态度。

交际与应变能力：展示良好的交际能力和对交际礼仪的熟悉，这在面试中会是一个加分项。遇到突发情况或难题时，要保持冷静，灵活应变。

自我介绍与经历阐述：自我介绍时要重点突出，可以结合自身经历和特点来讲述。如果有志愿服务经验，应详细阐述自己在其中的角色和贡献。

态度与热情：表现出对志愿服务工作的热情和执着，以及愿意为此付出的决心。保持积极、认真的态度，对待面试中的每一个问题。

2. 备考注意事项

充分了解志愿服务项目：在面试前，详细了解所申请的志愿服务项目的背景、目的和要求。了解项目所在地的文化、环境等基本情况，以便更好地适应和融入。

准备自我介绍和常见问题答案：提前准备好自我介绍，突出自己的优势和特长。思考并准备面试中可能遇到的常见问题及答案，如"你为什么想成为志愿者？""你认为志愿者最重要的品质是什么？"等。

模拟面试练习：可以找同学或朋友进行模拟面试，通过练习提高自己的应变能力和自信心。在模拟面试中，注意调整自己的语速、语调和肢体语言。

保持良好的心态：面试前要保持良好的心态，相信自己能够胜任志愿者工作。即使面试过程中遇到难题或突发情况，也要保持冷静和自信。

注意面试后的跟进：面试结束后，可以向面试官表示感谢，并询问下一步的安排。如果长时间没有收到回复，可以适时地发送邮件或打电话进行跟进。

（二）面试题目及参考答案

大学生志愿者面试的特点主要体现在以下几个方面：首先，由于志愿者工作的特殊性质，面试中会强调考查应聘者的志愿精神、服务意识和团队合作能力；其次，面试问题通常涉及应聘者对志愿者工作的理解和期望，以及处理突发情况的能力；最后，面试官还会关注应聘者的个人品质和性格特点，如是否热情开朗、善于沟通等。

以下是一些可能出现在大学生志愿者面试中的题型、题目及参考答案。

1. 题型一：个人背景与动机

题目：请简单介绍一下你自己，并说说你为什么想成为一名志愿者？

参考答案：大家好，我是××大学的学生×××。我一直以来都非常热衷于志愿服务活动，因为我相信通过自己的努力能够帮助到他人，同时也能够提升自己的社会责任感和实践能力。我希望通过志愿者这个平台，结交更多志同道合的朋友，共同为社会贡献一份力量。

2. 题型二：对志愿者工作的理解

题目：在你看来，志愿者工作应该具备哪些品质或特点？

参考答案：我认为志愿者工作首先需要具备无私奉献的精神，因为我们的服务往往是不求回报的。同时，我们还需要有热情友好的态度，以便更好地与他人沟通和合作。此外，耐心和细心也是必不可少的，因为志愿服务中可能会遇到各种琐碎的事情需要我们处理。最后，我觉得团队合作精神也非常重要，只有大家齐心协力，才能把志愿服务工作做得更好。

3. 题型三：处理突发情况的能力

题目：如果你在志愿服务过程中遇到突发情况，你会如何应对？

参考答案：如果在志愿服务过程中遇到突发情况，我会首先保持冷静，然后迅速分析问题的原因和解决方案。如果需要他人帮助，我会及时与团队成员或相关负责人沟通，共同寻找最佳解决方案。在处理突发情况时，我会始终把安全和效率放在首位，确保志愿服务工作的顺利进行。

4. 题型四：团队合作与沟通能力

题目：请谈谈你在团队合作中的经验和角色定位？

参考答案：在以往的团队合作中，我通常扮演的是协调者和执行者的角色。我会积极参与团队的讨论和决策过程，提出自己的建议和看法。同时，我也会认真执行团队分配给我的任务，确保工作的顺利完成。在团队合作中，我注重与他人的沟通和协作，相信通过共同努力，我们能够取得更好的成果。

九、西部支教计划面试

西部支教计划是指大学生利用寒暑假、毕业前的实习时间，或应届毕业后直接参加国家支持的西部教育事业，到西部贫困地区支援教育的行为。以下是与西部支教计划相关的详细信息和政策。

（一）面试注意事项

1. 面试注意事项

形象整洁、着装得体：在面试时，应穿着干净整洁的服装，以展现出专业和尊重。男士可以选择西装，女士则可以选择套装。

自我介绍简洁明了：在自我介绍时，要掌握好时间，突出自己的优势和特点，避免冗长和无关紧要的细节。

保持眼神交流和适当的手势：在面试过程中，应多注视考官的眼睛，展示自信和专注。同时，可以适当加入一些手部动作来增强表达。

了解支教地点和学校：在面试前，应尽可能了解支教地点和学校的背景、教育需求等信息，以便在面试中更准确地表达自己的意愿和期望。

展示教学经验和能力：如果有教学经验或相关能力，一定要在面试中展示出来，这将大大增加被录取的机会。

2. 备考注意事项

充分了解西部支教计划：在备考前，应详细了解西部支教计划的背景、目的、服务期限、政策支持等方面的信息。

准备常见面试问题：可以提前准备一些常见的面试问题，如"你为什么想参加西部支教计划？""你认为支教的意义是什么？"等，并思考相应的回答。

模拟面试练习：可以找朋友或家人进行模拟面试，通过反复练习来提高自信和应对能力。

调整心态、保持自信：面试前要调整好心态，保持自信和冷静。即使遇到难题或突发情况，也要沉着应对。

注意面试后的跟进：面试结束后，可以向面试官表示感谢，并询问下一步的安排。如果长时间没有收到回复，可以适时地联系相关部门进行跟进。

3. 报考条件

想要报名参加西部计划的考生，需要在大学期间保持良好的学习成绩。由于在选拔过程中，会有一轮审查，以确保选拔出思想政治素质好、组织纪律观念强的人才。因此，大学期间的挂科记录可能会对考生的资格审查产生负面影响。然而，如果你在大学期间参与了各类组织活动并担任了学生干部职务，那么在竞争中将具有较大的优势。此外，西部计划允许大专学历的考生报名，同时有本科和研究生学历的考生也可以选择参加。需要注意的是，考生在到岗前需取得相应的毕业证书或学位证书，以符合岗位要求。

4. 服务期限与适应性

在西部的服务期为一年或三年。在选择报名参加之前，考生需要考虑自己是否能适应农村基层的生活环境。有些考生可能在初期难以适应当地的风俗习惯和环境，这可能导致他们在服务期内产生放弃的想法。然而，如果在服务期限内申请并获得批准，可以在下一年度的3月继续报名参加西部地区的工作。这种服务期的灵活性有助于鼓励更多人才投身于西部地区的建设事业中。

除了医疗卫生岗位外，其他岗位对所学专业没有特定要求。这意味着考生在选择报考岗位时有更多的选择空间。当然，考生在报考时应根据自己的兴趣和专业背景做出明智的选择。

5. 关于非毕业后的支教

（1）在报名表上都会有个人介绍，要突出强调自己的教学方面的经验，比如"学生会主席、答辩二等奖、创新创业大赛一等奖"就没有"教师技能大赛三等奖、接过6份高中家教"符合要求。与教学无关的介绍建议略写置后，比如"同时在创新创业、Cupt等大赛中获得不错成绩"。

（2）明确支教团的需求。因为支教团都是在暑假展开，所以可以分为两种支教团，一是兴趣课程，二是复习课程。一定要看好你们想报的支教团的类型，不然直接就被pass。每年报名的人数超级多，所以支教团的筛选很严格，一般1/6—1/9进行选择。

所以会有同学希望同时报名多个支教团，多次面试，可是一般第一个面试的过程会影响下一个面试的发挥，对自身是很大的挑战，所以不太建议这样的方法，对于时间不太充裕，对初高中教学忘了很多的同学，不建议支教，但是可以报名。

（3）支教团的开设地点很多，也就是在 4 到 5 月份会有八九个支教团陆续开展，建议在不同时间段多报几个，这样如果前几个落选，就可以采用上面的方法获取专业经验，应用在下一个支教团上，成功概率大致就是 $1/6 + 1/5 + 1/4 + \cdots\cdots$

三种筛选方式：

①线上面试，教案（15min 或者 45min）＋面试（1min 自我介绍、3-5min 试讲、2min 问答）

②线下面试，教案（15min 或者 45min）＋面试（报姓名学院、3-5min 试讲、2min 问答）

③线下面试，无教案，仅报名表＋面试（1min 自我介绍、3-5min 试讲、2min 问答）

支教团一般会进行两次招募，第一次招大多数人，第二次补充人员。线下面试人数较多，所以大家都会压缩时间，一般一个人 6 分钟左右，因为③是兴趣课程面试，主要关注老师们的技能，推荐做一些实验科普 PPT 讲，不需要教案。

（二）面试题目及参考答案

西部支教计划面试旨在选拔出真正有意愿、有能力并且适应西部教育环境的志愿者。

1. 面试特点

重视教育理念与教学能力：面试官会重点考查应聘者的教育理念和教学方法，以及是否具备基本的教学技能和课堂管理能力。

强调适应能力与团队合作精神：由于西部地区可能存在一些特殊的教学和生活环境，因此面试官会关注应聘者是否能快速适应新环境，并与团队成员有效合作。

注重个人品质与责任心：西部支教不仅是一份教学工作，更是一份社会责任。面试官会通过一系列问题来评估应聘者的个人品质和责任心。

2. 西部支教计划面试题和参考答案

（1）题型一：个人背景与教育理念

题目：请谈谈你的教育理念，以及为什么想参与西部支教计划？

参考答案：

教育理念：我坚信教育应以学生为中心，注重培养其批判性思维和解决问题的能力。教育不仅仅是传授知识，更是引导学生发现自我、实现潜能的过程。

参与原因：我深知西部地区教育资源相对匮乏，希望通过自己的努力，为那里的孩子带去更多的学习机会和先进的教育理念。同时，我也期望通过这次支教经历，锻炼自己的教学能力和社会责任感。

（2）题型二：教学能力与经验

题目：设计一堂课，并简述你的教学方法和课堂管理策略。

参考答案：

课程设计：以"环境保护"为主题，通过多媒体展示环境问题，引导学生讨论并提出解决方案。

教学方法：采用互动式教学法，鼓励学生提问、讨论，培养他们的主动学习能力。

课堂管理：设立明确的课堂规则，通过小组竞赛等方式激励学生积极参与，同时对于不遵守规则的学生进行适当引导。

（3）题型三：适应能力与团队合作精神

题目：面对西部地区的特殊环境，你将如何快速适应并与团队成员有效合作？

参考答案：

适应能力：我会提前了解当地的文化和生活习惯，做好心理准备。到达后，积极与当地人交流，尽快融入新环境。

团队合作精神：我会积极参与团队活动，与团队成员建立良好的沟通机制。在工作中，主动承担责任，与团队成员共同解决问题，实现教学目标。

（4）题型四：情景模拟与问题解决

题目：假设在支教过程中，你发现一名学生经常逃课，你将如何处理？

参考答案：

首先与学生进行私下沟通，了解其逃课的原因和需求。

根据学生的实际情况，制定个性化的辅导计划，帮助其解决学习上的困难。

与家长保持密切沟通，共同关注学生的成长和进步。

若问题依然存在，会寻求学校领导和其他教师的帮助，形成合力解决问题。

（5）题型五：责任心与长期规划

题目：你如何看待支教结束后的工作？你有何长期规划？

参考答案：

支教结束后：我会认真总结支教期间的经验和教训，与后续的支教志愿者进行分享，以便他们能更好地开展工作。同时，我会关注支教地区学生的后续发展，尽自己所能提供持续的帮助和支持。

长期规划：我计划继续深造教育学或相关专业，希望在未来能为教育事业做出更大的贡献。同时，我也希望有机会再次回到支教地区，见证那里孩子们的成长和进步。

十、国央企招考面试

（一）面试注意事项

国企（国有企业）是指由国家或国家所有的投资主导或控股的企业。由于其特殊的背景和性质，国企面试相比其他企业可能略有不同。

1. 面试注意事项

举止得体：在面试过程中，应表现出举止朴实的形象。避免穿奇装异服，选择比较普通的日常着装或基础款的西服更为合适。

礼貌细心：面试时，应聘者所表现出来的良好教养与必要的礼貌和细心会给自己加分。这包括面带微笑、注意聆听、回答问题时条理清晰等。

强调政治素质：国有企业对于应聘者的政治素质较为关注。如果是党员或在团委等组织中有过工作经历，可以在面试中提及，这可能会成为加分项。

条理清晰，层次分明：自我介绍或回答问题时，要有清晰的逻辑关系，可以从不同的逻辑角度去组织语言，如政治素养、知识背景、成长经历等。

自信与真诚：在面试中展示对央国企的热情和对职位的兴趣，同时保持自信和真诚的态度。

关注热门话题和国企相关新闻：由于国企通常会受到社会和政治环境的影响，因此应聘者需要时刻关注热门话题和国企相关的新闻，以便在面试中能够结合实际情况进行回答。

2. 备考注意事项

（1）提前了解国企背景和文化：国企通常有着深厚的历史和特殊的文化背景，了解这些信息可以帮助你更好地理解国企的价值观和发展方向，从而更好地回答面试问题。

（2）强调与国企相关的经验和能力：国企的特殊性要求你在面试中强调与国企相关的经验和能力。例如，国企通常强调团队合作和政策执行能力，因此准备一些能够展示你在这些方面的经验和能力的例子。

（3）准备常见面试问题的答案：无论是国企还是其他企业，面试都会问到一些常见的问题，如自我介绍、职业规划等。准备好这些问题的答案，并注意突出你对国企的热情和认识。

（4）关注热门话题和国企相关的新闻：国企通常会受到社会和政治环境的影响，因此时刻关注热门话题和国企相关的新闻是非常重要的。在面试中展示你对这些话题的了解和见解，可以展示你的综合素质和思考能力。

（5）自信和真诚：在国企面试中，自信和真诚是非常重要的。国企通常注重招聘具有强烈责任感和使命感的人才，因此在面试中展示你对国企的热情和对职位的兴趣，同时保持自信和真诚的态度。

（6）注意形象和着装：面试时的形象和着装对于任何面试都是重要的，国企也不例外。确保你的形象整洁、着装适当，体现出你对面试的重视。

（7）重视技术面试：国企通常对专业技能要求较高，因此技术面试是非常重要的一环。在面试前复习和强化相关专业知识，准备一些能够突显你专业能力的问题和回答。

（8）多思考问题：在面试中，积极思考问题是非常重要的。国企面试可能会涉及一些复杂的问题，需要你有一定的思考和分析能力。在回答问题前，可以先花一些时间思考和组织自己的思路。

（9）回答问题清晰有条理：无论是国企面试还是其他面试，清晰有条理地回答问题是非常重要的。在回答问题时，确保语言清晰，结构有条理，用具体的例子来支撑你的观点。除了专业知识外，还需要提高语言表达能力、思维逻辑能力、判断决策能力等。这可以通过参加培训课程、模拟面试等方式进行提升。

（10）模拟面试：可以找朋友或家人进行模拟面试，提高自己的面试技巧，增加自信心。

（二）面试题目及参考答案

1. 央国企面试的特点

严谨性与规范性：央国企面试流程严谨，遵循规范的面试标准和评分准则，以确保选拔过程的公平性和专业性。

全面考查：面试不仅关注应聘者的专业知识，还注重应聘者的综合素质，如沟通能力、团队合作能力、应变能力以及政治素质等。

多轮面试：通常设置多轮面试，以更深入地了解应聘者的各方面能力和潜力。

在央国企面试中，政治素质也是一个不可忽视的考查点。面试官会对应聘者对于国家政策、法律法规的了解和看法进行评估。因此，应聘者在面试前应对这些方面有所准备，以展现自己的政治觉悟和职业素养。

面对央国企面试的各种问题，应聘者应该如何应对呢？首先，自我介绍是面试中的必答题。应聘者可以从个人信息、在校职务、能力展示和参与项目等方面进行全面介绍，以展现自己的综合素质。其次，当被问及最大的优缺点时，应聘者应结合个人特征和岗位要求进行回答，尽量突出自己的优势。再次，对于实习经历的描述，应聘者应选择与岗位相关的经历，并强调最终取得的成果。此外，面试官还可能询问职业规划，应聘者应结合企业人才培养机制进行具体规划。最后，当被问及"为什么选择我们公司"时，应聘者可以从行业前景和公司发展情况等方面给出答案。问及"为什么选择你而不是别人"，可以从岗位需求出发，分析长处，说明自己和这个工作的唯一适配性。

当问及"还有什么问题要问的"，这时不要选择不问，实际上这个是与 offer 最贴近的一次机会，建议询问一些和职业发展有关的问题，比如负责哪些工作，需要具备哪些能力，岗位发展规划，部门人员架构等。

2. 央国企面试题型、题目及参考答案

（1）题型一：自我介绍与经历阐述

题目 1：请简单做一下自我介绍，并谈谈你最引以为豪的一段工作经历或学习经历。

参考答案：大家好，我叫×××，毕业于××大学××专业。在校期间，我积极参与各类实践活动，并曾在××公司实习，负责××工作。我最引以为豪的经历是在实习期间参与的一个重要项目。当时，我们面临时间紧任务重的挑战，但通过团队协作和不懈努力，我们成功完成了项目目标，并获得了客户的高度评价。这段经历锻炼了我的团队协作能力、问题解决能力以及抗压能力。

解题分析：此题旨在了解应聘者的基本情况和自我认知。回答时应简洁明了地介绍个人信息，并重点突出某段值得骄傲的经历，展示个人能力和成就。

题目2：你为什么认为自己有能力胜任这个工作？

分析：这是一个典型的无固定答案的问题，给应聘者提供了一个机会，展示自己勇于接受挑战的个性。主考官也可对应聘者的动机和信心有所了解。

制胜回答："与以前相比，这个工作是最适合我的。""多年来我一直从事此领域的研究，并密切地关注贵公司，以寻求在贵公司就职的机会。你们所要求的技能我都具备，所以我能胜任这一工作。一旦录用，我将全力以赴为之努力。"

（"全力以赴"这个词更印证了应聘者身上的闯劲与热情。）

（2）题型二：情景模拟与问题解决

题目1：假设你在工作中遇到了一个难题，你将如何解决？请具体描述解决方案。

参考答案：如果在工作中遇到难题，我会首先分析问题产生的原因和背景。然后，我会主动与团队成员沟通，集思广益，共同探讨解决方案。如果问题仍然无法解决，我会向上级或专业人士请教，寻求更专业的指导。同时，我会保持积极的心态，相信团队的力量，共同努力克服困难。

解题分析：此题考查应聘者的问题解决能力和应对挑战的态度。回答时应展示出分析问题、寻求帮助和团队合作的能力。

（3）题型三：政治素质与职业素养考查

题目：你如何看待国家政策对企业发展的影响？请结合实例进行说明。

参考答案：国家政策对企业发展具有重要影响。以供给侧结构性改革为例，该政策推动了企业转型升级，提高了生产效率和产品质量。作为企业员工，我们应积极响应国家政策，调整企业战略和业务模式，以适应市场需求和政策变化。同时，我们还应加强政策学习，提高政治素养，以更好地把握政策机遇，促进企业持续健康发展。

解题分析：此题旨在考查应聘者的政治素养和职业素养。回答时应结合具体政策实例，分析政策对企业发展的影响，并表达个人对政策的看法和应对策略。

（4）题型四：职业规划与发展目标

题目：请谈谈你的职业规划和发展目标。

参考答案：我的职业规划是短期内在现有岗位上深耕细作，提升专业技能和业务水平。中期目标是成为团队中的核心成员，承担更多责任和挑战。长期来看，我希望能够成为行业内的专家或领导者，为企业和社会创造更多价值。同时，我也注重个人综合素质的提升，包括领导力、沟通能力等方面的发展。

参考答案：此题考查应聘者的职业规划和发展目标。回答时应清晰阐述个人的短期、中期和长期目标，并展示出对职业发展的积极态度和规划能力。

（5）题型五：企业背景和发展方向类题目

题目1：请简要介绍一下我们公司的发展历程和目前的主要业务领域。

参考答案：我们公司成立于××年，起初主要从事×××业务。经过××年的发展，目前公司的主要业务领域包括×××、×××和×××等领域。在未来，公司将继续致力于扩大市场份额，提升核心竞争力，推动行业发展。

题目2：我们公司的核心价值观是什么？你如何理解并落实这些价值观？

参考答案：我们公司的核心价值观包括×××、×××和×××。我理解这些价值观是指引我们公司日常行为和决策的准则，比如以客户为中心、诚信守法等。在工作中，我会始终将这些价值观贯穿于我的工作中，如保证服务质量，与客户保持良好的沟通和合作，以及遵守企业的规章制度等。

（6）题型六：个人能力和工作经验类题目

题目1：请谈谈你在上一家公司的工作经验，以及你承担的具体职责和取得的成绩。

参考答案：在上一家公司，我担任×××职位，主要负责×××。我参与了多个重要项目，如×××项目，通过我和团队的努力，我们成功地完成了项目，并提前交付给了客户。在这个过程中，我学到了很多项目管理和团队协作方面的经验，也获得了客户的高度认可。

题目2：你能够在压力状态下工作得很好吗？

参考答案：在从事有价值的工作时，任何人在工作时都会不时地遇到压力。我能够应付一定量的压力，甚至在有些情况下还可以承受极大的压力。对我来说，应对压力的关键是找到一种方法控制形势，从而减轻压力的剧烈程度，通过这种方式，压力就不会影响我的工作了。

题目3：你认为你有哪些个人能力和专业技能使你适合在我们公司工作？

参考答案：我具备良好的沟通能力和团队合作精神，能够与不同层级的人进行有效的沟通和协作。同时，我还具备扎实的专业知识和技能，如×××、×××等方面的专业技能。在过去的工作经验中，我能够快速适应新环境，具备较强的学习能力和问题解决能力。

（7）题型七：案例分析类题目

题目1：请根据你的实际工作经验，分享一个你在团队中遇到的挑战，并描述你是如何解决的。

参考答案：在一次项目中，我们面临着工期紧张和资源不足的困扰。我积极主动地与团队成员沟通，根据项目需求合理分配资源，合理调整工作安排。通过我的协调和团队成员的共同努力，我们成功地按时完成了项目，实现了客户的期望，并得到了领导的肯定。

题目2：请描述一个你主动承担额外工作的例子，并说明你的动机和收获。

参考答案：在上一家公司，我主动承担了一个重要的客户服务工作。虽然这项工作并不在我的职责范围内，但我看到了这个机会能够提升团队整体的绩效和客户满意度。我通过自学和与同事讨论，迅速掌握了相关知识和技能，并成功地完成了任务。这次经历使我更加了解到团队协作的重要性，并为我在职业发展上提供了宝贵的经验。

十一、银行面试

（一）面试注意事项

1. 形象与举止

穿着应整洁得体，符合银行职业形象。行走、站立和坐姿要端正，展现出自信和专业素养。无论是男性还是女性，都应选择适合自己的正式装或商务装。男性应穿着西装配衬衫，女性可以选择西装套装或有庄重感的连衣裙。颜色上以深色为主，避免过于花哨和夸张的款式。

在准备面试时，要详细了解所应聘银行的行业特点和职位要求。不同的银行可能有不同的文化和形象要求，要根据实际情况选择适合的着装风格和款式。

头发应保持整洁，女性可以选择简单的发型，男性则应保持头发短而整齐。

不仅衣着要整洁，还要注意衣物的整齐程度。确保衣物没有褶皱、污渍等不洁现象。也要避免佩戴过多的饰品，如耳环、项链等。

在参加银行面试时，求职者的着装将直接影响面试官对你的第一印象。合适的着装将有助于展现求职者的专业形象和个人特点，从而给面试官留下深刻印象，在众多面试者中脱颖而出。

2. 问候与自我介绍

进入面试考场后，主动向考官问好，以示礼貌。自我介绍时要简洁明了，突出个人特点和与岗位相关的经验。

3. 沟通与表达能力

回答问题时，要清晰、有条理地表达自己的观点。注意与考官的眼神交流，保持自信。

4. 专业知识与技能

准备好与银行相关的专业知识，如金融、经济、银行业务等。了解并熟悉所申请岗位的具体职责和要求。在准备去银行面试时，掌握一些基本的银行业务和专业知识是非常必要的。

（1）了解银行业务。在去银行面试之前，首先要了解一些基本的银行业务。这些包括存款业务、贷款业务、外汇业务、理财业务等。了解这些业务的基本概念和流程，能够让你在面试中回答相关问题时更加得心应手。

存款业务：掌握不同种类的存款业务，如活期存款、定期存款、理财产品等。了解存款利率、存款期限等基本信息。

贷款业务：了解不同种类的贷款业务，如个人贷款、企业贷款、房屋贷款等。掌握贷款审批流程和风险评估标准。

外汇业务：了解外汇交易的基本知识，如汇率计算、外汇交易方式等。

理财业务：了解各种理财产品的基本特点和风险收益特征。

（2）了解银行的监管和风险控制。银行作为金融机构，有着严格的监管和风险控制要求。在面试中，你可能会被问到有关银行监管和风险控制的问题。因此，了解一些基本的监管制度和风险控制方法是非常重要的。

银行监管：了解央行对银行的监管要求，如准备金率、资本充足率等。了解监管机构的职责和作用。

风险控制：了解银行的风险管理体系，如信用风险、市场风险、操作风险等。了解常见的风险控制方法，如风险评估、风险监测和风险防范等。

（3）了解银行的组织架构和岗位职责。在面试中，你可能会被问到关于银行的组织架构和岗位职责的问题。因此，了解银行的组织架构和各个岗位的职责是非常重要的。

组织架构：了解银行的总行和分行的组织架构，了解各个部门和职能。

岗位职责：了解各个岗位的职责和要求。如客户经理的工作内容、风险管理岗位的职责等。

（4）了解当前金融市场的形势和发展趋势。在面试中，你可能会被问到关于当前金融市场形势和发展趋势的问题。因此，了解当前金融市场的热点问题和发展趋势是非常有帮助的。

宏观经济：了解当前的宏观经济形势，如国内生产总值、通货膨胀率等。

金融市场：了解股票、债券、期货等金融市场的基本知识和交易规则。

金融科技：了解金融科技的发展趋势，如移动支付、互联网金融等。

（5）态度与价值观

展示积极的工作态度和对银行业的热情。强调团队合作精神和客户服务意识。

5. 备考注意事项

（1）深入了解银行行业。研究银行业的发展趋势、市场竞争格局以及重要政策。了解所面试银行的企业文化、业务范围和市场定位。

（2）分析目标岗位。仔细研究招聘岗位的职责描述和要求。准备与该岗位相关的工作经验和能力证明。

（3）准备常见面试问题。提前思考并准备如"你为什么选择银行业？""你的职业规划是什么？"等常见问题。练习简洁、有针对性的回答。

（4）模拟面试与自我评估。通过模拟面试来检验自己的准备情况。针对模拟面试中的不足进行自我改进和提升。

（5）保持积极心态。面试前保持良好的睡眠和心态，避免紧张和焦虑。相信自己，展现出最佳状态。

6. 实践和积累经验

要通过实践和积累经验来提高自己的银行业务知识和面试能力。可以通过参加实习、培训和自学的方式来不断提升自己。

（1）分析自己。银行需要什么样的人才？你可以从你的经验中，找到一些能够证明你有能力的事例，记住，不要胡编乱造，否则后果不堪设想。如果你没有太多的经验，那么我建议你首先对自己的经验进行细致的分析和挖掘，思考这些经验可以强调你有什么能力，然后在以后的面试中，把面试官往这方面引导，这样的话，你的胜率就会更高。

（2）分析行业。去了解银行业，知道这个行业在做什么、未来的发展方向怎样、有哪些重要的人员以及他们之间的核心竞争力的差异等。

（3）分析目标公司。知道这个公司的优势在哪里，曾经做过哪些交易和拥有的大客户、公司的文化等。

（4）分析你要申请的部门和职位。银行有很多部门，工作性质差异非常大，对每个人的要求也就不太一样。而且，在列举公司业绩的时候也要有的放矢。

（5）熟悉求职简历。简历上都是自己的经历，没道理不了解。银行的工作人员喜欢注重细节，追求细节，所以他们希望你能百分百地理解简历中的每一个细节，并能准确地表达出来，这样才不会让面试官误会你在撒谎。

（6）模拟面试。如果可以，可以邀请一位有过银行面试经验的同学为你提供一次模拟面试的机会，这样你很快就能适应，通过模拟面试，你还可以自我评价，自我提高。

（二）面试题目及参考答案

银行面试的特点主要包括高要求、短而快、宽视野等几个方面。面试过程中，对周边环境、网络系统、考生的反应速度等要求都很高，同时面试时间相对较短，且进程规范而迅速。此外，面试不仅关注考生的整体形象、表达能力等，还会通过在线面试等方式了解考生的更多细节。

以下是一些银行面试中可能出现的题型、题目及参考答案。

1. 题型一：自我介绍类

题目：请做一个简短的自我介绍。

参考答案：您好，我叫××，毕业于××大学金融专业。在校期间，我系统学习了金融学理论知识，并积极参与实践活动，如模拟股市投资、金融分析等。通过这些活动，我培养了敏锐的市场洞察力和数据分析能力。此外，我还具备良好的沟通能力和团队协作精神。很荣幸能有机会参加这次面试，我希望能将所学知识和技能应用于实际工作中，为贵银行的发展贡献力量。

解题分析：自我介绍是面试中的常见题型，旨在让考官初步了解考生的背景和能力。回答时要简洁明了，突出自己的专业背景和技能优势。

2. 题型二：行为面试类

题目：请描述一个你曾经遇到的困难，以及你是如何解决的。

参考答案：在大学期间，我曾经参与了一个重要的课程项目。在项目进行到一半时，我们遇到了一个技术难题，导致项目进度受阻。作为团队负责人，我首先组织团队成员进行头脑风暴，集思广益。然后，我们分工合作，查阅了大量资料，并请教了专业人士。经过几天的努力，我们成功解决了这个难题，并顺利完成了项目。这次经历让我深刻体会到了团队协作和解决问题的能力的重要性。

解题分析：行为面试类题目主要考查考生在过去的行为中表现出的能力、素质和经验。回答时要具体描述遇到的困难和解决的过程，以及从中学到的经验和教训。

3. 题型三：专业知识类

题目：你对银行的风险管理有什么了解？请简要说明。

参考答案：风险管理是银行业务运营中的重要环节。它涉及识别、评估、监控和控制各种潜在风险，以确保银行资产的安全和稳健运营。风险管理包括但不限于信用风险、市场风险、操作风险。在实际操作中，银行会通过建立完善的风险管理体系、制定风险控制策略、定期进行风险评估等方式来降低风险。同时，风险管理也需要与银行的业务发展战略相结合，以实现风险与收益的平衡。

解题分析：专业知识类题目主要考查考生对银行业务和专业知识的掌握程度。回答时要准确、简洁地阐述相关概念和操作流程，展示出自己的专业素养。

4. 题型四：情景模拟类

题目：如果你是一位银行柜员，遇到一位不满的客户，你会如何处理？

参考答案：如果我是一位银行柜员，遇到一位不满的客户，我会首先保持冷静和礼貌。我会主动向客户询问具体的问题或不满的原因，并积极寻求解决方案。如果是我能解决的问题，我会立即处理并向客户解释清楚。如果问题超出我的权限范围，我会及时向上级或相关部门反映，并协助客户寻求进一步的帮助。同时，我也会记录下客户的反馈和意见，以便银行持续改进服务质量。

解题分析：情景模拟类题目主要考查考生在实际工作场景中应对问题的能力。回答时要结合具体情景，明确自己的角色和职责，并给出合理的解决方案。

综上所述，银行面试的特点主要体现在高要求、时间紧凑、视野宽泛等方面。在准备面试时，考生应针对不同类型的题目进行充分准备，并结合自己的实际经历和能力进行回答。

此外，不同银行根据各自的性质和特点，面试题目的侧重点也会有所不同。

题目：农村信用社在我国金融体系中的地位如何？

参考答案：农村信用社是由辖区内农户、个体工商户和中小企业入股组成的社区性地方金融机构，是我国金融体系的重要组成部分。截至2004年6月末，全国农村信用社各项存款余额26724亿元，占全部金融机构存款的11.6%；各项贷款余额19585亿元，占全部金融机构贷款的11.5%。其中，农业贷款余额8615亿元，占全部金融机构农业贷款余额的86%。农村信用社正在成为农村金融的主力军和联系农民的金融纽带。

十二、普通企业面试

（一）面试注意事项

1. 普通企业面试时需要注意的问题

形象与礼仪：保持良好的仪表和着装，展现出专业和严谨的态度。面试过程中要保持微笑，注意言谈举止，给面试官留下良好的第一印象。

准备充分：对应聘的职位和公司有深入的了解，包括其背景、业务范围和发展方向等。同时，要准备好自己的简历和自我介绍，能够清晰、简洁地阐述自己的教育背景、工作经验和技能特长。

注意语言表达：在面试过程中要保持自信、冷静和礼貌。回答问题时要条理清晰、言简意赅，并且注意与面试官保持良好的眼神交流和沟通。

展示个人能力：通过具体的工作经历和项目经验来展示自己的专业技能、团队协作能力和解决问题的能力。同时，可以适当提及自己的个人优势和特长，以突出个人价值。

2. 备考面试时需要注意的事项

了解公司和文化：深入研究目标公司，包括其历史、愿景、产品和服务。了解公司的文化和价值观，思考自己如何能为公司做出贡献。

准备常见问题：熟悉并准备面试中可能遇到的常见问题，如"你为什么对这个职位感兴趣？""你的优点和缺点是什么？"等。提前准备并练习回答，以便在面试中更加自信地应对。

模拟面试：找朋友或家人进行模拟面试，通过模拟真实面试环境来提高自己的应变能力和自信心。同时，也可以借此机会发现自己的不足之处并加以改进。

保持积极心态：面试过程中可能会遇到一些棘手的问题或突发情况，保持积极、自信的心态至关重要。即使遇到不确定的问题，也要尽量思考并给出合理的回答。

注意后续跟进：面试结束后，及时向面试官表达感谢，并询问下一步的安排。这不仅可以体现自己的专业素养和礼貌，还有助于加深面试官对自己的印象。

（二）面试题目及参考答案

1. 普通企业招聘面试的特点

综合性评估：企业面试通常不仅仅关注应聘者的专业知识和技能，还会对其个性、态度、沟通能力和团队协作能力等进行综合评估。

实际应用导向：面试问题往往围绕应聘者在实际工作中可能遇到的问题进行设计，以检验其解决问题的能力和应变能力。

行业相关性：面试内容通常与应聘岗位和行业紧密相关，要求应聘者展示对行业的了解和对岗位的认知。

2. 常见的面试题型、题目及参考答案和解题分析

（1）题型一：自我介绍（包括与自己相关的特点、经历、职业规划等）。

题目 1：请简要介绍一下你自己。

参考答案：您好，我叫×××，毕业于××大学××专业。在校期间，我积极参与各类实践活动。我对贵公司的企业文化非常认同，并期待能在这样一个充满活力和创新的环境中实现自己的价值。

解题分析：自我介绍是面试的开场环节，重点在于简洁明了地介绍自己的基本信息、教育背景和相关经验，同时表达对职位和公司的兴趣。

这是面试的必考题目。要注意：介绍内容要与个人简历相一致；表述方式上尽量口语化；要切中要害，不谈无关、无用的内容；条理要清晰，层次要分明。事先最好以文字的形式写好背熟。

题目 2：请谈谈你的家庭情况。

答题思路：这对于了解应聘者的性格、观念心态等有一定的作用，这是招聘单位问该问题的主要原因。要注意：简单地罗列家庭人口；宜强调温馨和睦的家庭氛围；宜强调父母对自己教育的重视；宜强调各位家庭成员的良好状况；宜强调家庭成员对自己工作的支持；宜强调自己对家庭的责任感。

题目 3：你认为自己最大的弱点是什么？

答题思路：不宜说自己没缺点；不宜把明显的优点说成缺点；不宜说出严重影响应聘工作的缺点；不宜说令人不放心、不舒服的缺点。可以说一些对所应聘工作"无关紧要"的缺点，甚至是一些表面上看是缺点，从工作的角度看却是优点的缺点。

（2）题型二：行为面试题。

题目：请举例说明你在之前的工作中是如何解决一个具体问题的。

参考答案：在之前的工作中，我遇到过一个项目进度严重滞后的问题。我首先分析了滞后的原因，发现主要是团队协作和沟通不畅导致的。于是，我主动与团队成员进行了一对一沟通，了解各自的工作难点和需求，并重新分配了工作任务。同时，我制定了详细的项目进度表，并定期组织团队会议进行进度同步。最终，我们成功地在规定时间内完成了项目。

解题分析：行为面试题旨在了解应聘者在过去的工作或学习经历中是如何应对具体情景的。回答时应详细描述问题的背景、自己采取的行动以及最终的结果。

（3）题型三：情景模拟题。

题目1：如果你与同事在工作中发生了冲突，你会如何处理？

参考答案：如果与同事发生冲突，我会首先保持冷静，避免情绪化。然后，我会主动与同事沟通，认真倾听对方的观点和诉求，并尝试站在对方的角度思考问题。如果双方无法达成一致意见，我会寻求上级或人力资源部门的帮助，以寻求公正的解决方案。同时，我也会反思自己的行为和沟通方式，以避免类似冲突再次发生。

解题分析：情景模拟题旨在考查应聘者在假设的情景中如何做出反应。回答时应展示出自己的问题解决能力和冲突管理技巧。

题目2：我们和另一个公司都聘用你，你会如何选择？

答题思路：一般大家都会以公司名气和工资高低作为取舍依据，而很少有人会把工作部门、职位、公司发展前景、个人在公司的发展如何、将来的顶头上司和团队成员是什么样的人这些因素进行综合分析比较做出结论。许多很优秀、明显竞争力很强的人同时拿到大公司与中小公司的聘书时，却选择了工资并不高的小企业，他们考虑到优秀人才在小公司出头的机会更多、更早，可见小企业也有它吸引人的地方。

（4）题型四：专业知识题。

题目：根据应聘岗位设定具体专业知识问题。

参考答案：根据具体问题进行回答，展示专业知识和应用能力。

解题分析：专业知识题主要考查应聘者对岗位所需专业知识的掌握程度和应用能力。回答时应准确、清晰地阐述自己的观点和解决方案。

除了以上几种题型外，企业招聘面试还可能包括团队合作能力测试、压力面试等环节。在面试过程中，应聘者应保持自信、积极和专业的态度，充分展示自己的能力和潜力。

如果说简历是人生中最重要的广告，那么面试就是人生中最重要的一场真人秀。那么，怎样才能奏好这支人生的乐曲呢？面试的准备好似前奏，要从素质、材料、细节、心态等方面精心准备；面试的过程就像澎湃激情的交响乐，要精心回答好面试问题，并积极汲取前人的面试经验；面试后及时跟进也很重要。熟悉面试的类型，掌握面试的规律，注重思维和语言，都是能否奏好面试乐曲的重要技艺。

回答这些问题，依然要紧紧围绕着自己具备与该职位相关的专业知识、自我管理和可迁移技能，从这个角度去阐释答案，万变不离其宗。

Step 3　驰骋职场：打造你的核心竞争力

想要在职场中披荆斩棘、崭露头角吗？想要成为那个在激烈竞争中脱颖而出的佼佼者吗？职场，这个属于现代人的角斗场，不仅需要你拥有扎实的专业技能，更要求你掌握一套行之有效的通用能力。这些能力，就像是你职场征途上的"利器"，能够让你在各种挑战面前游刃有余，从容不迫。现在，就让我们一起揭开这些职场通用能力的神秘面纱，看看如何将它们转化为你的核心竞争力，让你在职场中驰骋翱翔！

第一节　情商进阶：职场成功的情感智慧

进入职场后，情商的重要性不言而喻。高情商的职场人能够更好地应对各种复杂情景，与同事和领导建立良好的关系，从而在工作上取得更好的成绩。

一、高情商的主要表现

（一）善于倾听与表达

表现：高情商的职场人会积极倾听他人的意见和建议，同时也能够清晰、准确地表达自己的观点和想法。

处理：在倾听时，保持耐心和专注，不要急于打断或提出自己的看法。在表达时，注意措辞和语气，避免引起误解或冲突。

提升：可以多参加团队讨论或会议，练习倾听和表达。也可以通过阅读相关书籍或参加沟通技巧培训来提高自己的沟通能力。

（二）控制情绪与保持冷静

表现：高情商的职场人懂得如何管理自己的情绪，面对工作压力和挑战时能够保持冷静和理性。

处理：遇到挫折或困难时，先深呼吸、冷静下来，再思考解决问题的方法。避免在情绪激动时做出冲动的决定。

提升：可以通过冥想、瑜伽等方式来提升自己的情绪管理能力。同时，也可以学习一些心理调适技巧，如积极心理暗示等。

（三）具有同理心与赞美他人

表现：高情商的职场人懂得换位思考，理解他人的感受和处境，同时也懂得如何赞美他人，提升团队的士气和凝聚力。

处理：在与同事交往中，多关注他们的需求和感受，给予适当的关心和支持。在赞美他人时，要真诚、具体，避免空洞的奉承。

提升：可以多参加一些团队建设的活动或培训课程，提升自己的团队协作能力和人际交往技巧。同时，也可以在日常生活中多观察、多学习如何恰当地赞美他人。

（四）适应性强与解决冲突

表现：高情商的职场人面对变化和挑战时能够迅速调整自己的思维和策略，适应新的环境和要求。同时，他们也懂得如何妥善处理职场中的冲突和矛盾。

处理：在面对变化时，保持积极的心态和灵活的思维，主动学习和适应新的知识和技能。在处理冲突时，保持客观、公正的态度，积极寻求双方都能接受的解决方案。

提升：可以通过参加一些拓展训练或模拟实战演练来提升自己的适应能力和冲突解决能力。同时，也可以多向有经验的同事或领导请教和学习。

二、如何高情商地处理问题？

（一）刚入职时，如何给同事和领导留下好印象？

1. 勤快主动

早到与准备：每天尽量早到办公室，利用这段时间整理自己的工作区域，准备好当天需要的工作资料。

主动承担：看到有小任务或者杂事需要处理时，不要等别人指派，主动去做。比如，帮忙清理会议室、换水、打印文件等。

寻求额外任务：在完成自己的本职工作后，可以主动询问领导或同事是否有其他需要帮忙的地方。

2. 礼貌待人

打招呼：每天上班时，主动与同事和领导打招呼，展现你的亲切和尊重。

使用敬语：在沟通时，多用"请""谢谢"等礼貌用语，让对方感受到你的谦逊和感激。

尊重他人时间：在找同事或领导沟通时，先询问对方是否方便，避免打断他人的工作。

3. 注重细节

记录与确认：在会议或讨论中，认真记录要点，并在结束后与相关人员确认，以确保没有误解或遗漏。

保持整洁：保持自己的办公桌整洁有序，这不仅能提高工作效率，也能给人留下良好的印象。

关注他人：注意同事的需求，比如在他们忙碌时帮忙接电话、传递消息等。

4. 积极反馈与沟通

及时反馈：完成任务后，及时向领导或同事反馈进度和结果，让他们对你的工作放心。

明确沟通：在沟通时，尽量用简洁明了的语言表达自己的观点和需求，避免产生歧义。

虚心接受建议：当同事或领导给出建议或批评时，虚心接受并表示感谢，然后迅速调整自己的工作方式。

5. 团队合作与分享

积极参与团队活动：如果有团队建设的活动或聚会，积极参与并展现自己的团队精神。

分享知识与经验：如果你在某个领域有专长或经验，不妨在合适的时机与同事分享，这既能增进交流也能提升你在团队中的价值。

6. 谦逊低调

刚入职时表现出谦逊和虚心的态度是非常重要的，这种态度能够帮助你更好地融入团队，学习新知识，并建立良好的人际关系。以下是具体表现谦逊和虚心态度的方面。

倾听与学习：当同事或领导分享经验、知识或指导时，全神贯注地倾听。避免打断他人讲话，给予对方充分表达的时间和空间。在讨论中，积极提问以深入了解话题，表现出对新知识的渴望。

接受反馈与批评：当收到来自同事或领导的反馈和批评时，保持开放的心态。不抵触、不辩解，而是认真听取并感谢他们的意见。积极根据反馈进行调整和改进，展现出你的成长和进步。

请教与咨询：遇到不懂的问题或不确定的情况时，主动向同事或领导请教。不要害怕暴露自己的不足，把每次请教都看作是学习的机会。在请教时表现出对对方专业知识的尊重和认可。

尊重他人意见：在团队讨论或会议中，尊重每个人的发言权和观点。避免过于强调自己的观点，而是寻求共识和平衡。在他人发言时，保持耐心和专注，不要急于表达自己的看法。

分享成果与荣誉：当你在工作中取得成绩或受到表扬时，不要独占功劳。感谢团队的支持和合作，强调团队的重要性。愿意将荣誉和成果与团队成员共享，展现出你的团队精神和谦逊品质。

保持低调与谨慎：避免过于张扬自己的能力和成绩，而是稳重、低调地处理事务。在处理工作时保持谨慎态度，不轻易下结论或做出承诺。在提出新想法或建议时，先与同事和领导进行充分沟通和讨论。

持续学习与自我提升：表现出对新知识和技能的持续追求。利用业余时间学习相关知识，提升自己的专业素养。积极参加公司提供的培训和发展机会，展现你对个人成长的重视。

（二）该怎样让别人注意到你的成绩呢？

不要期待别人自然而然注意到你的成绩。

首先你要知道领导对你工作的要求是什么。只有你了解了领导工作要求后，你才能进一步细化你的工作，将工作完成得更加出色。

其次，要获得职业的发展，光说不练或者光做而不语都是不能够的，要在尽责完成工作的基础上，抓住一切能让领导了解你的机会，或者创造机会让领导看到你所做的一切，了解你的工作成果，要做到的事情是全面审视自己的工作，然后，你就要抓住每一个机会来分享自己的见解，说出自己都做了什么，取得了怎样的成就，并且要表明自己工作的动机。

关于这个方法，也可概括为一段即兴演讲，可提前准备一段即兴演讲。演讲内容必须简明扼要，只包含现在的工作、未来的打算以及自己能够胜任的理由三点即可。但最重要的点是，你不能弄虚作假。你在演讲中列出的内容必须真的是你在做的工作以及你未来渴望实现的事情，并且真的有办法实现。不要谈社会背景，不要说太多细节，也无须给出过多的解释、评判和假设。在明确展示出你的能力之后，你只要让它尽可能短小、精悍即可。这种演讲不仅能够让你向高层领导简明清晰地陈述自己的能力与抱负，还能让你更加明白自己真正想达到的工作理想是什么。当工作机会来临时，你可以问问自己：做这件事可以帮助我实现理想吗？如果可以，你就接下工作任务；如果不能，你完全可以拒绝。

第三，要在工作中抓住和领导沟通的机会，主动找领导面谈，或定期通过电子邮件向领导汇报你的工作进展和结果，还可以在会议上适当发表个人的意见，通过向大家求助解决问题的途径让大家知道你目前工作的成绩。

第四，与领导进行及时、准确、有效的沟通是非常必要的，及时将在工作中遇到的难题和需要领导协助的问题向领导汇报，当然，在向领导汇报的时候，一定是准确、有效的表达，切忌抱怨或情绪过于激动。

第五，与领导沟通时也要注意场合，还有适当的时机，当你的情绪不是很稳定的时候，不要向领导汇报工作，同时也要对领导察言观色。

第六，如果你与领导谈话的内容是可以公开的，切勿越过你的主管领导而越级汇报。因为，你的主管领导也是你在职场发展的重要因素。

第七，当你的工作业绩得到了领导的认可和表扬时，你一定要表达你谦虚的态度和对领导的感激，在感谢的同时，也要诚恳地说出自己存在的缺点和不足之处，并希望获得领导更加严格的要求。只有将领导放在为你提供帮助的位置上，他才能竭尽所能地为你提供更多的机会。

（三）如何避免"讲错话"？

在办公室里，同事之间每天相处的时间很长，"讲错话"会给你带来很多麻烦，因此如何掌握分寸，是你在职场中人际交往的必修课。为避免"讲错话"，请牢记：个人隐私不要说，损害面子的不要辩，涉及利益的不要说，别人的私事不要说，与己无关的是非不发表意见。

（四）与领导的高情商沟通

沟通场景一：当领导问你在不在

低情商回复：在的／怎么了／您找我什么事？

高情商沟通：在的，领导您有什么安排吗？

沟通场景二：当领导跟你说谢谢

低情商回复：不用谢。

高情商沟通：您客气了。后续如有问题或者新的安排，您随时找我。

沟通场景三：当领导跟你说辛苦了

低情商回复：不辛苦。

高情商沟通：谢谢领导关心。这两天工作比较多，虽然累，但有很多收获。如果有不足的地方还请您指正。

沟通场景四：当领导问你有没有空

低情商回复：没空。

高情商沟通：是有新的工作安排吗？如果着急的话，我可以先把手头的工作放一放。

沟通场景五：当领导问你工作进展

低情商回复：正在做。

高情商沟通：介绍具体的工作进度，比如哪些已经完成，哪些还在推进，预计什么时间完成，是否遇到哪些困难，是否需要哪些支持等。

沟通场景六：当领导安排你完成不了的工作给你

低情商回复：领导，这事我做不了。

高情商沟通：好的，领导，不过在这方面我比较欠缺经验，有些事情可能还需要您的帮助和指导。

沟通场景七：当你向领导请示工作

低情商回复：领导，这个事情要怎么办？

高情商沟通：领导，这个事情我觉得可以应该这样处理……您的意见如何呢？

沟通场景八：当你跟领导确认汇报是否清楚了

低情商回复：您听明白了吗？

高情商沟通：领导，以上我都说明白了吗？

沟通场景九：当你犯了个错，领导问你怎么回事

低情商回复：我也没有想到事情会这样。

高情商沟通：领导，确实是我……带来的问题，我想了一下，可以这么补救，第一……，第二……，第三……。

沟通场景十：当领导问你是否知道一件事情

低情商回复：不知道。

高情商沟通：这个事情我确实不太清楚，要不我先详细了解一下再跟您汇报？

（五）关于手机在职场中的使用礼仪需要注意

（1）如果对方没有马上接听，避免连续不断地拨打。

（2）交谈时避免以"在吗"作为开篇。这样的开头可能会令人不悦。许多人认为："你不直接说出你的需求，我怎么知道我是否'在'？"

（3）即使与你关系很近，未经允许也不要随意查看他人的手机。当某人只是展示手机中的一张图片时，也不要随便滑动查看其他内容。

（4）在社交平台上分享他人的照片或合照前，务必征得对方的同意。

（5）在需要安静的地方如开放式办公区或会议室，请将手机调为静音或震动模式。必须接听的电话，可以轻声应答或离开现场，确保不打扰他人。

（6）处理重要事务时，不确定对方所处的环境，最好不要突然发起语音或视频通话。如果需要发语音，请尽量简洁并直接说明事由，不要发过长的语音让对方浪费时间。

（7）如果你没能及时回应电话或消息，请向对方道歉。一个简单而真诚的回复可以传达你对他人的尊重和对事情的认真态度。

（8）与对方交流时，尽量避免频繁使用"哦"或"嗯"这类简短回应，因为这些词汇可能会被视为对话的结束，给人一种敷衍的感觉。

三、10个快速提高情商的小妙招

（一）试着提升控制情绪的能力

当难以控制自己情绪时，可以采取一些方法来平复自己的心情。

其一，可以慢慢深呼吸，让自己冷静下来。

其二，可以自言自语，比如，通过对自己说："没关系，一切都会过去的。"等言语，让自己冷静。

其三，可以采用水疗法让自己冷静。比如，可以洗个热水澡。

其四，可以尝试美国心理学家唐纳·艾登的方法：想着不愉快的事，同时把指尖放在眉毛上方的额头上，一边用大拇指按着太阳穴，一边深深吸气。

（二）获得面对压力时，冷静对待的能力

其一，如果你对某人感到生气或不满，一定要在自己说出一些让自己后悔的话之前就深呼吸，并在心中从 1 数到 10。一般情况下，在数到 10 的过程中，你就会寻找到一个恰当有效的沟通方法。如果数到 10 后你依旧没有缓解，那就可以暂时抛弃这个话题，待彻底冷静后再继续讨论。

其二，如果你感到紧张、焦虑，可以用冷水洗一下脸，或者出去呼吸一下新鲜空气。切忌喝含咖啡因的饮料，那只会让你更加紧张。

其三，如果你感到害怕、沮丧，可以通过做一些有氧运动帮助自己放松一下。比如，慢跑、快走、骑自行车、游泳等。

其四，如果你感到疲惫、困惑，可以走出室内，通过亲近大自然的方式，让自己放松、平静下来。

（三）学会读懂各种暗示的能力

当我们看不懂对方的表情、读不懂对方的心理时，不要着急下结论，应当在心中至少构想出两种可能性的答案进行解读。这一过程我们需要注意的便是去个性化，做到客观。当然，在必要时，我们可以向对方询问清楚，通过提出开放性问题的方式，渐渐读懂对方。

（四）拥有坚定且在必要情况下能表达困难情绪的能力

日常生活中为自己和他人设置界限，是必要且必需的，如果不这样做，对方将不清楚我们在意的地方在哪里。这就意味着我们需要掌握表达困难情绪的能力，应当懂得对别人说"不"。

那么，我们到底应该如何表达这种情绪呢？让我们来看一下下面的例子：

"我强烈感到，我应该在为公司付出那么多的情况下得到更多的认可。""昨天吃晚餐时，当你取笑我的时候，我感到很受伤。"

通过上面呈现的例子我们可以总结出：在与他人交谈时，切忌在句子中用"你"作为开头阐述自己的责难，像"你应该""你必须"这类的词汇不应当出现，因为这样会让他人感到自己被冒犯，自然而然他就不爱听你说话了。

（五）一定要调整好自己的工作心态

良好的工作心态不仅可以影响自己，还能影响他人。每日精神饱满地来上班，与每日精神颓废地来上班，对自己、对工作搭档、对领导，其产生的影响都是不一样的。

当在工作中遇到烦心事或问题时，应当第一时间想办法解决问题，而不是处处找借口，到处找人抱怨。当你想抱怨时，不妨在心中设想一下，"我向他人抱怨完又有什么用呢？能改变什么吗？问题并没有得到解决啊！"所以，不如尽力调整好自己的工作心态，采取积极的行动来解决问题，进而改变这种现状。

（六）一定不要过于自我

工作中在与同事相处的过程中，一定不要过于自我，处处以自我为中心，以自己的喜好、观点等为中心。每个人都是不一样的个体，生活经历、生长环境等都是不同的，所以对于事物的看法、处理问题的思路等都是不同的，因此，在与他人交往中，不要将自己的意愿强加给他人。你可以不同意、不接受他人的看法，但是你应当懂得尊重他人。

（七）学会划定恰当的心理界限

据调查，心理界限能力差的人容易患上病态恐惧症，这样的人不懂得与侵犯者对抗，当遇到问题时，更加喜欢向第三者倾诉。这种做法正是在无形中侵犯了他人的心理界限，既让对方对自己的过错而自责，又让对方感觉到有第三方对自己评头论足而感到愤慨。所以，划定恰当的心理界限是必要的。需要谨记，自己不能侵犯别人的心理界限，同时他人也不能侵犯自己的心理界限。当他人侵犯自己的心理界限时，应当及时告知对方加以改正；当自己总是划不清心理界限，经常侵犯他人的心理界限时，这就需要迫切地提升自己的认知水平。

（八）扫除一切浪费精力的事物

你的生活中有哪些缓慢消耗精力的事情？我们需要去除缓慢浪费精力的东西，解脱出来以集中精力提高我们的情商。试试我们提供的方法吧。

（1）经常列出消耗你精力的事情。

（2）系统地分析一下名单，并分成两部分：可以有所作为的；不可改变的。

（3）逐一解决 A 单中的问题。比如对我来说，把汽车钥匙挂在一个固定的钩子上，这样就不用到处找了。

（4）再看一下 B 单中的问题，你是否有把握？有没有把其中一些移到 A 单加以解决的可能？

（5）放弃 B 单中的问题。

（九）找一个生活中鲜活的榜样

生活中的榜样对自己的影响是巨大的，相信大家身边都有"成功人士"，他们聪明伶俐、优秀成功，那大家就以他们为榜样吧，向他们看齐，看他们学习，在追赶他们的过程中提升自己的能力。

（十）从难以相处的人身上学到东西

相信大家在学习、生活、工作中都会遇到这样的一部分人，他们满腹牢骚、横行霸道、装腔作势，不难发现，这部分都是很难相处的人。但是，这只是你自己的想法，在你看来难以相处的人，可能只是与你不同的人，在他们看来，或许你也是难以相处的人。与这部分人相处，最有效的方式就是灵活应对，从他们身上学到自己身上没有的东西，学到他们解决问题的思路，学到他们看到问题的看法等。

第二节　沟通艺术：高效传递与接收信息

在当今这个高度竞争的社会中，职场沟通能力已经成为一项至关重要的技能。无论是与同事、上司还是客户进行交流，良好的沟通能力都能让你在工作中更加得心应手。

一、高质量的沟通及技巧

高质量沟通是双方能够准确、高效地传递和接收信息，达成共识，并推动事情顺利发展的沟通过程。它主要包括有效倾听、清晰表达、有效反馈三个环节。

（一）倾听

从倾听的效果上，可以将倾听分为四种：听而不闻，这种倾听是心不在焉，别人讲别人的，自己想自己的；选择倾听，这种倾听只对自己感兴趣的部分予以倾听，其他部分则不理不睬；专注倾听，这种倾听是对所有信息都认真倾听；有效倾听，这种倾听是真正参与沟通，它聚焦讲话内容，把注意力从自己转移至讲话者，不带偏见，不进行预先判断，积极反馈，使得讲话者从你的参与中受到鼓励。

有效倾听不仅能捕捉完整的信息，注意对方肢体语言和语调这些隐含信息，还能真实全面地理解讲话者的意见和需要，觉察出讲话者所要表达的情感。有效倾听包含以下四个层次的内容。

（1）排除干扰。在倾听时，要排除干扰，不要让噪音、认知和情绪影响倾听的效果，不仅要听到对方所说的内容，还要听清楚对方所讲的中心思想，关注内容，捕捉要点。

（2）身体参与。对对方的讲话要给予积极的回应，如赞许的点头、关注的目光、对谈话感兴趣的表情、微笑等。

（3）语言参与。在对方讲话的过程中要适当地表示理解，如"对""是这样""有道理"等，对于有疑问或没有听清的地方要及时提问，如"你刚才说的是……""你的意思是……""有一点我不清楚，您能再解释一下吗？""您能举个例子吗？""后来怎么样？"等。

（4）思想参与。思想参与也叫同理心倾听，是有效倾听的最高层次。要做到同理心倾听，就要站在对方的角度，专心听对方说话，让对方觉得被尊重，能正确辨识对方情绪、能正确解读对方说话的含义。要做到同理心倾听，要求掌握以下技巧：第一，全神贯注地听，不可随便打断对方；第二，控制自己的情绪，等别人说完再下结论；第三，充分理解对方之后，判断出对方的需要；第四，找出问题的关键，尽量从对方立场和感受出发提出解决方案。

（二）表达

职场沟通是双向的，所以需要学会表达自己的观点和建议。练习自信地陈述自己的意见，并且清楚明确地阐述自己的想法。这将使你在工作中更有影响力，并且让别人更好地理解你的想法和目标。

下面我们说说表达能力。在表达上人们通常有以下五个问题。

1. 问题1：不知所云

你大概有这样的经历，好像对方一直嘴皮在动，但是你就是不知道到底他说了什么。这里有几个原因。

（1）肚中没货。本来就不知道该说什么，没话找话。这就像小时候写日记，两三行都很困难。对于商务会谈，这属于典型的没做准备工作。

（2）思路不清。你还是有些东西要表达的，但对于这些事情，自己都没想透，那么你怎么可能表达清楚呢。这个问题非常普遍。通常你应该问问自己："到底你是表达不清楚，还是自己没想清楚"。

（3）让潜意识主导沟通。一件事情即使本人想清楚了，可能你表达出来依然让人不知所云，这通常是让潜意识主导的结果。人类潜意识的运行方式，是基于关联的，例如我在谈到"吃饭"时，可能潜意识立即跳出"明晚有饭局"，然后又想到"要打电话确认"，可能就直接跟对方说"对不起我要先打个电话"。你的思维很可能一直这样跳到很远的地方。但对方看不到这个过程，自然没法理解。

在正式的沟通环境中，通常你需要让自己的意识去控制沟通，保持逻辑性。顺便说一下，一个人很难持续保持着意识的控制，通常说着说着就会进入自动驾驶（潜意识控制）模式，这是很正常的。但你可以做的是设定一个大的框架（例如讲话的逻辑），在多数的时间，让潜意识运转。但是过一段时间，就有意识的检查"我现在进度怎么样，是不是跑题了？"这样可以把自己拉回来。这就像你开了自动驾驶系统，但是定期会人工检查当前的状况，如果有问题立马切换到人工操作。

我们的沟通由潜意识主导，本身并不是什么坏事，例如聊天的时候，大家东拉西扯就是这么出来的。有些人在重要场合或者见到重要人物时，本来是擅长闲聊的，反而变得不善言辞。有时候就是因为过于紧张，意识主导了沟通，反而压制了潜意识的活动。

（4）表达缺乏逻辑性。即使你自己想的比较清楚，而且也是有意识地在进行沟通。但你没有用清晰的逻辑来组织语言，导致对方难于理解。

（5）面面俱到。表达者把自己知道的所有事情都倒给你了，需要你自己去理头绪。例如销售演讲，把产品的每个功能都给你看一遍，客户死的心都有了，还不好意思让你走人。

2. 问题2：缺失关键信息

例如："3月25日下午在大会议室开会"。你都不知道到底几点，还要去问。

3. 问题3：难于理解

前面谈的第一类表达问题，显然是难于理解的。但这里，我们指的是即使表达者逻辑清晰，对方依然难于理解的情况。而这种问题的产生，常常是因为受众缺乏相关经验或者基础知识。有的行业，专业性很强，有些问题即使讲的条理清楚逻辑严谨，对方还是不一定能听懂，或者似懂非懂。解决这个问题，一个手段是要让自己的表达生动起来，让对方可以"产生经验"。这里有几个基本的途径：打比喻、讲故事（案例）、让客户亲自体验。所以沟通有个基本原则，一定要有案例。

如果问题足够复杂，有些时候简单手段（例如比喻、故事、让客户体验）可能失效。那么这时候，你就需要设计一条认知路径了。先让客户理解一些基础的东西，再一步步走向最终的目标。

4. 问题4：关我什么事

听众找不到你讲的东西，到底跟他们有什么关系。例如你给我讲了这么多产品知识，到底又怎么呢？

关于这一点，在任何正式的表达之前，建议你问自己一个问题："通过这次沟通，对方得到的最大的好处是什么？"

例如你正在读的这篇文章，我想它带你的好处是"能够在沟通中有的放矢"。很多人喜欢问"沟通中我要说什么"，但这个问题是次要的，真正重要的是"你要给听者什么好处"。

5. 问题5：不会表达情感

中国人很不善于表达正面的情感，最典型的就是不会夸奖他人。所有的赞美之词都留到追悼会上使用，搞得一看悼词所有人都是高大上。

上面几类表达方面的问题，根源多数在于你的思维，而不是表达技巧。下面再来分享两个提升表达力的基本法则。

（1）法则1：一句话法则。

基本版：你需要能够在一句话内，概括你要讲述的中心内容。例如"9成新 iPad2 售价1800限虹口当面交易"。

说服版：你需要能够在一句话内，打动你的目标群体（书面或者口头），让他们愿意继续下去。例如某广告"求职者，3分钟测试你的面试误区"。

这是一个基本的训练，建议你在日常工作中不停地练习。它能帮助你发现问题的关键。要是给你无限的时间，通常你就絮絮叨叨无重点。现在让你只能说1句话，这会逼迫你找到核心的内容。

（2）法则2：白居易法则

据说白居易写完诗后，总是要念给老奶奶、挑夫之类文化水准低的人听。因为这样，才能验证他真正做到了通俗易懂。所以，要让你的方案，能够让客户里文化最低的人听懂，例如前台、操作员、清洁大妈、保安师傅。如果你总是觉得"我的想法需要智商160才能懂"，在现实社会里恐怕很难有用武之地。

（三）反馈

一个完整的沟通过程既包括信息发出者的"表达"和信息接收者的倾听，也包括信息接收者的反馈。因此，反馈是倾听的结果，也是沟通过程中非常重要的一环。积极的反馈不但能体现出你善于倾听别人的意见，而且也能显示出你对他人的想法给予了足够的关注，进而更容易获得对方的好感和信任。反馈的具体要求如下。

1. 具体明确。反馈应该语义具体、真实、正面，理解对方目的，设身处地为对方着想。

2. 主动有效。在沟通过程中，应该主动反馈，并使反馈达到应有的效果。

3. 针对需求。反馈要站在对方的立场和角度上给予反馈。

4. 针对事实。反馈应针对事实本身提出，不能针对个人，更不能进行人身攻击。

二、提升沟通能力的小秘诀

锻炼和提升沟通能力确实需要一定的技巧和方法，同时也需要持续的实践和学习。以下是一些详细具体的学习技巧和方法，帮助你提升沟通能力。

（一）非语言沟通技巧

1. 除了语言之外，身体语言也是非常重要的。在交流过程中，需要注意自己的身体姿态、手势和面部表情，以及其他人的身体语言。这将有助于更好地理解别人的感受和情绪，并提高自己的自信和表达能力。

（1）目光接触。诚恳而沉稳地看着对方。和一个人谈话时，维持5—15秒的目光接触时间。假如你是面对一个团体谈话，眼睛要轮流和每个人的目光接触，每次约5秒。不要让你的眼睛转来转去，也不要刻意放缓速度眨眼睛。为了避免紧盯着对方，我们可以将视线放在对方的眉宇间，这样不会太尴尬。

（2）姿势和动作。昂然站立，放松自己，自然而轻松地移动。抬头挺胸，肩膀、臀部和双腿站成一条直线，让你的上身向前倾。切记不要双臂环抱、两手交叉，这些都是封闭和防御的肢体语言，最自然的方式是两手自然下垂，放在腰际。保持良好的坐姿，上身略微前倾，手放置于椅背上，不要随意滑动。你的双手与手臂的动作尤其重要，柔和的手势表示友好、商量，强硬的手势则意味着"我是对的，你必须听我的"。

（3）面部表情。谈话时要轻松自然，记得要微笑。微笑表示友善礼貌，皱眉表示怀疑和不满意。

（4）声音和语气。声音和语气在沟通中非常重要。你要让你的声音带着精力与热忧，设法让语调、节奏和声音的大小有所变化。吸引注意力，使用合宜与清楚的语言，中间要有停顿，抑扬顿挫表明热情，突然停顿是为了制造悬念。语言尽量直接而中肯，面对非专业人士尽量避免使用专业术语。尽量避免使用长句子，每句话20字左右最易使对方明白你要表达的主要观点。

2. 我们已经了解了身体语言在人际交往中的作用。然而，真正将身体语言有效地运用到人际交往中却不是一件很容易的事。这需要我们做两件事情：一是理解别人的身体语言，二是恰当使用自己的身体语言。

（1）理解别人的身体语言。从他人的目光、表情、身体运动与姿势，以及彼此之间的空间距离中，我们都能够感知到对方的心理状态。了解了对方的喜怒哀乐，我们就能够有的放矢地调整我们的交往行为。但是，理解别人的身体语言必须注意以下几个问题。

①同样的身体语言在不同性格的人身上的意义可能不同。

②同样的身体语言在不同情景中的意义也可能不同。

③要站在别人的角度考虑。

④要培养自己的观察能力。

⑤不要简单地下结论。

⑥身体语言的意义可能不同。一个活泼、开朗、乐于与人交往的女孩，在与你交往时会运用很丰富的身体语言，不大在乎与你保持较近的距离，也时常带着甜蜜的表情与你谈话。但是，这可能并没有任何特殊的意义，因为她与其他人的交往也是这样。然而换成一个文静、内向的女孩子，上述的信息可能就意味着她已经开始喜欢你了。

⑦类似地，解释别人的身体语言还要考虑情景因素。同样是笑，有时候表示好感，有时候表示尴尬，而有时候又表示嘲讽，这都需要我们加以区别。

⑧理解别人的身体语言，最重要的是要从别人的角度考虑问题。要用心去体验别人的情感状态，也就是心理学上常讲的"移情"。当别人对你表情淡漠，很可能是由于对方遇到了不顺心的事，因此不要看到别人淡漠就觉得对方不重视你。事实上，这样的误解在年轻人中最容易出现，也最容易导致朋友、恋人之间产生隔阂。站在别人的角度替别人着想，才能使交往更富有人情味，使交往更深刻。

需要注意的是，要培养自己敏锐的观察力，善于从对方不自觉的姿势、目光中发现对方内心的真实状态，不要简单地下结论。例如，当来客起身要走时，往往极力挽留，然而很多时候，这些挽留并非都出自诚意，我们从主人的姿势上是可以看出来的，口头上挽留，却早已摆出了送客的架势。

（2）恰当使用自己的身体语言，要求我们做到以下几点。

①经常自省自己的身体语言。

②有意识地运用身体语言。

③注意身体语言的使用情景。

④注意自己的角色与身体语言相称。

⑤注意言行一致。

⑥改掉不良的身体语言习惯。

身体语言的使用一定要注意与自己的角色及生活情景相适应。例如，某名牌大学的一个毕业生到一家公司去求职。在面试时，这位自我感觉良好的大学生一进门就坐在沙发上，翘起"二郎腿"，还不时地摇动。如果在家里，这是一个最平常的姿势，而在面试的情景中，则很不合适。结果，负责面试的人连问题也没有问，只是客气地说："回去等消息吧。"最终的结果可想而知，他失去了一个很好的工作机会。

改变不良的身体语言的意义，是消除无助于沟通反而使沟通效率下降的不良的身体语言习惯。有人在与他人谈话时，常有梳理头发、打响指等习惯，有的人还有掏耳朵、挖鼻孔的小动作，这些都会给他人留下不好的印象，有时会让人觉得很不礼貌。同时，这些无意义的身体语言会分散对方的注意力，影响沟通的效果。

3. 提问与反馈技巧主要包括以下几方面。

适时提问：通过提问深入了解对方观点和需求，促进双方互动。

给予具体反馈：及时、具体地给予对方反馈，帮助对方了解你的理解和感受。

使用开放式问题：开放式问题能够鼓励对方详细回答，而不是简单地回答"是"或"不是"。例如，你可以问："你觉得这个项目有哪些可以改进的地方？"而不是"你对这个项目满意吗？"

避免使用绝对性词汇：使用"可能""或许"等词汇，以表达你的观点并非绝对，这有助于减少对方的防御心理。例如，你可以说："这个方案或许可以试着调整一下。"

先扬后抑：如果你需要提出批评或建议，先称赞对方做得好的地方，然后再提出需要改进的地方。这样可以让对方更容易接受你的观点。

用数据说话：当需要证明某个观点时，提供具体的数据或事实支持会更有说服力。例如，你可以说："根据上季度的销售数据，我们发现某类产品的销量下降了20%。"

镜像技巧：在对话中重复对方的话，以表明你在认真倾听并理解对方的观点。这可以加深对方对你的信任感。

避免打断对方：等待对方说完再发表自己的观点，这既是一种尊重，也能让你更全面地了解对方的想法。

明确沟通目标：在开始沟通之前，明确你想要达到的目标。这有助于你更有针对性地组织语言并选择合适的沟通方式。

适时调整语速和音量：根据沟通内容和对方的反应，适时调整你的语速和音量。例如，在强调重要信息时，可以稍微提高音量或放慢语速。

以解决问题的态度进行沟通：将沟通的重点放在解决问题上，而不是指责或抱怨。这有助于双方共同寻找解决方案并达成共识。

4. 实践与反思。不同类型的人提升沟通能力的切入点是完全不同的。

（1）第一类是既缺乏自信又疑心重的职场人士。这类人在职场中往往害怕建立亲密关系，倾向于避免与同事的深入交往，采取回避策略来处理工作和同事关系。对于这类人来说，提升内心力量、突破自我限制、学会从不同角度看问题至关重要。职场交往需要我们以正面的态度去看待人和事。接纳是有效沟通的前提，无论是对他人还是对自己。这类职场人士需要牢记以下几点。

①主动与同事交流，可以从共同的兴趣爱好或日常生活话题切入，从而拓宽职场社交圈。

②在与同事和上下级的交往中积极发起对话，克服内心的恐惧和障碍。

③努力提升对事物的判断能力，广泛听取各方意见，反思并修正自己可能存在的负面偏见。

（2）第二类是自信但习惯性质疑他人的职场人。他们可能表现出一定的偏执，善于表达个人观点，容易与人产生分歧，尤其在与合作伙伴和同事之间。沟通不畅可能导致客户冲突和同事矛盾。这类职场人士需要牢记以下几点。

①避免使用不悦、不耐烦或对抗性的语气。

②在他人发言时保持沉默，不要随意打断。

③在沟通中多用"您"来称呼对方，减少"我"的使用，以提升沟通的亲切感和接纳度。

（3）第三类是信任他人但缺乏自信的职场人。他们容易与人建立过度亲密的关系，渴望得到他人的关注，同时又担心受到批评或拒绝。这类人在社交中常因担忧他人评价而错失沟通机会。这类职场人士需要牢记以下几点。

①倾听他人对自己的客观评价，列出个人优势，学会自我肯定。

②从改善语音和仪态开始提升职场社交能力，清晰、大方地与人交流。

③勇敢地表达自己，分享疑惑和不解，通过沟通交流寻找解决问题的正确方法。

（4）第四类是既信任他人又自信的职场人。他们擅长建立良好的职场人际关系，容易接受书籍和社交课程中的信息。这类人不会因为自身问题而停滞不前，在找到职场归属感后，只要持续学习和努力，假以时日，必将成为职场社交的佼佼者。

抓住实践机会：在日常生活中多找机会与他人沟通，锻炼沟通技巧。

反思与总结：每次沟通后进行反思和总结，识别需要改进的地方，并寻求改进方法。

5. 应对沟通障碍主要包括两点。

保持冷静：遇到沟通障碍时，保持冷静和理性，避免情绪化反应。

灵活应变：根据对方反应调整沟通策略，确保沟通顺畅进行。

6. 学习与借鉴主要包括两点。

阅读相关书籍：阅读关于沟通技巧的书籍和文章，汲取新知识并借鉴他人经验。

观察优秀沟通者：观察身边优秀的沟通者，学习他们的沟通技巧和表达方式。

三、与同事、领导、客户沟通的具体注意事项

与同事、领导和客户进行沟通时，由于关系和沟通目的的不同，沟通方式和注意事项也会有所不同。以下是与这三类人群进行沟通的具体说明、特点及注意的技巧。

（一）与同事沟通

1. 特点

平等关系：与同事之间通常是平等的工作关系。

合作性强：需要频繁合作完成任务。

信息共享：同事之间经常需要分享信息、知识和经验。

2. 注意的地方和技巧

尊重与友善：保持尊重和友善的态度，建立和谐的工作氛围。

明确沟通目的：在沟通前明确目的，避免无效交流。

主动分享信息：为了团队的利益，主动分享你所知道的信息。

处理冲突：遇到冲突时，保持冷静，理性讨论，寻求共识。

3. 案例

你和一个同事共同负责一个重要项目，但你们对项目的某个部分有不同的想法。

应用沟通技巧着重从以下几方面入手：

明确沟通目的：你希望找到一个双方都能接受的解决方案。

主动沟通：你邀请同事坐下来讨论这个问题，明确表示你愿意听取他的想法。

倾听与理解：你认真倾听同事的观点，并通过反馈确认你理解了他的立场。

提出建设性意见：你表达自己的观点，并提出一个结合双方想法的新方案。

达成共识：经过讨论，你们找到了一个共同认可的解决方案，并决定一起实施。

（二）与领导沟通

1. 特点

上下级关系：与领导之间存在明确的层级关系。

汇报与反馈：需要定期向领导汇报工作进展，并接受领导的反馈和指导。

影响职业发展：与领导的沟通可能影响个人的绩效评估和晋升机会。

2. 注意的地方和技巧

准备充分：在与领导沟通前，准备好要讨论的内容，明确自己的观点和建议。

言简意赅：突出重点，快速传达核心信息，避免冗长的陈述。

积极反馈：对领导的建议和指导表示感谢，并积极落实改进。

主动承担责任：出现问题时，勇于承担责任，并提出解决方案。

3. 案例

你在工作中遇到了一个难题，需要领导的指导和支持。

应用沟通技巧着重从以下几方面入手：

准备充分：在找领导之前，你先自己思考了问题的可能解决方案，并准备了相关的数据和资料。

简明扼要地阐述问题：你快速而清晰地向领导描述了问题，并突出了关键点。

提出自己的建议：你向领导展示了你自己的解决方案，并表示希望得到领导的意见和支持。

积极反馈：领导给出了一些建议和资源后，你表示感谢，并承诺会尽快落实。

（三）与客户沟通

1. 特点

服务关系：与客户之间主要是服务提供者与接受者的关系。

需求多样性：不同客户有不同的需求和期望。

信任建立：与客户建立信任关系对于业务成功至关重要。

2. 注意的地方和技巧

了解客户需求：通过提问和倾听深入了解客户的需求和期望。

提供专业建议：基于客户需求，提供专业、合理的解决方案或产品推荐。

保持耐心和礼貌：对客户的疑问和反馈给予及时、耐心的回应，即使面对挑剔或难缠的客户也要保持礼貌。

定期跟进：与客户保持定期沟通，了解客户反馈，提供持续的服务支持。

3. 案例

你是一家软件公司的销售代表，正在与一个潜在客户讨论一个定制化软件项目。

应用沟通技巧着重从以下几方面入手：

了解客户需求：你通过提问了解客户对软件的具体需求和期望，例如他们希望通过软件解决什么问题，达到什么目标。

提供专业建议：根据客户的需求，你详细介绍了软件的功能和优势，并针对客户的行业特点提供了定制化的解决方案。

处理客户疑虑：客户对软件的安全性表示担忧。你耐心解释了软件的安全措施和保障，以及公司在这方面的专业经验。

定期跟进与反馈：在项目推进过程中，你定期与客户沟通项目进展，及时解决客户的问题和反馈，确保项目顺利进行。

第三节 人际关系：与领导和同事的交往策略

在这个错综复杂的社会大舞台上，你是否曾感叹过人际关系的错综复杂？在与领导和同事的日常交往中，你是否曾感到迷茫或不知所措？本节将为你揭秘与领导和同事交往的独门秘籍，让你在人际网络的海洋中游刃有余，轻松应对各种社交场合。

一、初入职场，从陌生到熟悉，如何做？

（一）礼貌

这是在与陌生人交往中最需要注意的，毕竟大家都不熟悉，所以很有必要留下自己最好的印象给对方，这样才能使我们的交谈能够顺利地进行下去。

（二）适度的赞扬

适度的赞扬对方的衣服或者妆容和发型：可以问对方是哪儿买的，很适合你之类的话。你和不熟悉的人聊天，一定要善于观察。

（三）观察对方的肢体语言

如果对方双手或双腿交叉、因为其他事情或其他人而忙碌或分心，那么就不要接近对方。开始交谈后，注意对方身体是否向你倾斜并积极地与你交谈。一边说话，一边注意对方的肢体语言。

你可能会因为过于专注自己的感受，而忽略了对方的感受。你应该改变这种状况，注意对方的外在表现以及他们是否感觉舒适。

（四）随机应变

在尝试与人初次交谈之前，要留意对方的情绪状态，比如他们是开朗活跃，还是看起来心情不佳、忧虑，或是难以捉摸。同时，观察他们的表达方式，比如是否擅长用幽默和冷笑话来交流。这些初步了解能帮你更好地与对方同步，在对话时更加投契。通常，人们更愿意与自己有共鸣或欣赏的人交谈。

二、如何处理与领导的人际交往

（一）如何和领导建立互信关系？

1. 给领导留下好印象

要想给领导留下好印象，你就得做到"言必信，行必果"。答应领导的事情，就一定要做到；约好的时间，不要迟到；要让领导明白你负责项目运营的情况，以及团队成员的"能力和关系画像"，帮助领导了解项目团队的人员配备，让对方心中有底；对于你可以预测的结果，不要让领导蒙在鼓里，要及时汇报交流，避免给公司带来损失。

当你不小心犯错时，一定要坦诚告诉领导，错便错了，知错能改才能进步。不要试图浑水摸鱼，蒙混过关。要知道说一个谎，要用无数个谎去圆，与其时刻担心露出破绽被领导发现重罚，倒不如一开始便开诚布公地说出来。

每周固定几个时间段，和领导进行交流，也会给领导留下好印象。不要将领导看成洪水猛兽，除去工作中会指导你什么，领导也有可能会成为你的导师，你的前辈，你的朋友，要学会将他当成普通人来了解，来交流沟通。

2. 注重领导的需求

工作之中，我们要意识到领导担忧的是什么，然后请示领导是否需要自己的帮助，再想办法帮助领导解决掉问题。要站在领导的角度，去搞清楚领导的目标，工作之时，将领导重点关注之事放在重要位置，并及时落地完成。

不要局限于自己所管辖的部门或事务，要学会从部门或公司的总体利益出发，为团队和公司出谋划策，为领导排忧解难。处处为领导考虑，领导自然可以感受得到你的付出和努力，自然也会愈加信任你。

3. 发现领导的闪光点

生而为人，难免有缺点和不足，领导亦是如此，他肯定也会有自己的短板。但我们不能只看见领导的不足，然后将之无限放大，这样只会让你被负面情绪包裹，最终影响自己的工作效率。

在工作中，我们要学会发现领导的闪光点，只有感受到领导的魅力，才会让你有信心跟随对方走下去，只有这样，你才能以饱满的精神和激昂的热情去工作，才可以取得不俗的业绩。

让我们来看一个案例：

熊总是建筑公司某项目的总工程师，负责指导项目技术工作，或许是技术出身，熊总有一股书生气，他不太喜欢项目总经理张总的为人处世。趁手下兄弟聚会喝酒时，熊总时常吐槽张总的策略不对，导致下面的兄弟丢失不少奖金；有时他还批评张总不公平，自己辛苦劳作，没啥福利不说，奖金也低得可怜。

久而久之，下属们也不太愿意和熊总一同聚餐，因为大家都不想听其吐槽总经理张总。熊总则因为长期对张总不满，极大影响了他工作时的心情，导致其注意力不集中，最终无奈离开了公司。

其实张总并没有熊总说的那般不堪，张总对兄弟挺够义气的，该休假时让兄弟们休假，有时候还多批几天假让兄弟们好好陪家人。所以兄弟们还是挺满意张总，因为对方真的为团队考虑。

而熊总则因为自己的主观想法，片面的觉得张总不好，最终自己出局，还留下不好的名声，这又是何必呢？职场中，我们要多发现领导或领导的闪光点，学习对方的闪光点，对于对方的不足之处，我们要心胸宽广，尽可能地容忍。你只有喜欢了领导，才愿意和领导多交流，才能得到更多的机会。

职场之中，我们不要紧盯着领导的缺点，要发现领导的闪光点，只有如此，我们才可能有更多的信心去工作，才能创造更多的价值，才能得到领导的青睐。

4. 不要试图改变领导

领导的思维和行动理念是经过长年累月而形成的，他过去见过的人，遇到的事，面临的境遇都不断强化着他的行动和信念。所以我们不要试图去改变领导的思维，而是要尝试着理解领导的工作风格。

关注领导喜欢什么样的员工，了解领导的和下属之间沟通的模式，然后尽可能和领导多交流，熟悉领导的喜好，为日后工作顺利开展提供基础，也是和领导交朋友的契机。

如果你足够了解一个人，并愿意为对方付出真心，对方也一定愿意和你建立理解和信任。毕竟公司的领导，在公司除了工作之外，也喜欢有自己的心腹，既可以聊工作，亦可以谈心。

所以我们不要抱着改变领导的心态去工作，要学会调整自己，积极适应领导的处事风格和营造环境，努力成为一个合格的下属，在业绩和精神上成为领导的伙伴。

5. 见机行事

工作之中，在和领导沟通交流时，我们要学会见机行事，见招拆招。比如在给领导汇报工作时，领导正在看相关的销售数据，此时不宜和其讨论下个月的工作铺排，因为会打扰他吸收和分析数据，亦会影响他的判断。

这就需要培养我们的眼力见儿和随机应变的能力。见到领导忙时，如果事情不是万分紧急，可待领导忙完之后再汇报；如果事情紧急，可先与领导秘书沟通，让秘书代为传达，领导接收到信息后，会判断轻重缓急，来选择是否听你的汇报。有可能在你眼中万分火急之事，在领导心中并没那么重要。

6. 多向领导学习

职场之中，向领导学习不是一句空话，一个人能够做领导，说明其一定是有过人之处的。主动向领导看齐，和他学习相关的经验，让之成为自己的养分，促使自己不断成长。

让我们来看一个案例：

宋先生是电器品牌公司区域市场部经理，他毕业于国内知名院校，年纪轻轻，便凭借着出色的口才和傲人的业绩，荣升区域市场部经理。虽然宋先生口才很好，但在区域总经理面前，他总是很谦虚，该说时说上几句，大部分时候都认真聆听区域总经理的"语录"。不夺领导风头，不抢领导话权，这才是中层干部的基本素养。

正是因为宋先生的谦逊好学，所以区域总经理十分欣赏他，经常将自己在行业里的经验分享给宋先生，每次宋先生都会认真聆听学习，并说出自己的感悟。区域总经理调离区域之后，极力推荐宋先生顶替自己的职位。就这样，宋先生以火箭速度，被提拔为区域总经理。

因此我们在和领导交流时，态度要诚恳，多向领导请教，而不要自顾自地夸夸其谈，长篇大论阐述自己的观点，多聆听领导的经验之谈，然后认真思考，做好记录，将领导当成老师一般尊重。如此一来，才能增进你和领导之间的关系。

多向他人学习，向前辈学习，多听听他人的经验，这将有助你快速提升。倘若你是一个可造之才，未来取得成绩，领导面子也有光，毕竟他曾经也带过你。所以多聆听，勤学习，向领导看齐，也可以增加和领导间的理解与互信。

7. 学会向领导反馈

职场之中，我们要学会创造机会，来表现自己的能力和为公司做出的贡献，否则事务繁忙的领导是看不见你的心思的。若想和领导建立理解和信任，就得知道在合适的机会里，展现自己的才华，创造一个让领导表扬你的谈话空间。只有恰到好处的刷脸，才能让领导记住你。

让我们来看一个案例：

黎总和安总都是营销部的副总经理，两人各带领一个销售团队，互相竞争，想方设法，提升业绩。两人团队的业绩相差不多，但黎总喜欢主动和总经理聊团队，聊计划，所以总经理比较了解黎总的想法，可以及时给黎总进行相关的指导。而安总除了在会上对过去工作进行总结和铺排未来的计划外，不喜欢和总经理沟通，除非总经理找他谈话，否则他很少主动汇报相关情况。所以总经理有时候无法及时收到安总团队的"信息"，很难给安总进行决策指导。

此外，由于黎总时常和领导汇报，领导明白下属们的需求，所以集团有什么好政策和福利，则会优先考虑到黎总的团队。当安总见到另外一个团队有集团的政策帮扶时，再去找领导，却已错过了机会，长此以往，安总的下属们也开始闹起了意见，导致他们团队工作开展得较为困难。

所以，要学会及时向领导反馈，不仅可以从领导那里得到帮助，还能让你和领导的关系更进一步。

8. 珍视领导的时间

一寸光阴一寸金，时间对任何人来说都是弥足珍贵的，更何况是领导。职位越高，需要处理的事情越多，时间越是不够用。所以我们要学会站在领导的角度，思考看待问题，在汇报或者和领导交流时，要讲究效率，不要做无用功，耽误领导的时间，影响领导的办公效率。

试想一下，若你是领导，你的下属在给你汇报时，东拉西扯，硬是没有扯到主题上，本来还有一大堆事务需要处理，如今又被下属的汇报耽搁着，你会不会烦闷不已、怒火难平？

所以在和领导沟通汇报时，沟通的效率要把控好，提前做好准备，不要领导一问三不知，更不要没有主题和方向地乱汇报，一次高效的交流，胜过十次低效沟通，正如古人曾说的："听君一席话，胜读十年书。"

高效的交流汇报，会让领导对你印象深刻，留下好感，这也会为双方之间的理解和信任增加几分可能性。

9. 将个人目标融入企业发展宏图

每个人都有自己的追求，对生活的追求，对爱情的追求，对信仰的追求，对事业的追求。作为一个企业，它同样有自己的追求，追求拓展，追求市场占有率，追求远大宏图。

作为企业中的一员，倘若能把自己的职业追求结合到领导的商业版图中，融入到公司的发展追求中，那么我们工作起来如同打鸡血一般，全心全意，心无杂念地做事，这样我们才会开心，我们的工作效率才会提高。也只有这样，我们才会得到领导的赏识，领导不是盲人，自然能看见谁是真心为公司付出，谁在浑水摸鱼。也只有和领导，同公司保持一致的步伐，我们和领导间才能有所谓的牵绊，我们之间才会诞生理解和信任。

让我们来看一个案例：

钟先生是一家多媒体公司的总经理，这家多媒体公司的业务占据省内市场的70%，规模大，资源广，30多岁的钟先生能够出任这家公司的总经理，说明他能力非同小可。十余年前，公司还没什么规模。那时候钟先生初入公司，在领导的带领下，在市里各个学校跑市场，推业务，当真是起得比鸡早，睡得比狗晚。

那时也正是多媒体设备井喷式发展的时期，还做业务员的钟先生便立下目标，要在这个行业扎根发展下去，要把公司的产品遍布到全省各个高校。所以他特别勤奋，乡村地区的学校，别的同事不愿意去跑，他不辞辛苦，二话不说，拖着设备就走，一个人拿下公司60%的业绩。

正是因为钟先生把自己的目标和公司的目标结合在一起，他在努力实现目标的路上，虽充满艰辛，却从没觉得辛苦，反而觉得万分开心。他所做的一切，领导也看在眼中，记在心里。几年之后，便把他提拔为总经理，而同一批进公司的，要么离职，要么就还是在原地踏步。所以说我们可以有意识地将个人目标同公司目标结合起来，这样工作才不会枯燥，才不会让你轻易放弃，才能让你脱颖而出，最终得到领导的赏识，和领导建立起理解和信任。

10. 可以不认同领导，但请不要记恨在心

人与人之间，不管关系再好，终究会在某一方面，产生不同的意见。职场之中亦是如此，我们和领导之间，难免会因为工作方式和价值观不同而产生分歧。你可以不认同领导的观点，甚至是有些情绪上的抵触。但无论如何，请不要记恨你的领导。

更不要怀恨在心，以辞职来威胁领导。要明白人与人之间的差异性，求同存异，是

国与国的相处之道，亦是人与人的相处之法。

（二）与领导相处需要注意的事项

1. 要坐观成败，不要躬身入局

越是被领导和同事排挤你，越不要强融，越要珍惜无人问津的时间和空间。你要懂得退而结网默默努力提升，待他们内部分化时，你的机会就来了。

2. 要亲密有间，不要亲密无间

要让领导信任和尊重你，就要保持合理的空间与心理距离，而不是跟领导好到穿一条裤子，那样的关系反而极其脆弱，不经意的举动都会瞬间反目。

3. 要饱腹感，不要存在感

越是值得跟随的领导，越舍得给你分一杯羹；越看重你，想要栽培你的领导，越不会轻易让你抛头露面拉仇恨。所以不要责怪领导没让你出风头，而是要感激领导让你的荷包丰盛。

4. 要提前，不要踩点

职业素养高的领导，开会从来都是提前到场，你踩点就是显得比领导还大牌。不但留下不懂规矩的印象，还认为你做事太过毛躁和随性就不好了。

5. 要表达，不要内心戏

领导不关心你的真面目，他只关心你呈现出来的样子。再好的心意不懂得表达或者不敢表达出来，对领导来说你就是不知好歹。所以正确的自我表达不仅仅是口头，也是表情、神情、语气、肢体和行动。

6. 工作中千万不要占领导的便宜

因为我们都知道领导是领导，和一般的同事不相同，如果我们要占领导的便宜，那么领导接下来就会反复的报复你，比如让你的工资减少以及克扣工资等等，可以说领导还是千万不要去惹得。

7. 与领导交好，不能私下乱传

在职场中如果你与领导的私下关系比较好的话，千万不要到处宣传，因为在职场中如果与领导关系好的职员，说明领导对你信任，你也应该信守承诺，把领导跟你说的话埋藏在心里，有的人认为与私下同事关系好，于是就跟他说你与领导关系很好，领导什么都跟你说之类的话，其实在你向同事说出来这些的时候，同事肯定会对你另眼看待，如果是让领导知道了传播到领导的耳中，那么你和领导的关系随之也会发生变化，从此之后说不定领导就不会再信任你了。

三、如何在职场上成为同事都喜欢的人？

（一）养成随口夸人的好习惯

每个人都喜欢听到赞美的话，所以不要吝啬你的赞美。当你发现同事做了好事或者取得了成就时，及时给予肯定和鼓励。这样的你会更容易赢得同事的喜爱和认可。比如说，A 同学穿了一件新裙子，B 同学和你分享零食，C 同学今天进行了演讲。

一些平平常常的小事，也要把自己在心里对别人的赞美说出来。"你的新裙子真好看""这个零食真的好好吃哦"、"你的演讲真的好棒"……一句简单不造作的夸奖，可以让别人感受到你的友好，别人被夸赞开心了，也会在心里给我们加分！

（二）多在朋友圈刷脸

每个人的朋友圈都是他感兴趣的东西，每个人发朋友圈都会希望得到别人的关注，看到别人的信息随手点个赞，不需要自己想话题也不用尬聊也不显得太主动，就无形中拉近了你们之间的关系，即使完全不熟，多了也能混个脸熟呢。

（三）记住别人的小细节，送上特别关怀

比如说记住同学的生日，给她写一张卡片，比如说别人感冒的时候，递上备着的感冒药，还有"注意安全""小心着凉"之类的话。适当帮忙捎饭或带些小零食。在职场中，适当帮同事带饭或小零食，是个很让人暖心的小动作。同理，如果自己买零食或是水果时，也可以想着给别人带一些，跟大家一起分享。这样，人际关系想不和谐都很难吧。

（四）求必应——及时回应关切。

人和人之间的交往，最重要的一点就在于相互之间的尊重，而对于别人及时的回应，就是最好的尊重方式，如果人家找你办事，搞了几天也没有给人家回个信儿，你说人家生气不生气呢，能办就办，不能办就不办，一定要给人家一个回应，让人家心里面知道你是怎么想的，知道结果是什么，这是为人处事最底线的原则，永远都不要破坏掉。

（五）给对方带伴手礼

在我们的周围肯定有这样的人：他们在出差或是去外地游玩后，都会带些小礼物分享给家人和重要的朋友，比如当地的特产、纪念品等。在职场中同样如此。比如，有事麻烦了别人，或是从老家过节回来，或是出差、旅游，都可以给领导、同事准备伴手礼。确实如此，伴手礼其实花不了多少钱，也不用浪费太多心思，但这会让对方很开心，可以有效增进彼此之间的感情。

（六）私下向对方致谢

与伴手礼一样，致谢也是需要我们注意的一点。在适当的场合下，向对方表达感激之情，并赋予适当的细节和感想，会让对方觉得我们确实是发自内心的、很诚恳地在致谢。

（七）尽量不发飙

在人际交往中，保持冷静和理智，尽量避免发脾气或与他人争吵，可以维护好彼此之间的关系。反之，在职场中经常发飙，可能是对两个人伤害最大的事情了。一旦发飙，事情往往就会很难挽回，彼此之间的关系可能再也无法回到从前，人际关系甚至会越来越坏。

（八）不要打破砂锅问到底

人际交往中，最忌讳的就是交浅言深、没有距离感，尤其是在职场中。如果有些事情人家不回答你，或是含糊其词，那就识趣一点儿，浅聊就好，千万别再追着别人问了。否则，那只会让双方都很尴尬，而且会非常惹人厌。比如，你爱人一月多少钱？你家几套房子？所以，在与他人聊天或交往时，不要打破砂锅问到底，更不要探究他人的隐私或敏感话题，这会让人感到不舒服、不自在。

（九）利要让——你对别人越客气，大家对你越信任

一个人不要把利益看得太重，只要有了关系，只要有了人情，就不愁没有利益，所以在利益这个问题上，能让的就让给别人，该自己的也不要客气，只要心里面能够问心无愧就足矣。

（十）工作上不掉链子

在职场中，工作才是立身之本。在工作上表现出色，不拖后腿，会让同事和领导对你产生信任和认可，从而增强你在职场上的感召力。反之，如果对待工作漫不经心，甚至"躺平""摆烂"，长此以往，往往会被边缘化。

四、三招助你化解职场人际隔阂，建立融洽关系

职场上，人与人之间的隔阂和距离感就像冰块，只有把这个冰块消融掉，才能获得良好的职场沟通，建立融洽的同事关系。

那么怎样消融隔阂和距离的"冰块"呢？是一味讨好或一味表现吗？不是的，以下3点是在职场中建立融洽关系的要点。

（一）想使感情渐深，需要通过悦人来实现

一些同事、客户已经有所往来，要更进一步成为真正的"朋友"，重点在于建立彼此的好感和信任。从心理学角度来说，喜欢一个人，通常和他相处的感觉比独处的感觉要好。以此延伸，可以采取以下几个方法来"悦人"。

1. 欣赏对方就不要吝于说出对方的优点。你必须通过你的观察找出对方独一无二的特质。给予真心的称赞。"真心称赞"并非只是"逢人减岁、逢物加价"的客套公式，而是发自肺腑地给予恰当的赞美和认同。

2. 绩效要学会共享。对资历较浅的员工来说，"分享绩效"并不容易，把自己的功劳记在别人头上是许多新手心里面过不去的坎儿。其实这个恰恰是赢得好人缘的关键。何况就算你有能力，初入组织的初期要懂得内敛，不要锋芒毕露，经常从团体的角度思考，把集体的事业、同事的业绩放在心上，只有这样才能赢得好友谊。

3. 探询需要主动。被关照、被热情对待是大多数人喜欢的，每天上班时主动打招呼，主动关心同事的生活困难。在社交媒体上经常给予互动。同事有需要帮忙的，尽量力所能及给予帮助。如果你能把"有什么我可以帮你的吗"经常挂在嘴上，相信交朋友的过程会顺利许多。

（二）面对立场冲突要不动声色

与利益关系不同的跨部门的上司、部属或是竞争对手互相面对时，不要一味讨好和迁就，在保留意见的时候，能够坚持既立场坚定又不伤感情的原则有以下几项。

1. 主动告知立场，释出善意。和同事或者领导立场相左时，将自己的目标、可以着力的地方主动告诉对方，替彼此未来关系画下蓝图。例如，领导主动对员工表明什么是能做的，然后向员工证明，他们能够在你的带领下走向成功。这样做有利于增加你的权威，而以后如果真的证明了你所说的，你会获得他们的尊敬；之后你就可以开始给他们更多工作，并尊敬他们，将更多的信心慢慢传递给他们，将彼此的信任关系建立好，如此正向循环，就能营造一种良好的情谊。

2. 尽量减少让对方让步的成本。面对同事间的立场冲突，先思考三个要点：可妥协之处、必须坚守的权利，以及个人或团队的底线。明确这些后，评估可能的负面影响，并尝试减轻对对方的不利影响。理想的谈判氛围基于真诚交流，旨在达成双赢解决方案。

3. 身段柔软，但立场坚定。尽量不要翻脸，凡事对事不对人，率先表达尊重，但当底线被碰触时，谨守"客气的坚持"，用深夜主持人的声音，看似轻描淡写却坚持自己的意见，避免情绪化，这样才有助于谈判成功。

（三）产生嫌隙时，权衡利弊，寻求破镜重圆

除了放下身段、显现诚意，与过去发生冲突的朋友或同事重建友好关系是很重要的一步。毕竟，关系中的对立不是永恒的，而寻找共同点和互相成就更为关键。尽管这可能触及个人自尊，因此需要坚定的决心。通过释放善意，主动沟通，以及展现出愿意共同前进的姿态，可以在尊重和理解的基础上逐步修复关系。

但并不是所有关系都值得修复，在此之前需要进行衡量。如果评估后认为修复某段关系对工作顺利进行或个人生活有积极影响，抑或是因为对方对你十分重要，你可能会选择主动迈出和解的步伐。那么你需要做以下三件事。

1. 先表达尊重。尊重是无往不胜的利器。你的尊重会让对方卸下武装，这样，重新沟通才能成为可能。

2. 道歉要有诚心，不要碍于面子有所保留或是漫不经心予以敷衍。既然有意"重修旧好"，十足的诚意是道歉的前提。

3. 沉默是金。对曾经造成的伤害要勇于面对，但不要旧事重提，触痛伤疤，哪壶不开提哪壶。彼此都留个面子给个台阶。

五、职场小白必备的人际交往小技巧

（一）如何高效拒绝他人不合理要求

在职场上，要拒绝的对象主要分为两种：领导和同事。

很多人都害怕拒绝，是因为怕拒绝后给领导留下不好的印象或者会造成尴尬的局面。

那到底要怎么拒绝，才能做到不会给对方造成不适呢？

1. 拒绝领导：让领导帮你拒绝

有时候领导不清楚你目前的工作量和工作计划是如何的，可能会突然给你增加额外的工作量，打乱你原本的工作计划和进度。

让领导帮你选择，巧妙避开直接开口拒绝的尴尬。

举个例子：如果你领导突然让你外出拿文件给某个客户，但是你原本计划那天是打算完成客户的方案并提交的，不可能同一天完成两件事。

这时候你可以这样和领导汇报："领导，我今天原本是打算完成我们最重要的客户的活动方案的，请问您现在是希望我怎么安排？优先完成哪个比较好呢？"

这时候一般老板都会帮你拒绝掉那份额外的工作，选择让其他人去完成。

2. 拒绝同事：先肯定再否定

在职场上总是少不了你麻烦别人，别人麻烦你，在麻烦地来回之间增加点同事之情，但是要是麻烦多了，那就真的变成一个"麻烦"了。

如果真的有的同事把你的善良当作理所当然，经常要求你帮其做一些不合理的事情，比如经常让你帮其跑腿做杂事或者直接把工作任务交给你做，你可以这样应对。

（1）做杂事的不合理要求，这样拒绝："我真的挺想帮你的，顺便缓解一下我工作紧张的心情，但我目前手头里的工作真的太多了，做都做不完，唉，你能不能让别人帮一下你？"

（2）让你帮其做工作任务的要求，这样拒绝："我也想帮你，但我不知道我领导会不会觉得我不能胜任这些工作，要不我先请示一下我领导？"

（二）切忌过度倾诉，凡事留心眼

不少天真的职场人总是觉得周围的人有什么坏心思呢？但是耐不住人心隔肚皮呀，如果你什么都和你以为的办公室"知心人"倾诉，说不定对方转头就把你卖了，把你的话当作和别人的饭后谈资。谨记，职场上没有永远的朋友，也没有永远的敌人。

那在职场上，到底要怎么说呢？下面教你三招。

1. 永远不要绝对坦诚

有时候对别人绝对坦诚是对自己的绝对伤害。

在职场上你可以这样讲一些事情：对陌生人讲30%，对客户讲50%，对同事讲70%；对领导讲80%。当然这比例不是一个准则，不同的事情对应的比例也是不同的，这

要靠大家到时具体事情具体分析了。

2. 八卦可听不可传

身在职场，听不到八卦是不可能的，特别是在公司的茶余饭后最容易滋生八卦，只要竖起耳朵都能听得到。

所以有时候如果你听到的是好的八卦，你可以适当回应一下，加入讨论增进同事感情，但如果是坏的八卦千万别多嘴，因为你永远不知道茶话间里谁是"双面间谍"。

不要逞口舌之快，最后把人缘搞得一塌糊涂还把工作丢了。

3. 看透不说透

高情商的人在办公室做事，很多时候都是看透不说透，给别人留有余地。

很多事情是不需要你表态的，切莫多言，言多必失，要学会适当的沉默。看懂并说出来，并不是一种聪明，你说出来了，反而可能会造成大家尴尬的局面。

看透不说透，看穿不揭穿，这是职场最稳妥的处事之道。

（三）尊重别人，等对方把话说完

最好的尊重，是听对方把话说完。每个人都有讲述的欲望，认真对待他人的讲述是一种礼貌，也是一种修养。

随意打断别人，实际上在别人眼里你只是在表现你的不耐烦。

在职场上最好学会倾听，不管对方谈话的质量如何，是否悖于你的观点，希望你都可以全神贯注地倾听，等对方把话说完。

（四）虚心向同事请教和学习

职场中的许多不愉快的经历都是由于你是个新手小白，业务能力差，职场经验不足、没有办事能力、不会说话造成的。虚心向别人请教，不断提高自己的核心能力，让别人不敢小瞧你。只有当你变强了，办事漂亮了，你才会赢得尊重和公平的对待。

1. 虚心向同事请教

其实每个人都好为人师。如果你能够虚心地向身边的同事和领导请教，或者向他们求助。他们会非常愿意放下手中的事情来帮助你。而此时你总能从他们身上收获到或学习到或浅或深的道理，从而感觉醍醐灌顶。

2. 善于倾听和观察

同事和领导不会轻易把自己的核心经验、职场潜规和人脉资源透露给你。所以你要学会多听少说，学会倾听和观察。不断的积累职场经验。

3. 不断提高自己的核心能力

有一句话这样说。世界看你的脸色，在于你个人的成色。只有当你具备了足够行的核心能力，在职场中占有一席之地，甚至成为职场红人。别人才会高看你一眼。从而你说的话和做的事都是对的。

（五）宽容原则

在人际交往中，秉持严格要求自己、宽容对待他人的原则尤为重要。认识到每个人都有不足，正如"金无足赤，人无完人"，我们应当接纳并尊重彼此的差异。若在相处时过于挑剔，对小事也斤斤计较，不给对方留余地，这种态度会使人际关系变得紧张，最终可能导致自己孤立无援。因此，培养宽容的心态，用真诚、情感和真心去换取对方的理解和信任，是建立良好关系的关键。

（六）换位原则

在人际交往过程中，展现出同理心至关重要。这意味着你需要努力从对方的视角理解其想法、价值观和行为模式，尝试设身处地感受对方的情绪，并识别他们处理事务的独特方式。这样的深度理解能帮助你真正"读懂"对方，进而采取最合适的方式进行沟通，并共同探寻解决问题的最佳途径。这样的互动不仅能增进相互间的理解和信任，还能促进更有效和和谐的人际关系。

六、建立强大人际网络的建议

定期社交：参加行业聚会、研讨会等活动，结识新朋友。

分享资源：不吝啬分享自己的知识和资源，树立专业形象。

保持联系：定期与联系人保持沟通，维护关系。

诚信为本：始终保持诚信，不夸大其词，不传播不实信息。

乐于助人：在他人需要帮助时伸出援手，积累人脉。

持续学习：提升自己，成为某个领域的专家，吸引更多人脉。

展示价值：通过实际行动和成果展示自己的价值，吸引志同道合的人。

多元交流：与不同背景、行业的人交流，拓宽视野。

适度自我宣传：在不夸大自己的前提下，合理地展示自己的能力和成就。

建立个人品牌：通过网络平台（如社交媒体、博客等）建立个人专业形象，吸引关注。

互动游戏：为了加深同事间的了解和信任，可以组织一些团队协作游戏，如"信任背摔""盲人方阵"等。这些游戏可以让大家在游戏中互相支持、互相配合，从而增强团队合作精神和人际关系的紧密度。

第四节　礼仪之道：职场必备的礼仪规范

礼仪，作为我们职场交往的"第一张名片"，它的重要性不言而喻。一个微笑，一次交流，就能关乎事情成败，本节课，我们将深入探讨职场必备的礼仪规范，让你在商务场合中游刃有余，赢得他人的尊重与信赖。

一、基本职场礼仪规范

（一）坐立行的礼仪

坐：入座时要轻而稳，背部与椅背平行，不要耷拉肩臂或含胸驼背。两腿自然并拢或稍微分开，但女性应避免叉开双腿。在正式场合，应采用正确的坐姿，不要跷二郎腿或不停抖动脚尖。

立：站立时应保持端庄、稳重的姿态。双脚略微分开，双膝自然伸直。避免斜肩、扭腰、曲颈等不雅姿势。当领导或者客人到访时，要起立迎接，根据客人的需求提供茶水或饮料，领导或客人离开时，要起立相送，如果可能，送客人至门口或电梯口。

行：行走时保持稳健的步伐，不要慌张奔跑。在走廊或公共区域行走时，应靠右行走，避免与他人发生碰撞。遇到同事或上级时，应主动打招呼并微笑示意。

（二）言谈举止

言谈：与人交流时，应保持礼貌、清晰、有条理地表达。避免使用粗俗、不礼貌或攻击性的语言。在公共场合不要大声喧哗，尽量保持安静的交谈方式。

举止：在职场中，应保持得体的举止，不要随意打闹、说笑或做出不雅的动作。在与他人交流时，应注视对方的眼睛，表示尊重和关注。

二、职场社交礼仪

（一）电梯礼仪

电梯虽然很小，但却能反映出职场人的礼仪，看出人的道德与教养。

当陪同客人或长辈抵达电梯入口时，先主动按下召唤按钮。电梯门开启后，我们可以先一步进去，一手维持门开，另一手挡在电梯门边，礼让客人先进。进入电梯，随即为客人选择目的楼层按钮。途中遇他人加入，主动问询并代为按下楼层。在电梯中，侧身朝向客人，保持安静。到达楼层时，一手按住开门键，另一手做邀请手势，并礼貌地说："到了，请先行。"待客人离开电梯后，紧跟其后出门，并热情引领前行方向。

（二）餐桌礼仪

1. 餐桌上的座位顺序

招待客人进餐时，必须判定上、下位的正确位置，以下的座位是上位：窗边的席位、里面的席位上、能远望美景的席位上。总的来讲，座次是"尚左尊东"、"面朝大门为尊"。若是圆桌，则正对大门的为主客，主客左右手边的位置，则以离主客的距离来看，越靠近主客位置越尊，相同距离则左侧尊于右侧。若为八仙桌，如果有正对大门的座位，则正对大门一侧的右位为主客。如果不正对大门，则面东的一侧右席为首席。

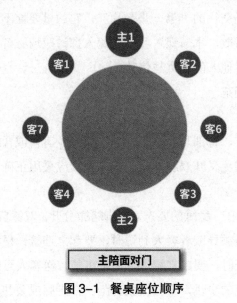

图 3-1　餐桌座位顺序

安排座次时，优先请客人就座；与上级同桌，为其预留邻近座位，并站立于椅左侧，悄无声息地用右手拉椅以待。

另外，在预定场地时，需明确告知店方避免靠近洗手间或地势不平的位置。

2. 餐桌礼仪

遵循主客优先的原则。不可以在主客动筷之前先开始用餐；每道菜都应等待主客先夹菜，其他人才可以依序动手。

当有人正在夹取菜品时，切勿旋转餐桌转盘；若转盘转动，则需注意勿碰触到餐具或菜品。

不可单独霸占喜爱的食物，应顾及他人。

尽量减少餐具使用量，中式餐饮讲究边吃边聊，共聚欢乐，只需遵守简单礼仪，即可畅所欲言，享受聚会。

3. 敬酒礼仪

宴席开始，往往主人简短致辞后，首次敬酒环节随即展开。此时，主客皆起身，主人率先饮尽杯中的酒，并展示空杯，杯口向下，以示对宾客的尊敬之意。

关于斟酒礼节，常规是将酒杯填至半满为宜。宴会初启，作为主人可亲自为每位宾客斟酒，遵循逆时针方向，自左侧宾客起始，直至自身。宾客喝完第一杯后，可以请对面坐的人（即第二主人）辅助为邻座的客人们续酒。

如果要同时提供红酒和白酒，请将两类酒瓶分别置于餐桌两侧。务必确保每位宾客使用不同酒杯品尝不同酒类，这是基本的餐桌礼仪。

（三）交谈礼仪

在沟通时，首先需关注面部表情与身体语言：与同事或上级交谈期间，目光应有至少三分之二的时间保持对接。重要的是，注视区域需根据不同情景调整，凝视额头被视为公事公办的眼神接触，适用于短暂且非关键性对话；集中视线于对方眼部，显示出高度关注；若视线落在对方眼至唇区间，适用于社交场景；而眼神降至胸前，则带有亲密意味。因此，依据不同的沟通情景，适当调整目光焦点至关重要，避免斜视或俯视，以免造成误解。

其次，掌握有效的对话技巧同样重要：当对话参与者超过三人时，应均衡互动，确保与每个人都有一定的交流。

在表达自己观点的同时，倾听也是一项必备技能。有效沟通是双向的，意味着不仅要说，更要会听。让对方完整表达想法，勿在对方谈兴正浓时打断其话头。

若计划补充或提出个人见解，宜等待合适的时机，直至对方讲完。倾听过程中，积极反馈极为关键，如适时点头、微笑，或简要重申对方要点，都能增进交流的愉悦感。得体的赞美也能增添会谈氛围。

此外，学会捕捉合适的离别时机也是一门艺术。对于一般性访问，时间控制在半小时至一小时为宜，既不过短也不显得仓促。若属业务或公务性质，访问时长则根据实际需要灵活掌握。客人提出离开时，最好是在对话达到一个小高潮后。离别之际，别忘了对主人及其家庭的热情招待表示诚挚的谢意。若主人家中有长辈，应特别向他们致以告别之礼。

（四）介绍礼仪

1. 为他人介绍

首要的是要确认双方是否有相识意愿；接着依据介绍礼仪行事；同时，在交换姓名、职业信息时，发掘双方相似的兴趣、经历或话题，以促进交谈。介绍顺序遵循以下原则：先男士后女士，例如："张小姐，让我为你介绍一下，这位是李先生。"年轻者先于年长者介绍，同性别间，年轻者向年长者致意，体现对长者的尊重。较低社会地位者优先被介绍给较高地位者，基于高位者有优先了解对方的惯例，除特定社交活动外，普遍遵循低位者先介绍给高位者的规则。未婚者先于已婚者介绍，但若未婚者显著年长，则改为已婚者先介绍。客人由主人引见，后来者先于早到者被介绍。

（1）介绍人的做法：介绍他人时要有开场白，比如："请让我给你们介绍一下，张小姐，这位是……"，"请允许我介绍一下，李先生，这位是……"。向人介绍他人时，动作手势要文雅,无论正在介绍的是哪一方,我们都应该手心朝上,手背向下,四指合拢,拇指张开,指尖向着被介绍的一方,并对另一方点头致意、面带微笑。在适当的情况下,提及自己与被介绍方的关系有助于增进新朋友间的理解和信赖。

(2)作为被介绍的一方,主动展现出积极结识对方的态度至关重要。被介绍的双方均应正面相向,通常情况下(除特殊情况如女性或长辈在场),在被介绍时应站起身示意,但在会议或宴会等场合中可省略此步骤,只需要微微欠身即可。如果条件允许,介绍结束后,双方可以通过握手、微笑及简短的问候来表达友好,比如"你好""遇见你真高兴""荣幸认识你""请多包涵""请多帮助"等。此外,交换名片也是加深联系的常见方式。

2. 集体介绍、开大会时主席台就座人员的介绍

在集体介绍或大型会议的场合下,对主席台就座人员的介绍应当遵循特定的顺序以示尊重与秩序。基本的介绍顺序可以遵循两种原则:一是依据座位安排或队伍顺序依次进行;二是根据与会者的职务或身份高低来排序介绍。至关重要的是,介绍过程中应该谨慎周到,避免给人造成偏袒某方的印象,确保每位被介绍者都能感受到平等和尊重。

3. 自我介绍

有时企业家为了某事需要结识某人,在没有人介绍的情况下你也可以直截了当地自我介绍:"我叫David,我们曾在广州见过一面。"或者是:"你是Sarah吧,我是David,你弟弟的朋友。"

(五)名片礼仪

名片是一种多功能的社交工具,除了用作自我介绍以外,还可以用于表达祝贺、感谢、访问通知、慰问信息、随礼物附言、提醒事项及作为访客留言等。名片的携带也有许多注意事项,建议将其置于易于取出的位置,例如,穿着西装时,左胸内袋是理想选择;若有携带手提包,应该放在包内方便取出的地方。避免将名片放置于钱包、证件套或裤兜中,这种做法不仅不够专业而且还有失礼仪。同时,确保自己的名片与他人的名片分开存放,以免混淆,在匆忙中错将他人名片当作自己的名片送出,这将是一个严重的失误。

出示名片的礼节:

1. 一般是地位低的人先向地位高的人递名片,男性先向女性递名片。当对方不止一人时,应先将名片递给职务较高或年龄较大者;或者由近至远处递,依次进行,切勿跳跃式地进行,以免对方误认为有厚此薄彼之感。

2. 出示名片的礼节:向对方递送名片时,应面带微笑,稍欠身,注视对方,将名片正对着对方,用双手的拇指和食指分别持握名片上端的两角送给对方,如果是坐着的,应当起立或欠身递送,递送时可以说一些:"我是××,这是我的名片,请笑

纳。""我的名片，请你收下。""这是我的名片，请多关照。"之类的客气话。

3. 接受名片的礼节：接受他人递过来的名片时，应尽快起身或欠身，面带微笑，用双手的拇指和食指接住名片的下方两角，态度也要毕恭毕敬，使对方感到你对名片很感兴趣，接到名片时要认真地看一下，可以说"谢谢""能得到您的名片，真是十分荣幸"等。然后郑重地放入自己的口袋、名片夹或其他稳妥的地方。切忌接过对方的名片一眼不看就随手放在一边，也不要在手中随意玩弄，不要随便拎在手上，不要拿在手中搓来搓去，否则会伤害对方的自尊，影响彼此的交往。

（六）握手礼仪

行握手礼时有先后次序之分。握手的先后次序主要是为了尊重对方的需要。其次序主要根据握手人双方所处的社会地位、身份、性别和各种条件来确定。

1. 两人之间握手的次序是：上级在先，长辈在先，女性在先；而下级、晚辈、男性、客人应先问候，见对方伸出手后，再伸手与他相握。在上级、长辈面前不可贸然先伸手。若两人之间身份、年龄、职务都相仿，则先伸手为礼貌。

2. 如男女初次见面，女方可以不与男方握手，互致点头礼即可；若接待来宾，不论男女，女主人都要主动伸手表示欢迎，男主人也可对女宾先伸手表示欢迎。

3. 如一人与多人握手时，应是先上级、后下级，先长辈、后晚辈，先主人、后客人，先女性、后男性。

4. 若一方忽略握手的先后次序，先伸出手，对方应立即回握，以免发生尴尬。

标准的握手方式是：握手时，两人相距约一步，上身稍前侧，伸出右手，四指并拢拇指张开，两人的手掌与地面垂直相握，上下轻摇，一般二三秒为宜，握手时注视对方，微笑致意或简单地用言语致意、寒暄。

（七）通话礼仪

接听电话时，应在铃声响起三声内接起，用礼貌的语言问候并自报家门。通话过程中要保持清晰、有条理地表达，避免使用过于随意的语言。结束通话时，应礼貌地告别并挂断电话。

三、礼仪禁忌

（一）直呼老板名字

直接称呼老板的中文名或英文名，这种情况通常表明双方关系非同一般。一方面，可能是与老板有着长期深厚交情的高级管理人员，他们基于彼此的熟悉和信任，选择使用更亲切的称呼方式。另一方面，也可能是老板的老朋友或私交甚笃的伙伴，他们之间的关系超越了单纯的职场上下级，因此在称呼上也就更加随性和亲密。除非老板自己说："别拘束，你可以叫我某某某"，否则下属应该以"尊称"称呼老板，例如："郭副总""李董事长"等。

（二）以"高分贝"讲私人电话

在工作场所处理私人电话本就不被鼓励，而倘若大声通话，其影响不仅限于引起上司不满，还会干扰到周围同事的工作状态，实为不当之举。

（三）让老板提重物

与老板同行外出洽谈时，主动承担提拿物品的任务是应有的礼貌，让老板分担则显得不够得体。

（四）对"自己人"才注意礼貌

人们在某些情景下可能更注重对熟人的礼貌，而忽视了对陌生人的同等对待，比如在进入建筑物时仅为同行的朋友开门，未考虑身后其他人，随即关门，这种行为实际上是缺乏公德心的表现，不符合广泛的社会礼仪标准。

（五）谈完事情不送客

在职场环境中，将客人送至公司门口是最基本的礼节展现。即使与熟识的朋友相聚，也应至少起身送至办公室门口，或委托秘书、同事代劳。对于普通来宾，则需亲自护送至电梯，并协助按下楼层按钮，待客人进入电梯，门完全关闭后再离开。对于重要宾客，更需额外周到，主动召唤出租车，为其开关车门，直至目送其车辆驶离视线，这才算是完成了整个接待流程。这些细节体现了对客人的尊重与重视，有利于维护良好的职业形象和人际关系。

（六）看高不看低

仅仅专注于向老板或高层管理者问好，确实显得有些势利。记住，营造良好的工作环境意味着对每个人都要给予尊重和关注，包括老板和主管身边的秘书以及年轻同事。跟他们打招呼不仅能体现你的亲和力，还能促进团队的整体和谐。

（七）不喝别人倒的水

主人倒的水如果一口不喝是不礼貌的，即使并不口渴，也最好喝一口再放下。当主人亲自为你泡茶或烹煮咖啡时，表达几句真诚的赞美是非常必要的，这不仅是对主人热情款待的感激，也是对其劳动成果的认可与尊重。

第五节　文案精通：专业职场文案撰写技巧

一句话，可能改变一个人的命运；一篇文案，可能决定一个项目的成败。在职场中，优秀的文案撰写能力往往能让你脱颖而出。本节课，我们将从比较常用的几个文案下手，掌握职场中必备的基本功。

一、方案

工作方案旨在为即将开展的关键任务做出周密而恰当的规划，具备鲜明的方向指引性和策略性的概略布局，属于计划性文书的一种。

（一）方案写作要点

方案的内容往往要包含标题、主送机关、正文、落款四个部分。

1. 标题

制作实施方案的标题通常有三种方法：第一种是二要素法，即"实施的内容＋文种"，如"奶牛良种补贴项目实施方案"。第二种是三要素法，即"制文机关＋实施的内容＋文种"，如"内蒙古农业大学教师职务岗位考核实施方案"；上述例文的标题就是属于这一类型。第三种是四要素法，即"制文时间＋制文机关＋实施的内容＋文种"，如"二〇〇四年牡丹江科技进步工作目标考核实施方案"。

2. 主送机关

实施方案通常旨在传达给发文机构下属各部门、单位及各职能科室，并指令其依照方案内容执行。主送单位可置于正文之前，亦可列于文件末尾的主送与抄送部分。针对上级机构，多采取抄送或抄报形式，旨在提交审批或留存备查。

3. 正文

实施方案的主体内容通常分为引言、核心内容和总结三个板块。

（1）引言部分需简明阐述方案制订的初衷与依据，追求言简意赅。通常以"为"或"为了"开篇，明确目的；随后依据具体情况，采用诸如"依据……，并紧密结合本单位实际情况，特此制订本实施方案"的表述收尾。这一开篇段落旨在清晰、精确地传达方案产生的缘由与基础。

（2）核心内容。核心内容是实施方案的主要内容，一般包括几部分的内容：首先是概述执行特定任务的重要意义与必要性；其次，明确阐述任务的指导思想、目标设定及基本原则；接着，详细规划任务的实施流程、阶段划分、实施策略与手段；此外，涉及组织架构、领导责任及财务保障等实际操作层面的安排。此部分内容强调具体细化、可执行性强，例如，将任务分解成若干阶段，明确各阶段的起止时间、责任部门与执行人员，确保分工清晰。上述四大模块可根据不同机构需求或工作特性灵活调整，某些情况下可省略对重要性与必要性的论述，直接进入后三项具体内容。

（3）总结部分则简明地提出执行方案的具体要求，敦促接收方严格遵守并有效执行。

4. 落款

在正文右下角写上发文机关的名称和发文日期。如果标题中写明发文机关的，可以省略不写发文机关，直接写发文日期。

（二）方案撰写注意事项

（1）保持逻辑清晰，条理分明。

（2）使用专业术语，但要确保读者能够理解。

（3）充分考虑可行性和实际操作性。

（三）策划书

还有一种方案的形式，多应用于企业中，如项目策划方案，也称为策划书。策划书的内容往往需要包含策划书名称、活动背景、活动目的及意义、活动主题、主办单位、承办单位、活动时间与地点、参加对象、活动流程、活动工作安排、活动经费预算表、活动注意事项、应急预案、署名等。

（1）策划书排版要求：封面设计要有组织名称，可借助模板以达到简洁、美观的效果。

（2）策划书内容：

一级标题：黑体小二

二级标题：仿宋小三加粗

三级标题与正文：仿宋小三

（3）A4 纵向。

（4）页边距：上 2.5cm，下 2.5cm，左 2.5cm，右 2cm，页眉 1.5cm，页脚 1.75cm，左侧装订，页码下居中。

（5）每段首行缩进两个字距，1.5 倍行距。

（6）封皮单独一页，注有创新中心的图标，标题黑体小初居中；页面正下方注明策划部门和策划时间，宋体二号。

（7）图片格式：图编号及图名置下，表编号及表名置上，图表字体（宋体、五号），插图宽度不宜超过 15cm，居中。

说明：此要求为规范策划书排版格式，三页以上（包括封面）策划书请标注页码，页码在封面之后开始标注（即从第二节开始标注，不要在封面上标注页码），页码标注于页脚，页脚距离底端位置为 1 厘米，页码采用居中、宋体、小四号字体、样式为阿拉伯数字。

××××年校园科技节策划书

一、活动背景与目的

为了提高广大学生的科学素质和科学兴趣，培养学生的创新精神和动手动脑能力，我们计划举办××××年校园科技节。本次活动旨在通过一系列寓教于乐、寓创于用的科技活动，激发学生学科学的兴趣，拓宽学生的视野，充分发挥学生的个性特长，并培养他们的实践探索能力和创新精神。

二、活动时间与地点

活动时间：××××年××月××日至××月××日

活动地点：×××

三、活动内容与形式

小学生模型制作现场比赛：鼓励学生动手制作各种科学模型，提高他们的动手能力和创新思维。

家庭实验室现场展示大赛：邀请学生展示他们在家庭实验室中进行的科学实验，分享科学探索的乐趣。

科技知识竞答赛活动：通过知识竞答的形式，检验学生对科技知识的掌握程度，提升他们的科学素养。

四、活动对象与要求

活动对象：全体在校学生。

参赛要求：学生需以班级为单位组队参加，每队需指定一名队长负责协调团队工作。参赛作品需具有创新性和实用性，能够体现学生的科学素养和创新能力。

五、活动宣传与推广

我们将通过校园广播、海报、宣传单等多种方式进行广泛宣传，确保全校师生了解并积极参与本次活动。同时，我们也将邀请校外媒体进行报道，扩大活动的影响力。

六、经费预算与来源

经费预算：根据活动规模和参与人数进行预算，包括场地租赁费、设备购置费、奖品采购费等。

经费来源：主要通过学校拨款、赞助商资助以及参赛者报名费等方式筹集。

七、活动组织与分工

活动组织：由学校科技教育领导小组负责活动的整体规划和组织协调工作。

分工明确：各班级指定专人负责活动宣传、组织参赛、后勤保障等工作，确保活动的顺利进行。

八、活动安全与风险应对

我们将制订详细的安全预案和风险防范措施，包括现场安全监管、紧急疏散路线规划、医疗救护准备等,确保活动过程中的人员安全和财产安全。同时,我们也将对可能出现的风险进行充分评估,并制定相应的应对措施。

九、活动效果评估与总结

活动结束后,我们将对活动效果进行评估,包括参与人数、作品质量、社会反响等方面。同时,我们也将对活动进行总结,提炼经验教训,为今后的科技教育活动提供参考和借鉴。

二、工作计划

(一)工作计划的写作要点

明确目标:工作计划的首要任务是明确要达成的目标。这些目标应该具体、可衡量,并且要与整体战略相一致。

制订可行的计划:考虑时间、资源、能力等因素,制订一个实际可行的计划。合理安排时间,确保资源的有效利用,并根据自身能力规划工作。

分解任务:将整体目标分解为小任务,有助于更好地分配工作量,提高计划的可行性。小任务更容易实现,也便于评估时间和资源需求。

确定优先级:根据任务的重要性和紧急性,合理排序任务的优先级。优先处理重要且紧急的任务,避免时间浪费。

合理分配时间:在安排时间时,要充分考虑任务的复杂性、紧迫性和自身工作效率。可以使用时间管理工具来提高效率。

设定风险与变动因素:在制订计划时,要预见到可能的风险和变动,如突发事件、资源不足等,并制定相应的应对措施。

(二)工作计划撰写注意事项

实事求是:计划要基于实际情况,不可过于理想化或脱离实际。

灵活性:计划应有一定的弹性,以便应对不可预见的情况和调整需要。

明确责任:对于每项任务,应明确负责人和执行者,确保责任到人。

定期回顾与更新:计划执行过程中,应定期回顾进度,并根据实际情况进行必要的调整。

强调结果导向:工作计划的最终目的是达成预定目标,因此应关注结果,确保计划的实施效果。

新产品市场推广计划

一、目标

在接下来的一个季度内,提升新产品在目标市场的知名度和销售量。

二、计划概述

市场调研(第1周):收集目标市场的相关数据,分析消费者需求和竞争对手情况。

营销策略制定（第2周）：基于市场调研结果，制定具体的营销策略和推广方案。

营销材料准备（第3—4周）：设计并制作宣传册、广告等营销材料。

线上推广活动（第5—8周）：通过社交媒体、电子邮件等渠道进行线上推广。

线下推广活动（第7—10周）：组织产品发布会、参加行业展会等活动。

销售跟踪与反馈（全程）：持续跟踪销售数据，收集客户反馈，及时调整营销策略。

三、注意事项

密切关注市场动态和竞争对手策略，及时调整自身计划。

确保营销材料与品牌形象一致，提升品牌认知度。

定期评估推广效果，优化推广策略。计划概述：简要说明计划的目的和背景。

三、活动通知

（一）活动通知的写作要点

1. 明确活动信息

活动名称：清晰、简洁地命名活动。

时间与地点：具体说明活动的日期、时间和地点。

活动内容：简要描述活动的主题、目的和预期效果。

参与对象：指明活动面向的群体或个体。

2. 提出活动要求

着装要求：如有特定着装规定，需明确说明。

准备事项：告知参与者需要准备或携带的物品。

报名方式：提供报名渠道及相关截止日期。

3. 活动流程说明

简要介绍活动的整体流程，包括主要环节和亮点。

4. 联系方式

提供活动负责人的联系方式，便于参与者咨询和确认信息。

（二）活动通知撰写注意事项

语言简洁明了：使用简洁、清晰的语言，避免冗长和复杂的句子结构。

信息准确无误：确保提供的信息都是准确无误的，特别是时间、地点等关键信息。

吸引参与者：可以在通知中加入吸引人的元素或亮点，激发潜在参与者的兴趣。

格式规范：注意排版和格式，使得通知易于阅读和理解。

提前发布：给予参与者足够的时间准备，提前发布活动通知。

公司年度团建活动通知

亲爱的同事们：

为了增进团队凝聚力，提升员工之间的协作能力，公司决定举办一次年度团建活动。现将有关事项通知如下：

活动名称：公司年度团建活动

活动时间：×××× 年 ×× 月 ×× 日（周六）上午 9：00—下午 5：00

活动地点：市郊公园露营地

活动内容：团队拓展训练、烧烤野餐、趣味运动会等

参与对象：公司全体员工

活动要求：请着便装出席，并准备运动鞋等适宜户外活动的装备。请携带好个人防晒、防蚊等用品。

请于 ×× 月 ×× 日前向人事部报名确认参加。

活动流程：

9：00—9：30 集合签到

9：30—12：00 团队拓展训练

12：00—14：00 烧烤野餐

14：00—17：00 趣味运动会

17：00 活动结束，返程

如有任何疑问，请联系人事部张经理（联系电话：138-××××-××××）。

期待大家的踊跃参与，共同度过一个愉快的周末！

公司管理层

×××× 年 ×× 月 ×× 日

四、工作汇报

（一）工作汇报的写作要点

1. 开头部分。明确汇报的目的和背景，可以简要介绍是根据什么指示或要求进行的汇报。概括性地提及工作的总体情况和取得的初步成效。

2. 主体部分。详细描述工作的具体过程，包括采取的措施、方法以及实施的步骤；汇报工作取得的成果，可以用数据和事实来支持；分析工作中存在的问题和困难，并提出相应的改进措施或建议。

3. 结尾部分。总结工作的总体情况，强调重点成果和经验教训；提出下一步的工作计划和目标；可以对上级表达感谢，并请求指示或支持。

（二）工作汇报撰写注意事项

针对性：针对汇报的主题和目的进行材料收集，确保内容紧扣中心。

简明扼要：用简洁明了的语言表达观点和想法，避免冗长和复杂的句子。

结构清晰：合理组织内容，使得汇报有清晰的层次和逻辑结构。

数据支持：用数据和事实来支持观点，增强说服力。

准备充分：在进行工作汇报前，务必进行充分的准备，防止意外情况。

关于××项目进展情况的工作汇报

汇报人：×××

汇报时间：××××年××月××日

一、开头部分

根据公司的要求和指示，我负责××项目的推进工作。现将本阶段的进展情况汇报如下。

二、主体部分

1. 工作措施与方法

成立了专项工作小组，明确分工和责任。

定期召开项目推进会议，及时解决问题。

加强与相关部门的沟通协调，确保资源支持。

2. 工作成果

完成了项目的初步设计和预算编制。

成功与多家供应商建立了合作关系，确保了物资的及时供应。

项目进度按计划推进，目前已完成总工程量的××%。

3. 存在问题与改进措施

部分施工环节存在质量不达标的情况，已加强质量监管并责令整改。

项目进度受到天气和原材料供应的影响，正在积极协调解决。

三、结尾部分

通过本阶段的努力，项目取得了显著的进展。下一步，我们将继续加强项目管理，确保项目按期完成。同时，希望公司能给予进一步的指导和支持。感谢各位领导的关心和支持！

第六节 会务专家：高效策划与接待的技巧

会议，是职场中不可或缺的环节。如何高效策划一场会议，并展现出专业的接待能力呢？接下来，我们将一起探讨会务策划与接待的诀窍，让你成为真正的"会务专家"。

一、前期准备

（一）明确会议目的和内容

确定会议的主题、目的以及期望达到的结果。制定详细的会议计划，包括时间、地点、参会人员等。

（二）参会人员准备

了解来访者的身份、职务及来访目的，进行个性化的接待准备。发送会议通知，明确参会要求和时间。

（三）会场选择与布置

选择合适的会场，确保大小适中、设施齐全。布置会场，包括横幅、背景板等，简洁明了地体现会议主题。

二、会务物品准备

（一）基本文具与技术设备

准备笔、纸、便签等文具。检查投影仪、音响、麦克风等技术设备，确保其正常工作。

（二）宣传资料与饮品小食

准备会议日程、背景资料等，便于参会者了解会议内容。根据会议时间和长度准备茶水、咖啡或小点心。

三、签到与引座

（一）签到台设置与引导

设立签到台，准备签到表和名牌。热情引导参会者签到、领取资料，并指引至座位。

（二）座位安排

根据参会者的身份和职务合理安排座位。座位布局应便于交流和讨论，同时体现出尊重和礼仪。

四、会场和会议室的座次安排

（一）会场座次

一般按照左为上，右为下。当领导同志人数为奇数时，1号首长居中，2号首长排在1号首长左边，3号首长排右边，其他依次排列。

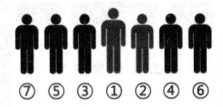

图3-2 领导同志人数为奇数的排列方式

当领导同志人数为偶数时，1号首长、2号首长同时居中，1号首长排在居中座位的左边，2号首长排右边，其他依次排列。

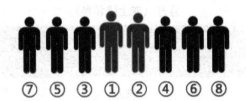

图3-3 领导同志人数为偶数的排列方式

（二）关于签字仪式的座次安排

签字双方主人在左边，客人在主人的右边。双方其他人数一般对等，按主客左右排列。

（三）关于乘车的座次安排

小轿车1号座位在司机的右后边，2号座位在司机的正后边，3号座位在司机的旁边。（如果后排乘坐三人，则3号座位在后排的中间）。中轿主座在司机后边的第一排，1号座位在临窗的位置。

合影：人员排序与主席台安排相同。

（四）沙发室小型会议／商务接洽

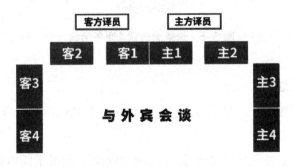

图3-4 与外宾会谈

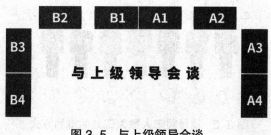

图 3-5　与上级领导会谈

上图需说明的是 A 为上级领导，B 为主方领导。

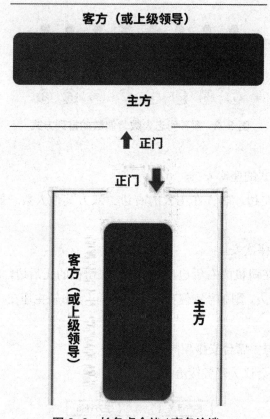

图 3-6　长条桌会议／商务洽谈

五、会议过程管理

时间管理与议程控制：严格遵守会议时间安排，合理规划每个环节。按照既定议程进行，避免偏离主题。

沟通协调：与参会者保持良好沟通，及时解决问题。倾听不同声音，尊重他人观点。

六、会议结束与送别

总结与感谢：对会议内容进行简要总结。感谢参会者的参与和支持。

送别参会者：热情送别，并提供必要的交通指引或送行安排。

七、会后总结与跟进

总结会议成果：在会议结束后，需要对会议进行总结，明确会议达成的共识和决策结果，以及后续需要执行的任务和责任人。

发送会议纪要：根据会议记录和总结，及时整理并发送会议纪要，明确各项决策和任务的具体要求和时间节点。

跟进执行情况：对于会议中确定的任务和决策，需要指定专人进行跟进和监督执行情况，确保各项任务能够按时完成。

八、注意事项与应急预案

注意细节：确保会场整洁、舒适。提供必要的便民设施（如洗手间、休息区等）。

应急预案：准备应对突发状况的预案，如设备故障、人员缺席等。确保有备用设备和人员以应对意外情况。

九、接待一般访客的礼仪

问候与接待：主动问候来访者，了解其来访目的。

引导与安排：根据来访者的需求，引导至相应区域并提供必要的帮助。

交流与倾听：耐心倾听来访者的诉求，给予适当的回应和建议。

送别与回访：结束访问时热情送别，并询问是否需要后续跟进或回访。

第七节　压力调控：职场压力管理与心理调适

"职场如战场，压力无处不在。如何有效管理压力，保持良好的心理状态呢？本节课，我们将深入探讨职场压力管理与心理调适的方法，帮助你轻松应对各种挑战，保持最佳的工作状态。让我们一起学会'压力调控'，成为职场中的强者吧！"

一、职场压力的来源

职场压力来源主要有以下几个方面：

工作本身：工作任务量大，工作强度高，期限紧，工作量过大或工作难度过高，要求高度的持续性和专业性，会引发工作压力。

来自上级、同事和下属的要求：这是一种外部压力，极难避免。这些人对你有期望，你有义务去做好这些要求，但这些要求也可能会让你感到压力。

竞争：在良好的刺激下发挥出更好的气质和才华，但经常处于竞争状态容易对自己造成心理压力，以至于睡眠不佳、食欲不佳，进而影响性格和情绪，还有原本健康的意外事故。

个人观念：工作过度投入，家庭生活和工作平衡不好，总是在工作中感到被剥夺的欲望和压力。

二、职场压力带来的影响

职场压力对身体和心理健康都有可能带来严重影响，例如：

对身体健康的影响：职场压力会导致睡眠不足、食欲不佳、抵抗力下降、胃酸过多等身体健康问题，长时间的压力会对身心健康产生长期影响。

对心理健康的影响：职场中的压力可能导致情绪的紧张、过敏和易怒，有时甚至可能会导致抑郁、焦虑和其他心理障碍。

对工作效率的影响：过度的压力会分散员工的注意力，降低工作效率和创造力。长期承受压力的员工更容易出错，从而影响整体工作的表现。

三、压力反应处理与心理调适技巧

（一）时间管理

合理安排工作与生活时间：通过制定明确的工作计划和时间表，将工作分解成小步骤，一个一个地处理，分配好时间和优先度，对于多任务，可以开发时间管理技巧，提高效率。合理分配工作和休息时间，避免工作过度侵占个人生活空间。

优先级排序：将工作任务按照重要性和紧急性进行排序，先处理重要且紧急的任务，再逐步处理其他事务。

设定现实的目标：对自己和别人的期望值要现实些，使之切实可行。

（二）情绪调节

保持积极乐观态度：积极面对挑战和困难，相信自己有能力克服问题。遇到困难时，尝试从中找到学习的机会。

将压力写出来：一旦将压力1、2、3……地写出来，您就会发现，只要各个击破，其实压力很容易缓解。

想哭就哭：有不少心理学家认为，哭一哭是有好处的。不过只宜轻声啜泣，同时想象痛苦和委屈连同眼泪一起流出的情景。

（三）寻求支持

与人沟通：当出现工作中的问题或压力时，可以与同事和领导沟通，而不是扛着重压到底。

寻求专业人士帮助：当自我调节无法有效缓解压力时，可以寻求心理咨询师或心理医生的帮助，获得更专业的指导和支持。保持良好的工作习惯：为了对抗工作压力，可以采取合理安排自己的工作时间，不熬夜，劳逸结合。

（四）找到适合自己的方式缓解压力

我们应当自觉地掌控个人情绪，重视业余生活的质量，避免将职场压力带入私人生活空间。可以预留时间进行自我调适，与家人共度美好时光，比如通过对话分享、情感倾诉、阅读书籍、冥想静思、体育锻炼、音乐欣赏、文学阅读、旅行观光、家务料理及参与体力劳动等活动，都可以成为寻求心灵平和的上佳途径。还可以设想自己置身于碧空如洗、绿草如茵的自然之中，心灵浸润在一片祥和、宁静与平和之中，这有助于在短时间内缓解紧张情绪，重振精神状态。此外，吸入令人愉悦的香气，能够作用于大脑边缘系统，有效减轻心理压力和神经紧张。坚持循环往复地实践那些吸引你的放松方法，并使之成为日常习惯，你将会逐渐体验到这些行为对身心健康的积极促进作用。

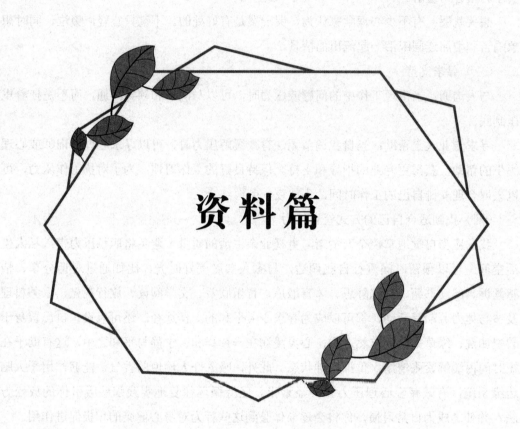

资料篇

资料一　大学生实习问题集萃

一、什么时间、到哪里找实习机会？

许多公司会在学年开始前几个月开始招聘暑期实习生，因此提前规划是明智的选择。但各公司的实习生计划时间是不同的，而且选拔方式各自不一，因此你可以在全年都寻找实习机会。建议尽早开始，以便有足够的时间准备申请材料、网络和准备面试。

可以通过以下方式寻找实习机会：

网上招聘平台：许多网站如LinkedIn、Indeed、Glassdoor等提供实习机会列表。在这些平台上搜索相关职位，并上传你的简历。

大学就业服务中心：许多大学都有专门的就业服务中心，他们会提供实习机会的信息和指导，你可以向他们咨询。

企业官方网站：一些大公司会在官方网站上发布实习招聘信息。定期浏览这些网站可能会找到你感兴趣的实习机会。

职业展会和活动：参加职业展会和招聘活动是与潜在雇主直接交流的好机会，你可以在这里了解更多实习机会。

个人关系：与你认识的人，包括家人、朋友、老师以及前辈建立联系，告诉他们你正在寻找实习机会，也许他们能提供一些有用的信息或介绍。

记得保持简历更新，并定期跟进你的申请进度。

二、实习如何规划？

大学课程相对宽松，为学生提供了充裕的时间去争取实习机会。学生们应尽早确立个人发展方向，从大一开始就朝着目标迈进。例如，IT爱好者可尝试去软件公司实习；文学爱好者可以投稿至报社；对经营感兴趣的学生则可参与企业营销项目。大一时即可着手寻找合适的实践平台，向行业前辈学习，这样的经历远比消遣时光更有价值。合理规划不仅能高效提升自我，避免盲目兼职的时间损耗，还可能在不经意间铺就理想的就业之路。

尽管我们常常推荐学生根据专业选择相应单位实习，但也需灵活适应市场变化，切勿固守单一思路。例如，中文系学生常设想未来仅限于电视台、电台或报社工作，经济学子倾向于银行，法学学生则向往律师事务所，然而，这些热门领域实习岗位竞争激烈，机会有限。

因此，拓宽视野，探索其他实习可能，也是明智之举。否则，最终势必造成实习扎堆，就业难慢慢也就变成了实习难。其实，条条大路通罗马，只要是相关的、喜欢的、适合的工作，专业不同也没关系。应该多给自己机会，多去几家单位实习，会在就业时帮助大学生认清方向。

三、实习单位的需求倾向是什么？

各行业在挑选实习生时，偏好各异。保险公司倾向于有计算机、金融背景的学生，强调学习能力和人际交往技巧；公关公司则重视团队合作精神，要求实习生擅长协调各方，包括客户、媒体及活动主办方；广告公司偏好好奇、敏捷、能适应快速变化工作环境的实习生，对广告有高度敏感性，鼓励创新与大胆尝试；而软件公司则更青睐参与过软件开发设计、拥有扎实编程技能的申请者。外企外资等公司对实习生的英语水平很看重，特别是口语交际能力。如果要令自己更有竞争力，最好持有六级证书或者商务等级英语证。

四、如何在非关键岗位实习获得成长呢？

（一）不要不在意每一件小事

大部分的实习，都是做一些基础性的工作，但每一件小事都有它的意义所在。所以，不要管分内分外，只要事情落在自己身上，就把握住每一个机会，认真做好经手的每一件事。

（二）观察、好奇、持续学习

我周围的人是怎么工作的？我所处的部门在企业里面是处于什么环节？我们是怎么获取客户和赚钱的？我的 leader 是怎么处理紧急事态的？不要说让你贴发票，你就只会贴发票，需要对周遭的事务保持一颗好奇心，不断观察，不断学习，扩充自己的深度和广度，做好一个等待机会的准备。

（三）定期复盘反思

复盘反思不仅仅是工作上的，还可以是人际关系上的、沟通上的、对接上的，只要是出现在工作中，你认为值得去记录反思的，做的好的，做的不好的，就都可以拿起一个小本本，写下来，记录下来，总结其中的经验，然后产出新的感悟。让自己在有限的时间，获得更多的锻炼，并且把经历变成经验，加速成长。

（四）参与感

一定要形成一个思维模式，不管在哪里，不管待多久，一定要让自己有参与感。有很多实习生，进入公司之后就只闷头做事，也不爱说话，大家的集体活动也几乎不参加。这种实习生给大家留不下印象，往往最先淘汰的就是他。

（五）打杂工作的玄机

1. 影印文件中，你是否考虑了以下几方面？

（1）公司内部文件的书写格式。

（2）文件的分类装订方式和标记方式。

（3）文件影印的数量，复印机的运用，复印机的维修。

2. 会议服务中，你是否考虑了以下几方面？

（1）开会的频率、开会的地点、出席的人员、开会的时间和持续的时间。

（2）不同会议的座次。

（3）毫无差错的会议准备工作。

3. 准备好合适的茶水和正确的文件及数量，在正确的位置上放好的茶水／点心和文件。

4. 日常的沟通邮件、PPT、工作群，你是否想到，这是培养总结、表达能力的地方。

以上这些，要花多久的时间能够全盘摸索清楚，并且能够准确无误地做到？一样的工作，不一样的眼睛、耳朵、脑子和思考，会造就不一样的"我"。

五、实习如何为简历"镀金"？

（一）简历上什么样的实习经历是有分量的呢？

1. 实习企业的含金量。行业中不同段位的企业含金量肯定不一样，实习公司本身名气响、平台大、前景好，比如世界 500 强、业界龙头、行业标杆等。这类公司的实习资格往往门槛较高，竞争压力大，能踏进去就说明你有点本事。

2. 实习岗位与你应聘的岗位高度匹配，甚至参与过的项目都与目标公司的项目相似。

3. 你在公司实习接触到的客户和项目经验"高、大、上"，尤其是行业内大家熟知的客户和项目。

4. 你在实习期间获得了拿得出手的技能和证书等。

5. 你负责的实习工作在你接手之后取得了一定的成果，比如一个产品经过你的巧妙设计销售量由几百提升到几万，视频节目浏览量从上千到百万级别等。

如果你的简历中有这样的实习经历，简历的分量也自然上升。

（二）实习经历的描述还应具有以下特点或者该如何规划你的实习？

1. 渐进性：大一到大四，循序渐进。一般最初是校园的简单性工作，逐步过渡到校外实习工作以至相对复杂的工作。

大一刚入学，多参加社团活动，可以适当地兼职，关键在学习方面，打好基础，养成良好的习惯。

大二在保证学业的情况下可以争取一些校团委、学生会等职务，增加校园学生工作的经验。作为团队核心做一些有质量有成就感的活动出来。

大三前的暑假，就可以开始出去找实习了，现在有很多公司都会考虑从大三就开始圈住优质生源，待实习结束就可以直接转正。

2. 匹配性：如果你从大一就开始规划好自己毕业后的就业方向，那么你的实习经历一定要有高匹配性，从大三开始的 3 个假期（大二后的暑假、大三的寒暑假），找 3 段匹配性高的实习，而这 3 段实习经历也建议遵循渐进性原则，不断加强实习经历的含金量。而如果你很迷茫，那就建议从兴趣爱好开始，多找不一样的实习寻找方向。

3. 主动性：大学生刚参加实习，肯定很难接触到公司的核心业务，而实习生的主动学习是决定实习经历质量高低的关键。多主动地去接触业务，高质量地完成每一项任务后再寻找更多其他的工作，让主管肯定你的工作能力，认可你的主动学习，分配更多有价值的任务给你，形成一个良性循环，这样才能让实习具有高质量的内容和价值。

4. 实习时间：按照规律，实习生需要时间进行一定的培训，然后在工作中实践。如果实习太零散，实习时间太短，少于 2 个月，就会影响实习质量。

六、如何顺利通过实习被录用？

（一）勤奋主动，表现出色

尽量做好手头的事情，细心做好导师交代的任务；不要怕加班，要学会主动，当你无事可做的时候，问问导师和主管是否有什么可做的，不要静静等待被安排工作；至少熟练掌握一项硬性技能，在关键时刻就会体现它的重要性；你应该尽力表现出色，因为竞争很大，公司雇佣你作为实习生也是对你的考查。

（二）摆脱学生思维

不少同学仍保留着孩子般的脾性，遭遇不顺心的事便易情绪化，这种行为在家也许能得到宽容，但在职场上却是不可取的，需谨记职场与家庭环境的区别。进入职场后应克服几种思维模式：避免被动等待指示，而应积极主动学习；不仅要能发现问题，更要致力于寻求解决之道；全面审视工作表现，既要看到成果也要正视不足并加以改进。

（三）学会思考，带着思考去问问题

不要经常说"我不会"，虽然建议实习生多请教问题，但并不是代表可以随便问，职场中，大家都很忙，虽然你的领导是你的带教老师，但请时刻记住：网络永远是你的第一老师。在你自己努力之后，依然没有得到解决方案的情况下，可以去请教你的带教老师，但是你跟他沟通的时候，应该告诉他你的思考方式和你尝试的方法，这样不仅能比较快的解决问题，还让带教老师感受到你的勤奋和用心。另外，回去后要复盘反思，总结经验，这才是你实习中真正收获的内容。

（四）做事有始有终

每项工作都需完整执行，不可虎头蛇尾。初入职场，特别是实习生和职场新人，常面临的首个挑战就是任务推进受阻。须牢记，在工作中要主动推进，遵循"自己的任务自己驱动"的原则，即便催促他人可能导致对方不悦，但也确保了任务不被延误。定期更新工作进展，并在项目结束后进行回顾总结，是一个极佳的职业习惯。确保每一项任务都有回应、有结果、有反馈，成为一个值得信赖的职场伙伴。

（五）注意工作细节

精心确保妆容无瑕、衣着得体，文档的格式美观也同样重要，不容小觑。每一个全角标点、字体大小、段落间距和文本对齐，都应如同整理个人形象般细致对待，力求文档呈现出整洁有序的视觉效果。

七、实习是劳务关系还是劳动关系？区别是什么？

劳动关系是劳动者与用人单位建立的比较固定比较长期的关系，它具有隶属性，受《劳动法》保护。而当劳动者临时性地提供一次性的或者是特定的劳动服务而获得报酬的就属于劳务关系，由于学生是以学习为主，打工是属于临时性的，所以学生实习与用人单位不构成劳动关系而仅为劳务关系，这使得学生实习时在诸如工伤、劳动安全等方面难以得到全面的保障。

另外，在人身损害赔偿数额上，劳动关系引起的工伤赔偿数额要高，不论劳动者有无过错，用人单位都需全额赔偿。而在劳务关系、雇佣关系引起的人身损害赔偿中，学生就要对自己的过错承担责任，只能得到部分赔偿。

八、实习生如何保护自己合法权益？

首先，实习生要慎选实习单位。虽说知名企业并不一定就很规范，但总体而言相对于那些闻所未闻的小企业来说可靠性更大些。而企业的招聘广告也可以从一定程度上反映出企业招用实习生的心态。

学校提供的实习单位通常都与学校保持着长期的合作关系，或者也会对实习单位的资质、规范程度等进行把关，故建议在校生在选择实习单位时优先考虑学校提供的实习单位，安全系数很高，法律风险较小。

此外，即使是通过自主应聘的形式找到实习单位的，也不妨以学校可以提供学籍证明等客观有效的资料为由，向实习单位提出要求学校介入共同签订一份"三方协议"。并且，学校在参与的过程中，也可以给予学生更多的帮助和支持。

其次，购买意外保险。如果是学校组织的实习，学校一般会事先给实习学生购买商业意外保险；而如果是学生自行参与的实习，切记在实习开始前提醒用人单位购买商业意外保险。

最后，签订实习协议。是否具有完善的实习协议将直接关系着日后的纠纷处理。实习协议必须包含实习期限及工作时间，实习岗位，实习生的具体专业要求，实习报酬，协议解除、终止的条件和后果，实习生过错造成单位经济损失的处理、实习生人身意外保险的约定、学校在实习过程中的职责要求及学校的法律责任等等，还需单独且详细约定企业与学校双方的一些特殊权利义务。拥有一份详尽的实习协议，能在纠纷出现时提供明确依据，从而更加高效地解决矛盾。

九、如何进行实习维权？

如果是以增长知识技能或者以赚钱为目的进行的实习，这种情况，司法实践中基本不可能认定为工伤。实习单位没有购买商业保险的，需要跟实习单位协商解决，或者走司法程序；如果是以就业目的而进行实习，这种情况在实践可能被认定为工伤，从而获得更高的保障和赔偿。但是认定需要大学生搜集表明就业目的相关的证据——三方就业协议和学校的就业推荐表。在这些程序之后，大学生在学校办理的医疗保险可以继续报销剩余的医疗费用。

十、大学生实习、见习补贴

（一）国家政策

国家实施百万就业见习岗位募集计划，离校 2 年内未就业高校毕业生、16—24 岁失业青年可参加 3 至 12 个月的就业见习，进行岗位实践锻炼，期间由见习单位给予基本生活费，办理人身意外伤害保险。吸纳见习的单位，可申请享受就业见习补贴，用于见习单位支付见习人员见习期间基本生活费、为见习人员办理人身意外伤害保险，以及对见习人员的指导管理费用。对见习期未满与高校毕业生签订劳动合同的，给予见习单位剩余期限见习补贴。

（二）山东省政策

就业见习对象扩大至离校 3 年内有见习意愿的高校毕业生和处于失业状态的 16—24 周岁青年。外地高校毕业生、海外留学生和职业院校毕业生（特殊教育院校职业教育类毕业生、技师学院高级工班毕业生、预备技师班毕业生）同等享受就业见习政策。就业见习补贴标准为当地最低工资标准的 60%。如见习期满留用率达到 50% 以上，见习补贴标准提高至当地最低工资标准的 70%。

见习期间，由见习单位为见习人员提供基本生活费、办理人身意外伤害保险，并承担对见习人员的指导管理费用。有条件的地方或见习单位可为见习人员购买商业医疗保险，提高见习保障水平。

自 2023 年 1 月 1 日起，见习人员参加就业见习满 3 个月后，见习单位与其签订劳动合同的，见习期未满，给予见习单位剩余期限见习补贴，政策执行期限至 2023 年 12 月 31 日。见习单位支出的见习补贴相关费用，不计入社会保险缴费基数。就业见习期限一般为 3—12 个月。

离校未就业高校毕业生见习期间不视为就业，视作基层工作经历。见习期满后可按规定参照应届毕业生享受有关政策。

（三）烟台市政策：见习政策实行山东省政策

实习政策：市级每年设立 500 万元实习补贴专项资金，鼓励用人单位与高校共建大学生实习基地，经市人力资源社会保障部门认定的，分别按照博士研究生、硕士研究生和本科生每人每月 3000 元、2000 元、1000 元标准，由市财政给予用人单位实习补贴，每年每家单位最高补贴 20 万元。经区（市）人力资源社会保障部门认定的，由所在区（市）按照上述标准发放实习补贴。

补贴时间最长不超过 6 个月。其中，与"双一流"高校签订研究生联合培养协议的，研究生实习补贴时间可延长至 12 个月。

资料二　大学生求职你问我答

一、就业信息发布网站

（一）全国

教育部国家大学生就业服务平台：https：//www.ncss.cn。

人力资源社会保障部官网：http：//www.mohrss.gov.cn。

国聘招聘平台：https：//www.iguopin.com。

中智招聘平台：https：//www.ciiczhaopin.com。

中国人力资源市场网：http：//chrm.mohrss.gov.cn。

中国公共招聘网：http：//job.mohrss.gov.cn。

高校毕业生就业服务平台：http：//www.job.mohrss.gov.cn/202008gx-/index.jhtml。

中国国家人才网：https：//www.newjobs.com.cn。

"就业在线"：https：//www.jobonline.cn。

团团微就业：http：//jiuye.cyol.com/front/login。

智联招聘：https：//www.zhaopin.com/。

前程无忧：http：//www.51job.com/。

拉勾网：https：//www.lagou.com/。

BOSS直聘：https：//www.zhipin.com/。

猎聘网：https：//www.liepin.com/。

58同城：http：//www.58.com/。

中国人才热线：http：//www.cjol.com。

（二）山东省

山东高校毕业生就业信息网：https：//www.sdgxbys.cn。

山东省公共就业和人才服务智慧平台：http：//sdggjyrcfw.cn。

（三）烟台市

烟台公共招聘网：https：//job.rshj.yantai.gov.cn。

优聘引才云：微信小程序。

职汇人才网：http：//www.rencaiyt.com。

二、高校毕业生就业分类

表 5-1 高校毕业生就业去向界定及标准

项目	分类	分类界定	审核依据
就业	1. 签就业协议形式就业（编码10）	包含以下七种情况： 1. 与就业单位签订省级就业部门统一制定的就业协议书，并盖有单位人力资源（人事）部门公章或单位行政公章。	依据签订的省级就业部门统一制订的就业协议书或相关制式协议书。
		2. 具有人事调配权限的单位出具的接收毕业生及其人事关系（档案、户口、党团组织关系等）录用接收函。	依据用人单位出具的录用接收函。
		3. 定向、委托培养毕业生回原定向、委托培养单位就业。	依据毕业生与定向委培单位签订的定向、委培协议或回原定向、委托培养单位就业的报道证。
		4. 部队招收士官或文职人员。	依据招收士官或文职人员协议书。
		5. 医学规培生。	依据与规培基地签订的协议书。
		6. 国际组织任职。	依据国际组织出具的接收材料。
		7. 出国、出境就业。	依据国外用人单位开具的接受证明或出国签证文件。
	2. 签劳动合同形式就业（编码11）	毕业生与用人单位签订劳动合同或用人单位提供的录用文件。	劳动合同相关解释参见《中华人民共和国劳动法》十六、十八、十九条。
	3. 科研助理（编码27）	高校、科研机构和企业聘用作为研究助理和辅助人员参与研究工作。	依据高校、科研机构和企业出具的证明。
	4. 应征义务兵（编码46）	应征义务兵。	依据预定兵通知书或入伍通知书。
	5. 国家基层项目（编码50）	包括特岗教师、大学生村官、三支一扶、西部计划中央基层项目。	依据录用单位出具的录用文件或有关部门出具的接收证明。

项目	分类	分类界定	审核依据
	6. 地方基层项目（编码 51）	包括特岗教师、大学生村官、选调生、农技特岗、乡村医生等地方基层项目。	依据录用单位出具的录用文件或有关部门出具的接收证明。
	7. 其他录用形式就业（编码 12）	用人单位不签订就业协议或劳动合同，仅提供聘用证明。	依据用人单位出具的聘用证明或毕业生本人提供的工资收入证明、收入流水等其他证明材料。
	8. 自主创业（编码 75）	指创立企业（包括参与创立企业），或是新企业的所有者、管理者。包括个体经营和合伙经营两种类型，包含以下三种情况：	
		1. 创立公司（含个体工商户）。	依据工商执照或股权证明。
		2. 在孵化机构中创业，暂未注册或注册当中。	依据与孵化机构签订的协议或孵化机构提供的证明材料。
		3. 电子商务创业，利用互联网平台从事经营活动，如开设网店等。	依据网店网址、网店信息截图和收入流水。
	9. 自由职业（编码 76）	指以个体劳动为主的一类职业，如作家、自由撰稿人、翻译工作者、中介服务工作者、某些艺术工作者、互联网营销工作者、公众号博主、电子竞技工作者等。	依据毕业生本人签字确认的证明材料，并由校、院两级就业部门负责同志审定。
升学	10. 升学（编码 80）	包括专科升普通本科、第二学士学位、研究生。	依据拟录取名单、录取院校调档函或录取通知书。
	11. 出国、出境（编码 85）	毕业生出国、出境深造。	依据出国学习录取通知书。
未就业	12. 待就业（编码 70）	有就业意愿尚未就业毕业生，包含以下五种情况：	
		1. 求职中：正在择业，尚未落实工作单位。	
		2. 签约中：已确定就业意向，准备正式签订协议或合同。	
		3. 拟参加公招考试：准备参加公务员、事业单位公开招录考试。	

项目	分类	分类界定	审核依据
未就业	12. 待就业（编码 70）	4. 拟创业：准备创业，尚未在工商行政管理部门注册登记，拟创立的实体尚未开始实际运营。	
		5. 拟应征入伍：准备应征入伍，尚未被批准。	
	13. 不就业拟升学（编码 71）	暂不打算就业，准备升学考试。	
	14. 其他暂不就业（编码 72）	包含以下两种情况：	
		1. 暂不就业：暂时不想就业等无就业意愿的毕业生。	
		2. 拟出国出境：准备出国出境学习或工作。	

三、落户政策及人才引进政策

（一）全国部分城市政策

1. 北京

（1）落户政策。

学位年龄：申请者年龄需在 45 周岁及以下；在境外获得硕士或更高学位，并已取得教育部留学服务中心的认证；在出国前，已在国内获得博士学位，并在境外进行博士后或其他访问研究。

社保：缴纳北京社保。

劳动关系：出国前，需与原工作单位解除劳动关系，且在留学期间不得有国内的社保记录；回国后，需与在北京的单位建立正式的劳动关系，并按要求缴纳北京市的社会保险。

劳动合同：合同剩余有效期 3 个月以上。

（2）人才补贴。

创业创新支持：对高层次创业人才，最多可给予 100 万元资助资金，并提供办公租金补贴或减免。

租房补贴：博士每人每月 1000 元、硕士每人每月 800 元、学士每人每月 600 元（补贴期限累计不超过 36 个月）。

购车补贴：留学生购车可免征 10% 车辆购置税，同时可减免进口零部件海关关税。

2. 上海

（1）落户政策。

直接落户，无需缴纳社保：持有国外高水平大学博士学位的留学生；毕业于世界排名前 50 名的高校，并在上海全职就业的留学生，可以直接落户。

缴纳半年无社保基数要求：毕业于世界排名 51—100 名的高校，并在上海就业并缴纳 6 个月社保的留学生，满足条件后可以落户。

缴纳半年 1 倍社保基数：持有国外非高水平大学博士学位的留学生；具有国内双一流本科和国外非高水平大学硕士学历的留学生；拥有非双一流本科和国外高水平大学硕士学历的留学生；毕业于国外高水平大学本科（不含合作办学、专升本）并获得硕士学历的留学生；持有国外高水平大学本科学历（不含专升本、HND）的留学生；进修人员和访问学者。

缴纳 1 年 1.5 倍社保基数：具有国内非双一流和国外非高水平大学学历的留学生；国内专科毕业并获得国外硕士学历的留学生；通过国内专科转学分升入国外本科，并获得国外硕士学历的留学生；国内专科毕业，通过非全日制国内本科学习后，获得国外硕士学历的留学生；持有 HND 文凭并获得国外硕士学历的留学生；合作办学本科学历（国内非双一流且国外非高水平）的留学生；合作办学本科和国外硕士学历（国内非双一流且国外非高水平）的留学生。

（2）人才补贴。

创业创新支持：入选国家项目最高可获得 100 万元资金支持；入选"上海市浦江人才计划"最高可获得 30 万元（团队 50 万元）资金支持。

租房补贴：

①杨浦区：本科生每月 600 元、硕士生每月 800 元、博士生每月 1000 元。对于高层次人才，补贴为每月 8000 元；对于紧缺急需人才，补贴为每月 1000 元至 2000 元。

②虹口区：对于世界排名前 100 的国内外高校硕士及以上学位证书未满 2 年的留学生，不仅可租住专门推出的人才驿站，还有资格申请万元租房补贴。补贴金额：硕士一共：10500 元（前三月每月补贴 2000，后 3 月每月 1500）；博士一共：15000 元（前三月每月补贴 3000，后 3 月每月 2000）。

③宝山区的人才公寓政策采用"先租后补"的模式，为已入住并符合条件的各类人才提供租金补贴。补贴标准分为两类：对于在本区就业创业的优秀海外人才，提供 50% 的租金补贴，每人每月最高不超过 2000 元。

对于企业中的其他优秀人才，提供 30% 的租金补贴，每人每月最高不超过 1000 元。若实际租金低于最高补贴标准，将根据实际租金进行补贴。租金补贴一般每半年结算一次，补贴期限最长为 3 年。

住房政策：单身人士可购一套房，已婚人士凭结婚证可购两套房，不再受限购政策的限制；

购车补贴：留学生购车可免征 10% 车辆购置税，同时可减免进口零部件海关关税。

3. 广州

（1）落户政策。

拥有国（境）外学士学位及本科学历，或持有国（境）外硕士（含）以上学位的留学人员。博士学位获得者：年龄上限为 50 周岁（含）；硕士学位获得者：年龄上限为 45 周岁（含）；学士学位及本科学历获得者：年龄上限为 40 周岁（含）。

申请落户的留学人员，需在广州市缴纳社会保险（五险同参），且社保缴纳单位需与实际工作单位保持一致（劳务派遣情况除外）。请注意，社保缴费记录中的补缴部分将不被认定为连续缴纳。

（2）人才补贴。

创业创新支持：留学人员的项目向科委申报，一次性给予 10 万元的启动资金补助。留学人员小额担保贷款贴息，个人最高 20 万元。越秀区留学人员创新创业领军人才获 5000 元／月，重点高级人才 2500 元／月，专业技术拔尖人才及青年创客新人才 1500 元／月的补贴。

租房补贴：留学人员可获得一次性安家补助。留学博士给子 20 万安家费，分两期发放，工作满 1 满一年后可申请 10 万、满 2 年申请第二期。不同区都针对留学生有特定的租房优惠政策，提供住房补贴。

购车补贴：留学生购车可免征 10% 车辆购置税，同时可减免进口零部件海关关税。

4. 深圳

（1）落户政策。

获得本科以上学历的留学生，通过中留服认证，就符合留学生落深圳的条件。无社保，落户到人才市场，每年需支付 300 多保管费，目前人才市场名额只有：南山、龙华，落户人才市场两年后需要迁出，若到时候仍没有工作，没有社保，没有房产，直接迁到人才市场集体户所在地的辖区派出所人才专户，即可转为永久有效的户口（本人必须出面两趟）。

有社保，落户到缴纳社保的公司辖区派出所人才专户，这种户籍类型是永久有效的户口，无保管费、无需再迁出（本人出面一趟即可）。

居住地的派出所人才专户，在深圳租房，可以挂靠到租房辖区的派出所人才专户。

（2）人才补贴。

创业创新支持：个人 10000 元；合伙创办企业：每人 10000 元，最多不超过 10 万元。

租房补贴：补贴金额为本科 15000 元 / 人、硕士 25000 元 / 人、博士 30000 元 / 人，补贴资金一次性发放。可申请租用市 / 区政府提供的安居房和留学生公寓。

购车补贴：留学生购车可免征 10% 车辆购置税，同时可减免进口零部件海关关税。

5. 西安

（1）落户政策。

海外本科学士以下（不含本科）学历学位，年龄要求 45 周岁以下。本科及以上学历，无年龄要求。

（2）人才补贴。

灵活就业青年人才社保补贴：补贴标准为个人实际缴费金额的 2/3，养老缴费档次最高不超过 100%，补贴期限最长为 1 年。

西安青年人才就业奖：按照博士每人 20000 元、硕士每人 10000 元的标准给予一次性奖励。

乐业补贴：入站博士按照标准分别发放求职准备阶段乐业补贴 1000 元；就业签约阶段乐业补贴 3000 元；入职乐业阶段乐业补贴 8000 元；入站硕士按照标准分别发放求职准备阶段乐业补贴 500 元；就业签约阶段乐业补贴 1500 元；入职乐业阶段乐业补贴 4000 元。

自主创业补贴：按照 5000 元 / 人标准，给予符合条件的入站青年人才一次性创业补贴。

购车补贴：留学生购车可免征 10% 车辆购置税，同时可减免进口零部件海关关税。

住房、租房、人才公寓补贴：A、B、C 类人才可申请政府人才公寓、购房补贴、租赁补贴中的一种。申请人才公寓的，建筑面积分别为 180 平方米、150 平方米、120 平方米左右，5 年内免收租金，A 类人才在本市工作 5 年并取得本市户籍，产权可赠予个人。申请购房补贴的，补贴标准为实际购房金额的 50%，最高分别为 100 万元、70 万元、40 万元，5 年内按年度核发。申请租赁补贴的，补贴金额分别为 6500 元 / 月、5000 元 / 月、3500 元 / 月，最高补贴 5 年。

D 类人才可申请政府人才公寓、租赁补贴中的一种。申请政府人才公寓的，建筑面积为 90 平方米左右，3 年内按市场租金的 50% 确定。申请租赁补贴的，补贴金额为 1000 元 / 月，最高补贴 3 年。

E 类人才可在我市申请人才公租房，建筑面积为 70 平方米左右，租金按照同地段、同类型商品住房市场租金的 72% 确定。经审核通过的 E 类人才，可申请租赁补贴 300 元 / 月。

E 类人才（实用储备人才）：产业发展与科技创新类实用性人才和特殊技能人才。包括具有硕士、学士学位以及中级职称、技师等相应职级的人员。

6. 重庆

（1）落户政策。

大专及以上学历的应届毕业生，户口在学校者。在重庆（主城区）工作，具备专科及以上学历者。

（2）人才补贴。

生活补贴：毕业两年内、缴纳城镇职工社保的全日制本科及以上学历毕业生可享受生活补贴，博士3万元、硕士2万元、本科1.2万元。

创业创新支持：创业类资助分为特等至三等，资助金额分别为50万元至10万元；创新类资助分为重点至启动，资助金额分别为12万元至5万元。

租房补贴：租房补贴期限为3年，学士及高级工每月600元，硕士每月800元，博士每月2000元。通过企业申请租赁补贴的，政策期限最长可达5年。

购房补贴：年龄35周岁以下的博士、硕士毕业生，首次购房后可分别申请6万元、3万元的购房补贴。

购车补贴：留学生购车可免征10%车辆购置税，同时可减免进口零部件海关关税。

7. 成都

（1）落户政策。

全日制本科及以上学历毕业生，可先落户后就业，年龄需在45周岁以下。

（2）人才补贴。

创业创新支持：留学人员创业企业按重点、优秀、启动类分别获得30万元至10万元的一次性资助。毕业两年内从事个体经营的留学人员，3年内免收相关行政事业性收费。

住房补贴：外地本科及以上学历应届毕业生可享受7天免费入住的青年人才驿站。急需紧缺优秀人才可获得人才公寓租赁住房保障。

人才优待：高端人才奖励300万元。提供配偶就业、子女入学、医疗、社保等便利化服务。

购车补贴：留学生购车可免征10%车辆购置税，同时可减免进口零部件海关关税。

8. 苏州

（1）落户政策。

学士及以上学位的留学人员只要通过教育部的学历学位认证，即可在此地安家落户。

（2）人才补贴。

创业创新支持：近5年内毕业的高校生及硕士以上学历者，在苏州自主创业可享受多重福利，包括创业社保补贴、最高5000元每年的场地租金补贴，最长3年，并有一次性10000元的创业补贴。

租房补贴：博士每月不低于 800 元，硕士不低于 600 元，本科不低于 400 元，最长可持续 3 年。

生活补贴：对于苏州紧缺的重点产业人才，根据积分提供高达 6 万元至 12 万元的薪酬补贴，以资鼓励。

购车补贴：留学生购车可免征 10% 车辆购置税，同时可减免进口零部件海关关税。

9. 杭州

（1）落户政策。

本科 < 45 岁；硕士 < 50 岁；博士 < 55 岁，直接落户杭州。新增政策：本科 / 硕士留学生，毕业 2 年内且年龄符合，可先落户后就业（无需社保 / 劳动合同）。

（2）人才补贴。

创业创新支持：毕业 5 年内的普通高校毕业生（包括外国大学生、留学生）或在杭高校在校生，在上城区、下城区、江干区、拱墅区、西湖区、滨江区及富阳区范围内创办新企业，经评审通过后可获得 5 万至 20 万元的无偿资助。

对于优秀项目，可采取"一事一议"的方式，最高可获得 50 万元的无偿资助。

租房补贴：每户每年可获得 1 万元的租房补贴，这一补贴可持续发放三年。

对于在校大学生或毕业 5 年内的高校毕业生在杭新创办企业租赁办公用房的，可享受最高 10 万元的经营场所房租补贴。

生活补贴：本科生可获得 1 万元，硕士生为 3 万元，而博士生则可获得高达 10 万元的补贴。

在富阳区、临安区、桐庐县、淳安县、建德市等西部区县工作的人才，工作满 3 年后，还将再次获得相应学历层次的生活补贴，即本科生 1 万元、硕士生 3 万元、博士生 10 万元。

购车补贴：留学生购车可免征 10% 车辆购置税，同时可减免进口零部件海关关税。

10. 武汉

（1）落户政策。

年龄在 45 周岁以下（研究生学历的毕业生不受此年龄限制）的高等学校专科及以上学历或学位的毕业生。

（2）人才补贴。

创业创新支持：为毕业 5 年内的创业者提供了一系列扶持政策。首先，可以享受一次性创业补贴 8000 元，以支持其创业初期的资金需求。此外，还提供创业企业担保贷款服务，贷款额度最高可达 200 万元，帮助解决资金瓶颈，促进创业项目的顺利发展。

租房补贴：提供了总计 165 万平方米的租赁房源。这些房源以人均租住面积 20 平方米为主，确保居住舒适度。毕业生们可以以低于市场价 20% 的优惠价格租住这些房源。若选择合租方式，优惠幅度可提升至低于市场价 30%。

购房补贴：推出了 85 万平方米的安居房项目。这些房源以 60 平方米的小户型为主，大学毕业生可以以低于市场价 20% 的优惠价格购买。

就业补贴：为了鼓励大学毕业生在小微企业和社会组织中就业，为每位就职于此类单位的毕业生提供 1000 元的就业补贴。

购车补贴：留学生购车可免征 10% 车辆购置税，同时可减免进口零部件海关关税。

11. 南京

（1）落户政策。

具有研究生及以上学历或 45 周岁以下本科学历毕业生。

（2）人才补贴。

创业创新支持：开业扶持金：2000 元一次性扶持金，领取营业执照后即可获得。创业成就奖金：成功创业并带动 2 人以上就业，可获 4000 元一次性奖金。创业就业激励补贴：按吸纳的就业人数，每人给予 2000 元一次性补贴。

租房补贴：学士每月补贴 600 元，硕士 800 元，博士高层次人才高达 2000 元／月。补贴自审核通过当月起算，按月补助，按季度发放。申请人可在申请日起 5 年内领取，但累计不超过 36 个月。

面试补贴：标准为一次性 1000 元／人。

购车补贴：留学生购车可免征 10% 车辆购置税，同时可减免进口零部件海关关税。

12. 天津

（1）落户政策。

普通高校全日制本科毕业生，年龄一般不超过 40 周岁；获得硕士学位的毕业生，年龄一般不超过 45 周岁；而博士毕业生在年龄上则没有限制。

（2）人才补贴。

求职创业补贴：补贴标准为每人 3000 元，且每人限领一次。

租房补贴：博士毕业生每年可获得 3.6 万元的租房补助，硕士毕业生每年为 2.4 万元，而本科毕业生则为 1.2 万元。

生活补贴：本科生按照最低工资标准的 80% 和实际实训时间发放补贴，硕士研究生按照 90% 的比例发放，而博士研究生则按照 100% 的比例发放。

购车补贴：留学生购车可免征 10% 车辆购置税，同时可减免进口零部件海关关税。

13. 宁波

（1）落户政策。

普通高等教育本科及以上学历，并与当地企业签订劳动合同且按规定参保。

（2）人才补贴。

创业创新支持：在宁波创业并带动就业的高校毕业生，每带动 1 人就业满 1 年，将获得 2000 元补贴，最高不超过 10 万元，享受期限最长 3 年。

购房补贴：基础人才购房可享受购房总额 2% 的补贴，最高不超过 8 万元；博士则基于购房总额享受 20% 的补贴，最高可达 20 至 60 万元。

生活补贴：本科生可享 1 万元补贴，硕士研究生 3 万元，博士研究生及高级人才则分别享有 6 万元和 4.5 万元的补贴。

（二）山东省大学生人才引进政策

1. 烟台

（1）哪些人才可以享受生活补贴？补贴标准是什么？

①自 2024 年 6 月 1 日起，对首次新引进到我市企业（含中央、省属驻烟企业）工作的 40 周岁以下博士研究生、35 周岁以下硕士研究生、30 周岁以下学士本科生及专科生，在烟缴纳社保满一年后，分别给予每人每年 3.6 万元、2.4 万元、1.2 万元、6000 元生活补贴，补贴时限为 3 年。对绿色石化、生物医药、高端装备、航空航天、清洁能源等产业领域制造业企业中符合上述条件且属于符合条件的重点高校博士研究生、硕士研究生、学士本科生，生活补贴时限延长至 5 年。

②自 2024 年 6 月 1 日起，对通过公开招聘或依据有关人才政策首次新引进到我市事业单位（含中央、省属驻烟事业单位，不含参照公务员法管理人员）工作的 40 周岁以下博士研究生，通过人力资源社会保障部门事业单位急需紧缺人才招聘程序和组织部门优秀毕业生选聘程序首次新引进到我市事业单位工作的 35 周岁以下硕士研究生及 30 周岁以下学士本科生，在烟缴纳社保满一年后，分别给予每人每年 3.6 万元、2.4 万元、1.2 万元生活补贴，补贴时限为 3 年。

③自 2024 年 6 月 1 日起，对首次新引进到我市企业（含中央、省属驻烟企业）工作且属于市人力资源社会保障局发布的急需紧缺技能人才（工种）需求目录内的 45 周岁以下首席技师和特级技师、35 周岁以下高级技师和技师，在烟缴纳社保满一年后，分别给予每人每年 3.6 万元、2.4 万元、1.2 万元、6000 元生活补贴，补贴时限为 3 年。急需紧缺技能人才（工种）需求目录，由市人力资源社会保障局另行制订发布。

（2）申报生活补贴有哪些特殊要求？

①生活补贴按年发放，以社保缴纳满 12 个月为一个发放周期，不满 12 个月的申报不予受理。对变换工作单位前符合补贴申领条件，变换工作单位后仍符合补贴申领条件的，社保缴纳累计满 12 个月后，由现工作单位同级人力资源社会保障部门负责发放。对变换工作单位前符合补贴申领条件却未申领生活补贴，变换工作单位后不符合补贴申领条件的，视为此前自动放弃申报资格。对变换工作单位前不符合补贴申领条件，变换工作

单位后符合补贴申领条件的，社保缴纳满12个月时间自符合补贴申领条件的当月起算。

②生活补贴时限为3年的，应在首次来烟就业、缴纳社保当月起5年内申领完毕，超过5年或政策终止的，不再享受生活补贴政策，未在5年申领期内申报的，视为自动放弃申报资格。

生活补贴时限为5年的，应在首次来烟就业、缴纳社保当月起7年内申领完毕，超过7年或政策终止的，不再享受生活补贴政策，未在7年申领期内申报的，视为自动放弃申报资格。

（3）哪些人才可以享受购房补贴？补贴标准是什么？

①自2024年6月1日起，对首次新引进到我市企业（含中央、省属驻烟企业）工作的40周岁以下博士研究生、35周岁以下硕士研究生、30周岁以下学士本科生及专科生，在烟缴纳社保满一年并新购商品住房的，按照购房金额的30%，最高分别给予20万元、10万元、5万元、2万元一次性购房补贴。对绿色石化、生物医药、高端装备、航空航天、清洁能源等产业领域制造业企业中符合上述条件且属于符合条件的重点高校博士研究生，按照购房金额的30%，最高给予26万元一次性购房补贴。

②自2024年6月1日起，对通过公开招聘或依据有关人才政策首次新引进到我市事业单位（含中央、省属驻烟事业单位，不含参照公务员法管理人员）工作的40周岁以下博士研究生，通过人力资源社会保障部门事业单位急需紧缺人才招聘程序和组织部门优秀毕业生选聘程序首次新引进到我市事业单位工作的35周岁以下硕士研究生及30周岁以下学士本科生，在烟缴纳社保满一年并新购商品住房的，按照购房金额的30%，最高分别给予20万元、10万元、5万元一次性购房补贴。

（4）如何申报人才补贴？

①通过烟台市人力资源社会保障局网上综合服务系统"人才补贴申报"平台申报，实行全程网办。申报人所在单位网上初审通过后，按隶属关系报同级人力资源社会保障部门。对网上申报过程中遇到争议的，需到现场进行核查。

②申报工作结束后，由人力资源社会保障部门对申报信息进行审核。审核通过的，按批次及时面向社会公示，公示期为5个工作日。因涉密问题不宜对外公示的，由所在单位提出书面申请，经批准后可不对外公示，以适当方式在单位内部公示。

经公示无异议的，由人力资源社会保障部门将补贴资金直接拨付至申报人社保卡银行账户或本人指定的银行账户。

咨询电话：

芝罘区：6151295	福山区：6356305	莱山区：6716172	牟平区：4281097
蓬莱区：5653006	长岛区：3215737	海阳市：3222641	莱阳市：2915127
栖霞市：5221268	龙口市：8765369	招远市：8239360	莱州市：2222346

黄渤海新区：6378033　　高新区：6925304　　市直：6903206

（5）博士后资金资助。

①新设立的博士后科研流动站、工作站、分站、基地，在招收首位博士后人员进站并完成开题报告后，由市级财政分别给予40万元、20万元建站资助，分站、基地批准为博士后科研工作站的，由市级财政再给予20万元资助。

②每招收1名博士后人员，开题报告完成后，由同级财政给予科研资助5万元。

③建立博士后站（基地）在站博士后生活补助最低保障制度，每名博士后每年不低于15万元。其中，博士后科研流动站、中央或省直驻烟博士后科研工作站（基地）、市直属博士后工作站（基地）由市级财政每年给予10万元生活补贴，其他部分由设站单位统筹解决；各区市博士后站（基地）由市级财政和同级财政每年各给予5万元生活补贴，其他部分由设站单位统筹解决。发放时间以博士后人员实际在站时间为准，最长不超过3年。

④对招收的博士后人员出站后留烟工作且缴纳社保满一年的，由市级财政一次性给予15万元留烟奖励。

⑤每招收1名博士后人员由同级财政给予合作导师2万元科研资助，出站留烟创业的由企业注册所在地财政给予合作导师5万元奖励。

⑥对获得国家、省博士后科研项目资助的由同级财政再按1∶1比例给予配套资助。

⑦在国家和省、市评估考核中确定为优秀博士后站（基地）的，由市级财政给予20万元资金奖励。

生活补贴、购房补贴和留学费用补贴申报渠道：通过烟台市人力资源社会保障局网上综合服务系统"人才补贴申报"平台申报，实行全程网办。所在单位网上初审通过后，按隶属关系报同级人力资源社会保障部门。对网上申报过程中遇到争议的，需到现场进行核查。

（6）青年人才招聘面试补贴。

政策内容：对为毕业年度及择业期内大学本科以上学历市外高校毕业生，按照市外省内每人最高800元、省外国内每人最高1200元、国（境）外每人最高5000元标准，根据实际发生的交通食宿费用，发放来烟应聘补贴的企业，根据企业实际支付高校毕业生应聘补贴情况，据实给予招聘面试补贴。每家企业每年最高补贴1万元。

申报时间：随时申报。

申报流程：①组织申报。企业将申报材料提报同级人力资源社会保障部门审核。②资格审查。人力资源社会保障部门对申报材料进行审核，必要时会同有关部门进行实地考查，提出拟奖励企业名单。③公示拨付。拟奖励企业名单经同级人才工作领导小组办公室同意后，由人力资源社会保障局面向社会公示，公示期为5个工作日。公示无异议的，由人力资源社会保障部门拨付补贴资金。

经办材料：①《烟台市企业引才育才补贴申报表》（青年人才招聘面试补贴）；②企业招聘面试人员花名册；③企业发放应聘补贴明细及财务凭证；④其他有关证明材料。

咨询电话：6785030

（7）留学费用补贴。

政策内容：自 2024 年 6 月 1 日起，对首次新引进（事业单位须为通过公开招聘或依据有关人才政策引进）到我市企事业单位（含中央、省属驻烟单位，不含参照公务员法管理人员）工作的符合条件的重点海外高校 40 周岁以下博士研究生、35 周岁以下且学制 2 年以上硕士研究生（以上均不含各级财政资助公费出国留学生），在烟缴纳社保满一年后，分别给予每人 15 万元、6 万元一次性留学费用补贴。

申报留学费用补贴有哪些特殊要求？①申报人须在国（境）外正规高校全日制就读。以中外合作办学项目／机构或联合培养在国（境）外学习时间不足 6 个月（180天）的，不在申报范围内。②申报人须签署并提交非公派留学声明，保证确属个人自费留学。

申报流程：通过烟台市人力资源社会保障局网上综合服务系统"人才补贴申报"平台申报，实行全程网办。

所在单位网上初审通过后，按隶属关系报同级人力资源社会保障部门。对网上申报过程中遇到争议的，需到现场进行核查。

经办材料：①教育部留学服务中心出具的国（境）外学历学位认证书；②工资薪酬发放凭证，包括工资账单（或工资发放相关证明）、银行流水等；③社保缴纳情况；④国（境）外学习期间使用的护照（通行证）及签证页（签注记录）；⑤非公派留学声明（承诺函）；⑥特殊情况需要的其他相关证明材料（外文的须由正规翻译机构翻译成中文，并加盖翻译机构公章）。

社保缴纳信息通过共享大数据平台获取，必要时由申报人本人或所在单位提供。

咨询电话：

芝罘区：6151295	福山区：6356305	莱山区：6716172	牟平区：4281097
蓬莱区：5653006	长岛区：3215737	海阳市：3220698	莱阳市：2915127
栖霞市：5238383	龙口市：8548740	招远市：3462204	莱州市：2222346
黄渤海新区：6379571	高新区：6922132	市本级：6683330	

（8）青年人才奖学金设立补贴。

政策内容：对在本科以上院校以企业名义或企业冠名设立奖学金，并为全日制本科三年级以上在校生发放奖学金的企业，按照每年实际发放奖学金的 50% 给予企业一次性补贴。每家企业每年最高补贴 10 万元。

申报时间：随时申报。

申报流程：①组织申报。企业将申报材料提报同级人力资源社会保障部门审核。②资格审查。人力资源社会保障部门对申报材料进行审核必要时会同有关部门进行实地考查，提出拟奖励企业名单。③公示拨付。拟奖励企业名单经同级人才工作领导小组办公室同意后，由人力资源社会保障局面向社会公示，公示期为 5 个工作日。公示无异议的，由人力资源社会保障部门拨付补贴资金。

经办材料：①《烟台市企业引才育才补贴申报表》（青年人才奖学金设立补贴）；②企业与高校签订的设立奖学金协议；③企业支付高校奖学金的财务凭证；④高校出具的领取奖学金学生明细证明材料；⑤其他有关证明材料。

咨询电话：6785030

（9）外出引才活动补贴。

政策内容：按照市外省内、省外和海外三类引才活动类型，每参加 1 次引才活动，根据住宿、交通实际支出情况确定补贴标准，分别给予最高 2000 元、5000 元、2 万元一次性引才活动补贴。按照"谁组织谁承担"原则，每次引才活动或系列引才活动结束后，由负责组织的人力资源社会保障部门受理。

申报时间：随时申报。

申报流程：①确定名单。外出引才活动前，由人力资源社会保障部门负责组织企业报名并审核确定参会企业名单，明确补贴场次标准和数量。参加引才活动的企业，人才需求数量和层次须达到相应标准条件，原则上应提供具有较强市场竞争力的薪酬待遇。②审核发放。每次引才活动或系列引才活动结束后，由人力资源社会保障部门及时按照外出引才活动安排和申报企业实际参加情况，拨付补贴资金。

经办材料：①《烟台市企业引才育才补贴申报表》（青年人才引才活动补贴）；②其他有关证明材料。

（10）青年人才定制引才补贴。

政策内容：对与"双一流"高校（含知名科研机构）或驻烟高校（含职业、技工院校），签订两年以上合作办班（每班不少于 20 人）或定制培养（每批次不少于 5 人）协议，定制培养引进全日制学历（学位）人才的企业，按照企业支付合作办班或定制培养费用的 50% 给予一次性定制引才补贴，每家企业每年最高补贴 50 万元。

申报时间：随时申报。

申报流程：①组织申报。按属地原则，企业将申报材料报经所在区市人力资源社会保障部门初审同意后，提报市人力资源社会保障局。②资格审查。市人力资源社会保障局对申报材料进行审核必要时会同有关部门进行实地考查，提出拟奖励企业名单。③公示拨付。拟奖励企业名单经市委人才工作领导小组办公室同意后，由市人力资源社会保障局面向社会公示，公示期为5个工作日。公示无异议的，由市人力资源社会保障局拨付补贴资金。

经办材料：①《烟台市企业引才育才补贴申报表》（青年人才定制引才补贴）；②企业与高校签订的合作办班或定制培养协议（须明确定制培养费用、全日制培养方式和定制培养人才名单）；③企业支付高校定制培养经费的财务凭证；④其他有关证明材料。

（11）青年人才预引人才补贴。

政策内容：对从本科以上院校提前遴选有意向来烟工作的全日制本科三年级以上优秀在校生，与其签订"信用合同"的企业，且预引人才毕业后按照合同约定全职到意向企业工作（与企业签订至少3年劳动合同，并在烟缴纳社会保险2个月以上）的，按照企业支付学费（生活）补助的50%给予一次性预引人才补贴。每家企业每年最高补贴10万元。

申报时间：随时申报。

申报流程：①组织申报。企业将申报材料提报同级人力资源社会保障部门审核。②资格审查。人力资源社会保障部门对申报材料进行审核，查验社保缴纳情况，必要时会同有关部门进行实地考查，提出拟奖励企业名单。③公示拨付。拟奖励企业名单经同级人才工作领导小组办公室同意后，由人力资源社会保障部门面向社会公示，公示期为5个工作日。公示无异议的，由人力资源社会保障部门拨付补贴资金。

经办材料：①《烟台市企业引才育才补贴申报表》（青年人才预引人才补贴）；②企业与人才签订的"信用合同"、劳动合同；③企业支付学费（生活）补助的财务凭证；④其他有关证明材料。

咨询电话：6785030

（12）重大项目引才补贴。

对围绕强链、补链、延链新建扩建产业化项目，并在项目建设期间大量引进急需紧缺人才的企业，按照引才规模和层次进行综合论证，分三档分别给予30万元、20万元、10万元一次性重大项目引才补贴。

申报时间：根据通知要求，每年一次。

申报流程：①组织申报。按属地原则，企业将申报材料报经所在区市人力资源社会保障部门初审同意后，提报市人力资源社会保障局。②专家评审。市人力资源社会保障局组织专家评审，确定拟奖励企业数量和额度。③公示拨付。拟奖励企业名单经市委人才工作领导小组办公室同意后，由市人力资源社会保障局面向社会公示，公示期为5个工作日。公示无异议的，正式发文公布，由市人力资源社会保障局拨付补贴资金。

经办材料：①《烟台市企业引才育才补贴申报表》（重大项目引才补贴）；②建设

期内引进并首次在烟缴纳社会保险的人才名单；③属于重大项目的有关证明材料；④其他有关证明材料。

咨询电话：6785030

（13）研发人才猎头补贴。

政策内容：对通过人力资源服务机构从烟台市外引进计缴个人所得税年薪（工资薪金所得、劳务报酬所得）50万元（含）以上高端研发人才的企业，按照企业支付中介费用的30%给予一次性猎头补贴，每人最高补贴10万元。每家企业每年最高补贴20万元。

申报时间：随时申报。

申报流程：①组织申报。按属地原则，企业将申报材料报经所在区市人力资源社会保障部门初审同意后，报市人力资源社会保障局。②资格审查。市人力资源社会保障局对申报材料进行审核，必要时会同有关部门进行实地考查，提出拟奖励企业名单。③公示拨付。拟奖励企业名单经市委人才工作领导小组办公室同意后，由市人力资源社会保障局面向社会公示，公示期为5个工作日。公示无异议的，由市人力资源社会保障局拨付补贴资金。

经办材料：①《烟台市企业引才育才补贴申报表》（研发人才猎头补贴）；②企业与人力资源服务机构签订的中介协议（须明确约定引才中介费用）及企业支付佣金的财务凭证；③个人所得税完税证明（须体现工资薪金所得、劳务报酬所得）；④其他有关证明材料。

咨询电话：6785030

（14）烟台市柔性引才专项补贴。

哪类人群可以申报柔性引才专项补贴？柔性引才专项补贴对象是指企业2020年6月1日以后，通过顾问指导、挂职、兼职、项目合作、技术咨询、退休特聘等多种形式，从市外（海外）高校、科研院所、知名企业和专业机构柔性引进的重要科研项目或产业化项目技术负责人，原则上应为《烟台市高层次人才分类认定目录》A、B、C类人才中的科技创新人才，且与我市企业签订3年及以上劳务合同、工作协议或服务协议。

柔性引才专项补贴标准是什么？每年将按照柔性引进人才在烟纳税的年度劳动报酬总额的30%给予专项补贴，每年支持不超过50人，每人累计最高不超过15万元。

2. 菏泽

（1）引才补贴。

博士研究生政策：对企业、学校、医院、科研院所新全职引进以及来菏泽自主创业的博士研究生（年龄不超过45周岁），按规定缴纳社会保险的，3年内市财政按照每人每年6万元的标准给予用人单位引才补贴，其中企业引进或自主创业的，延长至5年，并给予人才家庭10万元奖励。

省属驻菏泽高校与我市企业联合引进博士研究生、省级及以上重点人才，与企业签订3年以上工作协议后，按照每人20万元的标准给予高校用才补贴。对国家级、省级博士后工作站，每入站1名博士后市财政给予5万元科研经费，在站期间每年分别给予全职、在职博士后10万元、5万元人才补贴，最长补贴3年；博士后出站在我市工作或自主创业的，按新引进人员享受政策。

硕士研究生政策：对企业新全职引进以及来菏泽自主创业的硕士研究生（年龄放宽至40周岁），首次在菏泽就业且按规定缴纳社会保险的，3年内企业税务登记县级财政按照每人每年2.4万元的标准给予用人单位引才补贴（全球TOP200、国内"双一流"高校毕业和攀登企业引进的延长至5年），并对硕士研究生人才家庭给予3万元奖励。

全日制本科生政策：对企业新全职引进以及来菏泽自主创业的全日制本科生（含全日制预备技师、技师班毕业生，年龄放宽至35周岁），首次在菏泽就业且按规定缴纳社会保险的，3年内企业税务登记县级财政按照每人每年1.2万元的标准给予用人单位引才补贴（全球TOP200、国内"双一流"高校毕业和攀登企业引进的延长至5年）。

全日制专科生政策：对攀登企业新全职引进的全日制专科毕业生（含全日制高级工班毕业生，年龄不超过30周岁），首次在菏泽就业且按规定缴纳社会保险的，3年内企业税务登记县级财政按照每人每年6000元的标准给予用人单位引才补贴。

（2）人才家庭奖励。

为鼓励更多家庭引导毕业生来菏泽就业创业，对企业新全职引进或自主创业的博士、硕士研究生，工作满一定年限后，分别给予人才家庭10万元、3万元奖励。

（3）人才安居保障。

取消青年人才首套房限制，实行补贴前置，推行人才房票奖励（2年内购买新建商品住房可直接抵扣房款）。

博士研究生政策：对新全职引进以及来菏泽自主创业的博士研究生，市财政分别给予个人30万元（攀登企业引进）、20万元（其他企业，医院、科研院所、市县属学校引进）、10万元（省属驻济高校引进）人才房票奖励。

硕士研究生政策：对企业新全职引进以及来菏泽自主创业的硕士研究生，企业税务登记县级财政给予个人6万元人才房票奖励（其中攀登企业引进的硕士研究生提高至10万元）。

全日制本科生政策：对企业新全职引进以及来菏泽自主创业的全日制本科生，企业税务登记县级财政给予个人4万元人才房票奖励（其中攀登企业引进的全日制本科生提高至7万元）。

全日制专科生政策：对攀登企业新全职引进的全日制专科生，企业税务登记县级财政给予个人3万元人才房票奖励。

3. 济南

（1）引才补贴。

博士研究生政策：对于新全职引进以及来济南自主创业的博士研究生，如果按照规定缴纳社会保险，那么市财政将按照每人每年 6 万元的标准给予用人单位引才补贴。其中，对于企业引进或自主创业的人才，补贴时间延长至 5 年，并且还会给予人才家庭 10 万元奖励。

省属驻济南高校与企业联合引进博士研究生、省级及以上重点人才的情况，如果这些人才与企业签订了 3 年以上工作协议，那么市财政将按照每人 20 万元的标准给予高校用才补贴。对于在国家级、省级博士后工作站工作的博士后，每入站 1 名博士后，市财政将给予 5 万元科研经费。在站期间，全职博士后每年将获得 10 万元人才补贴，在职博士后每年将获得 5 万元人才补贴，最长补贴时间为 3 年。如果博士后出站后选择在济南市工作或自主创业，那么他们将按照新引进人员的政策享受相关待遇。

硕士研究生政策：对于新全职引进以及来济南自主创业的硕士研究生（年龄放宽至 40 周岁），如果首次在济南市就业并按照规定缴纳社会保险，那么在三年内，企业税务登记县级财政将按照每人每年 2.4 万元的标准给予用人单位引才补贴。对于全球 TOP200、国内"双一流"高校毕业和攀登企业引进的硕士研究生，如果他们选择在济南市工作，那么企业引才补贴的时间将延长至 5 年。此外，对于硕士研究生人才家庭，济南市还会给予 3 万元的奖励。

全日制本科生政策：对于新全职引进以及来济南自主创业的全日制本科生（含全日制预备技师、技师班毕业生，年龄放宽至 35 周岁），如果首次在济南市就业并按照规定缴纳社会保险，那么在三年内，企业税务登记县级财政将按照每人每年 1.2 万元的标准给予用人单位引才补贴。对于全球 TOP200、国内"双一流"高校毕业和攀登企业引进的全日制本科生，如果他们选择在济南市工作，那么企业引才补贴的时间将延长至 5 年。

全日制专科生政策：根据攀登企业新全职引进的全日制专科毕业生（含全日制高级工班毕业生，年龄不超过 30 周岁），如果首次在济南市就业并按照规定缴纳社会保险，那么在三年内，企业税务登记县级财政将按照每人每年 6000 元的标准给予用人单位引才补贴。

（2）人才家庭奖励。

为鼓励更多家庭引导毕业生来济南就业创业，对企业新全职引进或自主创业的博士、硕士研究生，工作满一定年限后，分别给予人才家庭 10 万元、3 万元奖励。对企业新引进的全日制博士、硕士、本科毕业生，分别每月补贴 1500 元、1000 元、700 元，连续支持 3 年。

（3）人才安居保障。

取消青年人才首套房限制，实行补贴前置，推行人才房票奖励（2 年内购买新建商品住房可直接抵扣房款）。

博士研究生政策：对于攀登企业新全职引进的全日制博士研究生，市财政给予 30 万元人才房票奖励；其他企业、医院、科研院所、市县属学校新全职引进的全日制博士研究生，市财政分别给予 20 万元、10 万元、10 万元人才房票奖励；省属驻济高校新全职引进的全日制博士研究生，市财政给予 10 万元人才房票奖励。此外，符合条件的全日制博士、硕士研究生还可以申请泉城人才交通卡，3 年内免费乘坐公交、地铁等城市公共交通工具。

硕士研究生政策：对于企业新全职引进的全日制硕士研究生，在济首次就业并在我市连续缴纳社保满 6 个月的，给予一次性 5 万元生活补贴；同时符合购房补贴申领条件的，最多可享受 30 万元购房补贴。符合条件的全日制硕士研究生可以享受租赁住房补贴，每月 700 元，最长 3 年。如果选择购买住房，可以享受不超过购房金额 50% 的购房补贴，最高可达 70 万元。符合条件的全日制硕士研究生可以享受生活和租房补贴，每月 1000 元，最长 3 年。

此外，符合条件的全日制博士、硕士研究生还可以申请泉城人才交通卡，3 年内免费乘坐公交、地铁等城市公共交通工具。对于新全职引进的全日制硕士研究生，符合条件的还可以申请济南市人才服务"金卡"，持卡可享受户籍、储蓄、投资、保险、纳税、医疗、交通、教育、文化等方面提供便捷服务。

全日制本科生政策：符合条件的全日制本科生可以享受租赁住房补贴，每月 700 元，最长 3 年。符合购房条件的全日制本科生家庭在济南购买首套住房，可以享受购房补贴，具体金额根据不同情况而定。此外，符合条件的全日制本科生可以办理期限三年的免费公交地铁卡，市财政予以补贴。

全日制专科生政策：符合条件的全日制专科生可以享受租赁住房补贴，每月 700 元，最长 3 年。符合购房条件的全日制专科生家庭在济南购买首套住房，可以享受购房补贴，具体金额根据不同情况而定。此外，符合条件的全日制专科生可以办理期限三年的免费公交地铁卡，市财政予以补贴。

4. 青岛

（1）引才补贴。

博士研究生政策：对于新全职引进以及来青岛自主创业的博士研究生（年龄不超过 45 周岁），并且按规定缴纳社会保险的，青岛市财政会按照每人每年 6 万元的标准给予用人单位引才补贴。如果是在企业引进或自主创业的，这个补贴时间会延长至 5 年。同时，对于符合条件的人才家庭，还会给予 10 万元的奖励。

省属驻青岛高校与青岛企业联合引进博士研究生、省级及以上重点人才，与企业签订3年以上工作协议后，会按照每人20万元的标准给予高校用才补贴。对于在国家级、省级博士后工作站入站的博士后，每入站1名博士后，青岛市财政会给予5万元的科研经费。在站期间，全职博士后每年会得到10万元的人才补贴，在职博士后每年会得到5万元的人才补贴，最长补贴时间为3年。

硕士研究生政策：在青岛市，对于新全职引进以及来青岛自主创业的硕士研究生（年龄放宽至40周岁），并且首次在青岛就业且按规定缴纳社会保险的，青岛市财政会按照每人每年2.4万元的标准给予用人单位引才补贴。对于全球TOP200、国内"双一流"高校毕业和攀登企业引进的硕士研究生人才，这个补贴时间会延长至5年。同时，对于符合条件的硕士研究生人才家庭，还会给予3万元的奖励。

全日制本科生政策：在青岛市，对于新全职引进以及来青岛自主创业的全日制本科生（含全日制预备技师、技师班毕业生，年龄放宽至35周岁），并且首次在青岛就业且按规定缴纳社会保险的，青岛市财政会按照每人每年1.2万元的标准给予用人单位引才补贴。对于全球TOP200、国内"双一流"高校毕业和攀登企业引进的全日制本科生人才，这个补贴时间会延长至5年。

全日制专科生政策：在青岛市，对于攀登企业新全职引进的全日制专科毕业生（含全日制高级工班毕业生，年龄不超过30周岁），并且首次在青岛就业且按规定缴纳社会保险的，青岛市财政会按照每人每年6000元的标准给予用人单位引才补贴，补贴政策为期3年。

（2）人才家庭奖励。

为鼓励更多家庭引导毕业生来济就业创业，对企业新全职引进或自主创业的博士、硕士研究生，工作满一定年限后，分别给予人才家庭10万元、3万元奖励。

（3）人才安居保障。

取消青年人才首套房限制，实行补贴前置，推行人才房票奖励（2年内购买新建商品住房可直接抵扣房款）。

博士研究生政策：对新全职引进以及来青岛自主创业的博士研究生，市财政分别给予个人30万元（攀登企业引进）、20万元（其他企业，医院、科研院所、市县属学校引进）、10万元（省属驻济高校引进）人才房票奖励。此外，符合条件的全日制博士在青岛市行政区域范围内购买唯一商品住宅的，给予15万元的一次性安家费。

青岛市对毕业三年内的国内普通高校统招全日制本科及以上学历毕业生以及毕业三年内的国（境）外高等院校本科学历留学生，若在青岛市就业或创业并具有本市户籍，可以享受住房补贴。补贴标准为每月1200元。申请人自首次享受补贴月份起，可享受最长36个月的住房补贴。

硕士研究生政策：符合条件的全日制研究生在青岛市行政区域范围内购买唯一商品住宅的，给予 10 万元的一次性安家费。青岛市对毕业三年内的国内普通高校统招全日制本科及以上学历毕业生以及毕业三年内的国（境）外高等院校本科学历留学生，若在青岛市就业或创业并具有本市户籍，可以享受住房补贴。补贴标准为每月 800 元。申请人自首次享受补贴月份起，可享受最长 36 个月的住房补贴。

全日制本科生政策：青岛市对毕业三年内的国内普通高校统招全日制本科及以上学历毕业生以及毕业三年内的国（境）外高等院校本科学历留学生，若在青岛市就业或创业并具有本市户籍，可以享受住房补贴。补贴标准为每月 500 元。申请人自首次享受补贴月份起，可享受最长 36 个月的住房补贴。

全日制专科生政策：在青岛全职工作、无住房，且具有全日制专科及以上学历或具有中级专业技术资格、高级技工及以上职业资格的人才，均可申请人才住房。其中租赁型人才住房租金可享 6～8 折优惠，产权型人才住房销售价格可享 8 折优惠。如果本人或配偶具有硕士或博士研究生学历且在青岛市购买唯一商品住宅，也可选择申请 10 万或 15 万元的一次性安家费。

5. 淄博

（1）引才补贴。

博士研究生政策：对企业、学校、医院、科研院所新全职引进以及来淄自主创业的博士研究生（年龄不超过 45 周岁），并按规定缴纳社会保险的，市财政会按照每人每年 6 万元的标准给予用人单位引才补贴。其中，如果是企业引进或自主创业的博士研究生，这个补贴会延长至 5 年。此外，对于博士研究生人才家庭，还会给予 10 万元的奖励。

省属驻淄高校与淄博市企业联合引进博士研究生、省级及以上重点人才，与企业签订 3 年以上工作协议后，会按照每人 20 万元的标准给予高校用才补贴。对于国家级、省级博士后工作站，每入站 1 名博士后市财政给予 5 万元科研经费。在站期间，全职博士后每年会得到 10 万元的人才补贴，在职博士后每年会得到 5 万元的人才补贴，最长补贴时间为 3 年。

硕士研究生政策：对企业新全职引进以及来淄自主创业的硕士研究生（年龄放宽至 40 周岁），并且首次在淄博就业且按规定缴纳社会保险的，县级财政会按照每人每年 2.4 万元的标准给予用人单位引才补贴。对于全球 TOP200、国内"双一流"高校毕业和攀登企业引进的硕士研究生，这个补贴时间会延长至 5 年。

全日制本科生政策：对于首次在淄博市就业并按照规定缴纳社会保险的全日制本科生（含全日制预备技师、技师班毕业生），县级财政会在其企业税务登记的 3 年内按照每人每年 1.2 万元的标准给予用人单位引才补贴。如果全日制本科生是从全球

TOP200、国内"双一流"高校毕业或由攀登企业引进的，那么这个补贴时间将延长至5年。

全日制专科生政策：对攀登企业新全职引进的全日制专科毕业生（含全日制高级工班毕业生，年龄不超过30周岁），首次在淄博就业且按规定缴纳社会保险的，3年内企业税务登记县级财政按照每人每年6000元的标准给予用人单位引才补贴。

（2）人才家庭奖励。

为鼓励更多家庭引导毕业生来淄博就业创业，对企业新全职引进或自主创业的博士、硕士研究生，工作满一定年限后，分别给予人才家庭10万元、3万元奖励。

（3）人才安居保障。

取消青年人才首套房限制，实行补贴前置，推行人才房票奖励（2年内购买新建商品住房可直接抵扣房款）。

博士研究生政策：对新全职引进以及来淄博自主创业的博士研究生，市财政分别给予个人30万元（攀登企业引进）、20万元（其他企业，医院、科研院所、市县属学校引进）、10万元（省属驻济高校引进）人才房票奖励。另外，全职引进或自主创业的博士研究生的配偶和子女在就业和入学方面可能享受一定的优惠政策。例如，配偶可能获得推荐就业岗位、培训和职业规划等方面的支持；子女可能享受优先安排入学、转学等便利。

硕士研究生政策：对于未购买淄博市产权型人才公寓的人才，在新购其他商品房时给予12万元一次性购房补助。对以上人才在全市规定区域内新购新建商品房时，再给予1万元补贴。此外，全职引进或自主创业的硕士研究生的配偶和子女在就业和入学方面可能享受一定的优惠政策。例如，配偶可能获得推荐就业岗位、培训和职业规划等方面的支持；子女可能享受优先安排入学、转学等便利。

全日制本科生政策：对于符合条件的全日制本科及以上学历的外地机关事业单位在编人员，本人、配偶或父母户口为淄博并申请返淄的，按照"同级对口、双向选择、服从调剂"原则，经考查择优安置到淄博市事业单位，使用人才专项事业编制予以保障。

全日制专科生政策：对于符合条件的全日制专科及以上学历的外地机关事业单位在编人员，本人、配偶或父母户口为淄博并申请返淄的，按照"同级对口、双向选择、服从调剂"原则，经考查择优安置到淄博市事业单位，使用人才专项事业编制予以保障。

四、就业政策

（一）国家层面

1. 一次性吸纳就业补贴政策

补贴对象：对企业招用毕业年度或离校2年内未就业高校毕业生、登记失业的16—24岁青年，签订1年以上劳动合同的，可发放一次性吸纳就业补贴，政策实施期限截至 2023 年 12 月 31 日。

补贴标准：由省级人力资源社会保障、财政部门确定。

申领流程：当地人力资源社会保障部门。

2. 社会保险补贴政策

补贴对象：用离校 2 年内未就业高校毕业生，与之签订 1 年以上劳动合同并为其缴纳社会保险费的小微企业。

补贴标准：对招用符合条件高校毕业生的小微企业，按其为高校毕业生实际缴纳的社会保险费给予补贴，不包括个人缴纳部分，期限最长不超过 1 年。

申领流程：社会保险补贴实行"先缴后补"，符合条件的小微企业，向当地人社部门提供基本身份类证明（或毕业证书）复印件、劳动合同复印件等材料。人社部门审核后，将补贴资金支付到单位银行账户。

受理机构：当地人力资源社会保障部门。

3. 就业见习补贴政策

补贴对象：吸纳离校 2 年内未就业高校毕业生、16 ～ 24 岁失业青年参加就业见习的单位。

补贴标准：由省级人力资源社会保障、财政部门确定。补贴用于见习单位支付见习人员见习期间基本生活费、为见习人员办理人身意外伤害保险，以及对见习人员的指导管理费用。对见习人员见习期满留用率达到 50% 以上的单位，可适当提高见习补贴标准。对见习期未满与高校毕业生签订劳动合同的，给予见习单位剩余期限见习补贴，政策实施期限截至 2023 年底。

申领流程：见习单位向当地人力资源社会保障部门提供以下材料：基本身份类证明（或毕业证书）复印件、就业见习协议书、单位发放基本生活补助明细账（单）、为见习人员办理人身意外伤害保险发票复印件等材料。人力资源社会保障部门审核后，将补贴资金支付到单位银行账户。

受理机构：当地人力资源社会保障部门。

4. 创业担保贷款及贴息政策

补贴对象：当年新招用符合创业担保贷款申请条件的高校毕业生等人员人数达到企业现有在职职工人数 15%（超过 100 人的企业为 8%），并与其签订 1 年以上劳动合同的小微企业。

补贴标准：可申请最高不超过 300 万元的小微企业创业担保贷款，由财政给予贴息。对 10 万元及以下的个人创业担保贷款，以及全国创业孵化示范基地或信用社区（乡村）推荐的创业项目，获得设区的市级以上荣誉称号的创业人员、创业项目、创业企业，经金融机构评估认定的信用小微企业、商户、农户，经营稳定守信的二次创业者等特定群体，免除反担保要求。

申领流程：由当地人力资源社会保障、财政部门确定。

受理机构：当地人力资源社会保障部门。

5. 税收优惠政策

补贴对象：招用登记失业半年以上且持《就业创业证》或《就业失业登记证》（注明"企业吸纳税收政策"）的高校毕业生，与其签订1年以上期限劳动合同并依法缴纳社会保险费的企业。

补贴标准：自签订劳动合同并缴纳社会保险当月起，在3年（36个月，下同）内按实际招用人数予以定额依次扣减增值税、城市维护建设税、教育费附加、地方教育附加和企业所得税优惠。定额标准为每人每年6000元，最高可上浮30%，各省、自治区、直辖市人民政府可根据本地区实际情况在此幅度内确定具体定额标准。

申领流程：由当地人力资源社会保障、税务部门确定。

受理机构：当地人力资源社会保障、税务部门。

6. 职业培训补贴政策

补贴对象：开展学徒培训的企业。

补贴标准：由各市（地）以上人力资源社会保障部门会同财政部门确定，学徒每人每年的补贴标准原则上5000元以上，补贴期限按照实际培训期限（不超过备案期限）计算，可结合经济发展、培训成本、物价指数等情况定期调整。补贴资金从职业技能提升行动专账资金或就业补助资金列支。

申领流程：企业在开展学徒培训前将有关材料报所在地人力资源社会保障部门备案，备案材料应包括培训计划、学徒名册、劳动合同复印件及其他相关材料（具体清单由所在地人力资源社会保障部门自行制定），经审核后列入学徒培训计划，并按规定向企业预支补贴资金。

7. 一次性扩岗补助政策

补贴对象：对招用2023届及离校两年内未就业普通高校毕业生、登记失业的16～24岁青年，签订劳动合同并为其缴纳失业、工伤、职工养老保险费1个月以上的企业，可发放一次性扩岗补助，政策执行至2023年12月底。

补贴标准：每招用1人不超过1500元。

申领流程：各地可采取"免申即享"的方式，按照"方便、快捷、规范、安全"的原则，主动向符合条件的企业发放一次性扩岗补助。各地失业保险经办机构开设服务窗口，企业可自行申领，经办机构通过本地信息系统核实企业所招用人员参保情况后，30日内办结。

8. 高校毕业生职业培训补贴政策

补贴对象：对参加就业技能培训和创业培训的毕业年度高校毕业生。

补贴标准：培训后取得职业资格证书的（或职业技能等级证书、专项职业能力证书、培训合格证书），按照规定给予一定标准的职业培训补贴。

申领流程：参加培训的高校毕业生向当地人社部门提供基本身份类证明（包括身份证、《就业创业证》、《就业失业登记证》、社会保障卡，政策申办对象根据实际情况选择其一提供即可）原件或复印件、培训机构开具的税务发票（或行政事业性收费票据）等材料。人社部门审核后，将培训补贴支付到申请者本人社会保障卡银行账户（或其他银行账户，由申请者自主选择）或个人信用账户。

受理机构：当地人力资源社会保障部门。

9. 高校毕业生个人职业培训补贴政策

补贴对象：对参加就业技能培训和创业培训的毕业年度高校毕业生。

补贴标准：培训后取得职业资格证书的（或职业技能等级证书、专项职业能力证书、培训合格证书），按照规定给予一定标准的职业培训补贴。

申领流程：参加培训的高校毕业生向当地人社部门提供基本身份类证明（包括身份证、《就业创业证》、《就业失业登记证》、社会保障卡，政策申办对象根据实际情况选择其一提供即可）原件或复印件、培训机构开具的税务发票（或行政事业性收费票据）等材料。人社部门审核后，将培训补贴支付到申请者本人社会保障卡银行账户（或其他银行账户，由申请者自主选择）或个人信用账户。

受理机构：当地人力资源社会保障部门。

10. 职业技能鉴定补贴政策

补贴对象：通过初次职业技能鉴定并取得职业资格证书（不含培训合格证）的毕业年度高校毕业生。

补贴标准：由当地人力资源社会保障、财政部门确定。

申领流程：高校毕业生向当地人社部门提供基本身份类证明原件或复印件、职业技能鉴定机构开具的税务发票（或行政事业性收费票据）等材料。人社部门审核后，将补贴资金支付到申请者本人社会保障卡银行账户。

受理机构：当地人力资源社会保障部门。

11. 社会保险补贴政策

补贴对象：对离校 2 年内未就业的高校毕业生灵活就业后缴纳的社会保险费，给予一定数额的社会保险补贴。

补贴标准：原则上不超过其实际缴费的 2/3，补贴期限最长不超过 2 年。

申领流程：灵活就业的高校毕业生，向当地人社部门提供基本身份类证明原件或复印件、灵活就业证明材料等。人社部门审核后，将补贴资金支付到申请者本人社会保障卡银行账户。

受理机构：当地人力资源社会保障部门。

12. 一次性求职创业补贴政策

补贴对象：毕业学年有就业创业意愿并积极求职创业的低保家庭、贫困残疾人家庭、原建档立卡贫困家庭和特困人员中的高校毕业生和中等职业学校（含技工院校）毕业生，残疾及获得国家助学贷款的高校毕业生和中等职业学校（含技工院校）毕业生，给予一次性求职创业补贴。

补贴标准：由省级人力资源社会保障、财政部门确定。

办理流程：符合条件的毕业生所在学校申请求职创业补贴，向当地人社部门提供毕业生获得国家助学贷款（或享受低保、身有残疾、原建档立卡贫困家庭、贫困残疾人家庭、特困救助供养）证明材料、学籍证明复印件等。申请材料经毕业生所在学校初审和公示，报当地人社部门审核后，将补贴资金支付到毕业生本人社会保障卡银行账户。

受理机构：当地人力资源社会保障部门。

13. 学费补偿和助学贷款代偿、学费减免政策

资助范围：对应征入伍服义务兵役、招收为军士（原士官）、退役后复学或入学的高等学校学生实行学费补偿、国家助学贷款代偿、学费减免；对到中西部地区、艰苦边远地区和老工业基地县以下基层单位就业、履行一定服务期限的中央高校应届毕业生补偿学费或代偿用于学费的国家助学贷款。

资助标准：本专科学生每人每年最高不超过 12000 元，研究生每人每年最高不超过 16000 元。

申领流程：符合条件的高校毕业生可向高校学生资助管理部门。

申请受理机构：高校学生资助管理部门。

14. 国家助学贷款免息及本金延期偿还政策

资助对象：2023 年及以前年度毕业、在 2023 年内应偿还本金和利息的贷款学生。

覆盖范围：免除的利息，是贷款学生 2023 年内个人应支付的国家助学贷款利息，包括以前年度逾期贷款在 2023 年内产生的罚息。可申请延期偿还的本金，是贷款学生 2023 年内应偿还的国家助学贷款本金。

办理流程：本次免除利息，贷款学生不需申请，由承办银行直接办理。对于以前年度毕业的贷款学生，在通知印发前已偿还的 2023 年利息，如果承办银行尚未扣款，则相应资金不再扣除；如果已扣款，则由承办银行退还贷款学生。对处于还本宽限期的贷款学生，因 2023 年不需偿还贷款本金，故无需申请延期偿还贷款本金政策。

对处于贷款偿还本金期的贷款学生，如需延期偿还本金，本人可提出申请，并按承

办银行要求履行相关手续；如本人未提交申请，则默认按原合同约定偿还贷款本金。

15. 鼓励科研项目单位吸纳高校毕业生参与研究

按规定将社会保险补助纳入劳务费列支，劳务费不设比例限制。

根据国家有关规定，吸纳优秀的应届毕业生包括高校以及有学位授予的科研机构培养的博士研究生、硕士研究生和本科生为研究助理或辅助人员，项目承担单位应当与研究助理协商签订服务协议，明确双方的权利、责任和义务。服务协议应当包含以下内容：项目承担单位的名称和地址；研究助理的姓名、居民身份证号码和住址；服务协议期限；工作内容；劳务性费用数额及支付方式；社会保险；双方协商约定的其他内容。服务协议不得约定由研究助理承担的违约金。

服务协议期限应不超过三年。三年以下的服务协议期限已满而项目执行期未满的，根据工作需要可以协商续签至三年期满。项目承担单位应当参照国家有关工时和休息休假的规定，确定研究助理的工作时间和休息休假。项目承担单位应当为研究助理办理参加基本养老保险、基本医疗保险、失业保险、工伤保险、生育保险，并按时足额缴费。参保、缴费、待遇支付等具体办法参照各项社会保险有关规定执行。研究助理参与项目研究期间，可根据当地情况，将户口、档案存放在项目承担单位所在地或入学前家庭所在地人才交流中心。项目承担单位所在地、入学前家庭所在地人才交流中心应当免费为其提供户口、档案托管服务。

服务协议履行期间，研究助理提出解除服务协议的，应当提前15日书面通知项目承担单位；项目承担单位提出解除服务协议的，应当提前30日书面通知研究助理本人。

研究助理被解除服务协议或服务协议期满终止后，符合条件的可按规定享受失业保险待遇。

鼓励项目承担单位正式聘用（招用）人员时，优先聘用（招用）担任过研究助理的人员。担任过研究助理的人员被正式聘用（招用）后，工龄与参与项目研究期间的工作时间合并计算，社会保险缴费年限合并计算。

（二）烟台市

1. 高校毕业生灵活就业社保补贴

政策内容：对离校2年内未就业高校毕业生灵活就业后缴纳的职工社会保险费，按照其实际缴纳社会保险费的65%给予补贴，补贴期限最长不超过2年。

补贴期限：补贴期限最长不超过2年。

具体请咨询灵活就业地所在的区县人社部门电话：

芝罘区：6235243	莱山区：6716156	福山区：6999752	牟平区：4281097
开发区：6378033	高新区：6922094	海阳市：3223716	莱阳市：3365516
栖霞市：5210409	蓬莱市：5603886	长岛区：3213566	龙口市：8548733

招远市：8211573　　　莱州市：2222346

2. 小微企业吸纳高校毕业生社保补贴

政策内容：对招用毕业年度高校毕业生、离校 2 年内未就业高校毕业生（含技师学院高级工班、预备技师班和特殊教育院校职业教育类毕业生，下同），与之签订 1 年以上劳动合同并缴纳职工社会保险费的小微企业，按其实际缴纳的社会保险费，给予最长不超过 1 年的社会保险补贴（不包括个人应缴纳的部分）。高校毕业生社会保险补贴不能与就业困难人员社会保险补贴重复享受。用人单位符合《关于印发中小企业划型标准规定的通知》（工信部联企业〔2011〕300 号）中规定的小微企业标准，可在小微企业名录中查询（http://xwqy.gsxt.gov.cn/homezj）。

补贴期限：最长不超过 1 年。

申报流程及材料：①签订劳动合同。小微企业与员工签订劳动合同。②办理增员。小微企业在烟台人社网上办事大厅招用员工一件事中同时为员工办理劳动备案、就业登记、社保缴费（http://smart.rshj.yantai.gov.cn/smartsisp-dwwb/#/ytlogon）。③申请补贴。上述业务办理成功后，社保缴费后，小微企业到参保地人力资源社会保障部门办理补贴申领。应提供以下材料：毕业证书复印件；《小微企业招用毕业年度高校毕业生社会保险补贴申领表》；银行代单位发放工资明细账（单）和用人单位支付工资的财务凭证。④补贴发放。人社部门将补贴业务录入系统，经初审、复审通过后，在政府网站进行公示，公示无异议进入资金拨付环节。

有关要求：小微企业需在毕业之日起 24 个月之内申请补贴。单位正常经营、信用良好，未被列入国家企业信用信息公示系统"经营异常名录"和"严重违法失信企业名单"；所吸纳就业困难人员未有工商执照或非企业法人登记，未从事任何经营活动或其他事实的就业创业行为；单位吸纳就业困难人员用工真实，不属于"挂靠"人员；所提报内容及附属材料真实有效，提报工资表与单位财务凭证一致；主动配合人社部门的查验；违反法律法规套取补贴的，除按照《中华人民共和国刑法》第二百六十六条诈骗罪相关规定承担法律责任外，还需全部退还补贴资金。

具体请咨询参保地人社部门电话：

芝罘区：6235243	莱山区：6716156	福山区：6999752	牟平区：4281097
开发区：6378033	高新区：6922094	海阳市：3223716	莱阳市：3365516
栖霞市：5210409	蓬莱市：5603886	长岛区：3213566	龙口市：8548733
招远市：8211573	莱州市：2222346	市本级：6256217	

3. 新就业形态灵活就业意外伤害保险补贴

政策内容：新业态平台企业为依托本平台灵活就业人员购买意外伤害保险或依托上述平台灵活就业人员自行购买意外伤害保险的，在办理灵活就业登记后，按照每人每年不高于 100 元的标准给予意外伤害保险补贴。

申报时间：平台企业或个人购买意外伤害保险后。

申报流程：新业态平台企业或个人可通过线上（山东公共就业人才服务网上服务大厅）或线下渠道向灵活就业地公共就业人才服务机构申请补贴。公共就业人才服务机构对从业人员就业状态进行核验。

经办材料：平台企业申请的，提交保险费收费发票复印件、新形态灵活就业从业人员意外伤害保险补贴申请表。个人申请的，提交缴纳意外伤害保险证明材料，新形态灵活就业从业人员意外伤害保险补贴申请表、新业态平台企业与就业人员签订的劳务（服务）协议或承诺书。

咨询电话：

芝罘区：6606065	福山区：6999763	莱山区：6715617	牟平区：4338015
蓬莱区：5657715	长岛区：3213566	海阳市：3223716	莱阳市：2915115
栖霞市：5235757	龙口市：8513112	招远市：8237962	莱州市：2222146
黄渤海新区：6391539	高新区：6922094		

五、毕业生档案、报到等问题

（一）国家层面

1. 毕业去向登记

毕业去向登记是毕业生办理离校手续的必要环节，高校毕业生（含结业生）要及时完成毕业去向登记，实行定向招生就业办法的高校毕业生，要严格按照定向协议就业并登记去向信息。高校毕业生（含结业生），在离校前要及时注册使用全国高校毕业生毕业去向登记系统（https：//dj.ncss.cn）或者省级高校毕业生毕业去向登记系统登记个人毕业去向信息；在离校时统一使用全国登记系统对毕业去向信息进行确认，确保信息真实准确。高校毕业生户籍可以迁往就业创业地（超大城市按现有规定执行），也可以迁往入学前户籍所在地。高校毕业生可通过中国高等教育学生信息网（https：//www.chsi.com.cn）查询和验证高校毕业生学历、学位信息。高校毕业生本人授权同意后，户籍和档案接收管理部门可通过全国高校毕业生毕业去向登记系统（https：//dj.ncss.cn），查询核验毕业生离校时相应去向登记信息。

2. 毕业生转档

《中共中央组织部人力资源社会保障部等五部门关于进一步加强流动人员人事档案管理服务工作的通知》（人社部发〔2014〕90 号）规定：流动人员人事档案是人事档案的重要组成部分。

具体包括：非公有制企业和社会组织聘用人员的档案；辞职辞退、取消录（聘）用或被开除的机关事业单位工作人员档案；与企事业单位解除或终止劳动（聘用）关系人员的档案；未就业的高校毕业生及中专毕业生的档案；自费出国留学及其他因私出国（境）人员的档案；外国企业常驻代表机构的中方雇员的档案；自由职业或灵活就业人员的档案；其他实行社会管理人员的档案。

档案转递时，行政（工资）介绍信、转正定级表、调整改派手续等材料不再作为接收审核流动人员人事档案必备材料。

转递档案时应严密包封并填写档案转递通知单，通过机要交通或派专人送取，严禁个人自带档案转递；自2015年1月1日起，取消收取人事关系及档案保管费、查阅费、证明费、档案转递费等名目的费用。

各级公共就业和人才服务机构应提供免费的流动人员人事档案基本公共服务。

（二）山东省

1. 高校毕业生就业手续

（1）毕业生就业情况登记。

毕业生与用人单位以签订就业协议、签订劳动合同、科研助理、应征入伍、国家基层项目、地方基层项目、自主创业、自由职业、其他录用形式就业，或以升学、出国（出境）形式深造，以及待就业（指有就业意愿尚未就业）和暂不就业（指不就业拟升学或其他暂不就业）的，需登陆"山东高校毕业生就业信息网"（网址www.sdgxbys.cn，以下简称"信息网"）或"山东省教育厅高校毕业生就业网"（网址http：//gxjy.sdei.edu.cn，以下简称"就业网"）登记有关信息。

（2）毕业生就业方案确认。

各高等院校编制的毕业生就业方案，应当由毕业生本人网上确认，省级毕业生就业主管部门（省人力资源社会保障厅、省教育厅，下同）不再进行审核。非师范类高校毕业生，登录"信息网"完成确认；师范类高校毕业生，登录"就业网"完成确认。

（3）毕业生就业手续办理。

①我省毕业生到我省设区的市、县（市、区）行政机关、企事业单位就业的，其就业手续由单位所在地毕业生就业主管部门办理。

②毕业生到省内中央驻鲁机关、企事业单位和省直机关、企事业单位就业的，其就业手续由单位所在地设区的市毕业生就业主管部门办理。

③我省毕业生到外省、市、自治区单位就业的，其就业手续由省级毕业生就业主管部门办理。

④省外毕业生来鲁就业的，登陆"信息网""就业网"进行网上登记，其就业手续由求职意向所在地毕业生就业主管部门办理。

毕业生具体就业手续，非师范类高校毕业生由各级公共就业和人才服务机构办理，师范类高校毕业生由各级教育相关部门办理。

2. 毕业生就业使用电子报到证

山东省普通高等院校自 2020 届毕业生开始统一使用电子报到证。根据《中华人民共和国电子签名法》《国务院关于在线政务服务的若干规定》（中华人民共和国国务院令第 716 号）的相关规定，电子报到证和纸质版报到证有同样的法律效力，毕业生实名认证通过后，即可办理电子报到证（见附件 1）的相关业务。非师范类高校毕业生办理电子报到证由山东省人力资源和社会保障厅负责，师范类高校毕业生办理电子报到证由山东省教育厅负责。

（1）电子报到证签发、使用范围。

电子报到证签发、使用范围为我省 2020 届及以后的毕业生（含结业生），其中不毕业、缓派、升学的毕业生不签发报到证。

（2）离校前主要业务流程。

毕业生本人在"信息网""就业网"确认电子报到证信息后，由毕业学校审核。学校在审核确认本校毕业生就业方案后，由省级毕业生就业管理部门生成毕业生报到证信息库，并根据报到证信息生成带有省级毕业生就业主管部门电子签章的电子报到证。

电子报到证按照一证一码原则生成二维码，通过扫描二维码验证、识别报到证真伪及相关报到信息。电子报到证可以打印为纸质报到证。

省级毕业生就业主管部门可以通过系统监测报到证打印进度。"信息网""就业网"自动记录电子报到证被下载、打印、变更等情况。

3. 毕业生离校后相关手续的办理

（1）就业报到或者实名登记。

未就业毕业生离校后，应当在报到期限（三个月）内，在"信息网"上办理实名登记等手续。

（2）调整改派。

毕业生离校后因就业单位信息变动需要变更报到证记载信息内容的，称为调整改派，包括离校未就业毕业生确定就业单位和离校时已确定就业单位毕业生变更就业单位。毕业生在择业期内（自毕业之日起三年内）原则上可以办理调整手续，两年内可以办理改派手续。

毕业生可通过"信息网""就业网"微信公众号或小程序申请办理调整改派，直接在网上领取加盖电子签章的电子报到证，并自行下载或打印纸质报到证。下载或打印新报到证的同时，原报到证自动注销作废。

（3）调整改派的审核权限。

需要调整改派的，由就业单位所在地毕业生就业主管部门负责审核；与原用人单位解除就业协议、劳动合同后回户籍地的，由户籍地毕业生就业主管部门负责审核；省内高校毕业生在外省落实用人单位的，由省级毕业生就业主管部门负责审核。

各级毕业生就业主管部门应在接到申请的 3 个工作日内完成审核。其中省内中央驻鲁机关、企事业单位和省直机关、企事业单位由单位所在地设区的市毕业生就业主管部门办理；其他单位由所在地县（市、区）毕业生就业主管部门办理，档案托管由所在地县（市、区）公共就业和人才服务机构或教育局办理。

（4）报到证遗失补发。

2020 届及以后毕业生（含结业生）的教育部制式纸质报到证遗失后，不再办理补发手续。

（5）放弃升学办理报到证。

省内院校毕业生在就业方案中列为升学的，不签发报到证。毕业生放弃升学后提出就业申请的，经省级就业主管部门审核后可以补发升学前学历的报到证。

（6）结业生办理报到证。

为结业生签发电子报到证，应在报到证备注栏内注明"结业"字样。结业生考试考核合格，经院校同意毕业并颁发毕业证书的，经省级就业主管部门审核后可以换发报到证。

（7）延期毕业办理报到证。

省内高校毕业生在就业方案中列为不毕业的，不签发报到证。后经院校同意毕业并颁发毕业证书的，经省级就业主管部门审核后可以补发报到证。

（8）报到证记载信息的修改。

毕业生就业方案确定后，报到证的有关信息原则上不得修改，因特殊情况需要修改的，经省级就业主管部门审核后可以修改。

（9）户口迁移与落户。

毕业生在办理户口迁移和落户手续时，可用电子报到证代替纸质报到证。

4. 提供电子报到证查询服务

毕业生就业主管部门、高等院校、毕业生本人和用人单位均可以通过"信息网""就业网"查询省内高校毕业生电子报到证的相关信息。

各级机关、企事业单位在招聘高校毕业生及各级公共就业和人才服务机构在办理高校毕业生就业服务事项时，应登陆"信息网""就业网"，核实毕业生最新就业信息。

5. 毕业生档案的派送

毕业生到具有档案管理权限的国家机关、事业单位、企业就业的，毕业生档案按单位注册信息派送到档案管理单位。

毕业生到不具有档案管理权限单位就业的，单位应办理档案集中托管，毕业生档案派送到档案托管单位；单位未办理档案集中托管或自主创业、自由职业的毕业生，可由毕业生自主选择将个人档案派送回户籍地或就业、创业所在地的县（市、区）公共就业和人才服务机构或教育局办理个人档案托管。

毕业生未落实就业单位有意愿回户籍地就业的，毕业生个人档案应派送到户籍所在地的县（市、区）公共就业和人才服务机构或教育局托管。

各地公共就业和人才服务机构应积极开展毕业生个人档案托管业务，为在本地就业、创业的毕业生办理个人档案托管服务。

各高等院校、各地公共就业和人才服务机构应严格遵守档案管理规定，严禁毕业生本人携带档案。

6. 出省就业和来鲁就业

到山东省外就业的山东高校毕业生，在择业期内可通过网上申请，并提供相应材料明细，由省级毕业生就业主管部门按照教育部规定进行审核确认后，发放教育部制式纸质报到证；来我省就业的外省、市、自治区高校毕业生，在"信息网""就业网"登记就业信息后，可持外省、市、自治区发放的纸质报到证办理就业手续。

（三）烟台市

（1）大学生档案邮寄地址。

官网"烟台市人力资源和社会保障局"—通知—23 年烟台市离校未就业高校毕业生档案转寄说明。

省内院校毕业生档案接收信息：

①芝罘区。

档案接收单位：芝罘区人力资源和社会保障局。

档案接收地址：烟台芝罘区机场路 90 号负一楼档案室。

联系人：曲老师。

电话：0535-6235243。

②福山区。

档案接收单位：福山区人力资源和社会保障局。

档案接收地址：烟台福山区永达街 1021 号政务服务中心六楼 614 就业促进科。

联系人：卫老师。

电话：0535-6356306。

③莱山区。

档案接收单位：莱山区公共就业和人才服务中心。

档案接收地址：烟台莱山区海棠路 101 号莱山区政务服务大厅。

联系人：任老师。

电话：0535-6716156。

④牟平区。

档案接收单位：牟平区公共就业和人才服务中心。

档案接收地址：烟台牟平区通海路 308 号财政大厦一楼北人力资源服务大厅。

联系人：包老师。

电话：0535-4281097。

⑤海阳市。

档案接收单位：海阳市公共就业和人才服务中心。

档案接收地址：烟台海阳市南京街 21 号政务服务中心二楼大学生档案室。

联系人：王老师。

电话：0535-3301258。

⑥莱阳市。

档案接收单位：莱阳市公共就业和人才服务中心。

档案接收地址：烟台莱阳市金水路 7 号五号楼二楼档案服务科。

联系人：侯老师。

电话：0535-2915135。

⑦栖霞市。

档案接收单位：栖霞市公共就业和人才服务中心。

档案接收地址：烟台栖霞市凤翔路 298 号政务服务中心 6 楼 627 室。

联系人：李老师。

电话：0535-5210409。

⑧蓬莱市。

档案接收单位：蓬莱区公共就业和人才服务中心。

档案接收地址：烟台蓬莱区创发东路 17 号政务服务中心二楼就业中心代理科。

联系人：秦老师。

电话：0535-5662397。

⑨长岛。

档案接收单位：长岛综合试验区公共就业和人才服务中心。

档案接收地址：烟台长岛综合实验区南长山街道乐园大街 101-502 室。

联系人：钱老师。

电话：0535-3215737。

⑩龙口市。

档案接收单位：龙口市人力资源和社会保障局。

档案接收地址：烟台龙口市港城大道工商联综合体 4 楼 27-28 号窗口。

联系人：高老师。

电话：0535-8548733。

⑪招远市。

档案接收单位：招远市人力资源和社会保障局。

档案接收地址：烟台招远市温泉路128-1号金融大厦4楼3号窗口。

联系人：冯老师。

电话：0535-8211573。

⑫莱州市。

档案接收单位：莱州市公共就业和人才服务中心。

档案接收地址：烟台莱州市文昌路街道为民街598号档案科。

联系人：贾老师。

电话：0535-2228709。

⑬开发区。

档案接收单位：烟台经济技术开发区人力资源和社会保障局政务信息管理服务处。

档案接收地址：烟台经济技术开发区沐河路31号自贸区国际人才港裙楼二楼223室。

联系人：罗老师。

电话：0535-6379667。

⑭高新区。

档案接收单位：高新区党群工作部。

档案接收地址：烟台高新区科技大道69号政务服务中心1楼108窗口人力资源科。

联系人：盖老师。

电话：0535-6922790。

（2）个人及单位人事档案业务。

①烟台各区市流动人员人事档案转递服务咨询电话。

市直：6240279、6785067　　芝罘区：6212023　　福山区：6356305

莱山区：6716156　　开发区：6379667　　高新区：6922790　　牟平区：4281097

海阳市：3222641　　莱阳市：3365510　　栖霞市：5210409　　蓬莱区：3350837

长岛综合试验区：3215737　　龙口市：8548740　　招远市：8211573

莱州市：2228709

②人事档案网办流程。

第一步：进入"山东公共就业人才服务网上办事大厅"。

登陆烟台市人力资源和社会保障局网站（http://rshj.yantai.gov.cn/）—网上

办事—单位服务—就业创业—公共就业服务—关闭引导信息—个人登录—通过山东省统一政务服务门户登录—登录账号—进入"山东公共就业人才服务网上办事大厅"。

第二步：网上业务办理、档案接收。

"山东公共就业人才服务网上办事大厅"档案管理—业务办理—流动人员人事档案接收—选择个人委托/单位委托—填写必填真实信息并选择应上传附件（①身份证正反面；②劳动合同/录用手续/单位接收证明/接收单位盖章的《人才流动登记表》中的任意一项，其中《人才流动登记表》下载地址：烟台市人力资源和社会保障局网站—人才服务—下载专区）—点击提交按钮提交申请。

审核结果可从档案管理—业务查询—流动人员人事档案接收查询查看，审核时间为1至2个工作日。待审核通过后，在"流动人员人事档案接收查询"下载打印"调档函"附件，持"调档函"到存档机构办理档案转递手续。

档案转出：

"山东公共就业人才服务网上办事大厅"档案管理—业务办理—流动人员人事档案转出—填写真实信息并选择应上传附件（①身份证正反面；②调档函；③单位离职或解除（终止）劳动合同证明）—转出申请。

审核结果可从档案管理—业务查询—流动人员人事档案转出查询查看，审核时间为1至2个工作日。

大学生档案查询方式：登录山东高校毕业生就业信息网—服务大厅—就业手续办理—毕业生档案流向。

（3）毕业后一直没管过档案，哪里找档案？

毕业生签约了就业单位的全日制大中专院校毕业生，档案会发往就业单位委托代理的各级公共就业和人才服务机构或者有档案管理权限的单位；毕业时未签约就业单位的，档案会由学校发往户籍所在地的人力资源和社会保障局。

（4）县市区毕业生档案材料会一直在毕业生服务科存放吗？什么时候转交到档案室进行保管？

烟台籍离校未就业高校毕业生档案不会一直存放在毕业生服务科。毕业生服务科接收省外院校烟台籍离校未就业高校毕业生档案，档案信息录入系统后（最长不超过5个工作日），由毕业生生源所在区市公共就业人才服务机构前来提档并保管。

（5）补办人事档案。

档案是原始记录的记载，一旦丢失，补齐材料有难度。单位可补充劳动合同、招工登记表和解除合同证明，学历材料可联系毕业院校补办。

（6）毕业生网签期间，与用工单位是属于什么关系？签劳动合同是否有效？

山东高校毕业生就业信息网的网签属于毕业生的就业意向，不等同于劳动合同。

（7）毕业很多年未在烟台就业，毕业生科的档案最多可存放多久？

烟台籍离校未就业高校毕业生档案可存放在生源地区市公共就业人才服务机构，无时间限制。

六、就业登记、劳动合同、社保等问题

（1）劳动合同应当何时订立？

《劳动合同法》第十条规定："建立劳动关系，应当订立书面劳动合同。已建立劳动关系，未同时订立书面劳动合同的，应当自用工之日起一个月内订立书面劳动合同。用人单位与劳动者在用工前订立劳动合同的，劳动关系自用工之日起建立。"

（2）劳动合同应当具备哪些条款？

《劳动合同法》第十七条规定："劳动合同应当具备以下条款：①用人单位的名称、住所和法定代表人或者主要负责人；②劳动者的姓名、住址和居民身份证或者其他有效身份证件号码；③劳动合同期限；④工作内容和工作地点；⑤工作时间和休息休假；⑥劳动报酬；⑦社会保险；⑧劳动保护、劳动条件和职业危害防护；⑨法律、法规规定应当纳入劳动合同的其他事项。

（3）劳动合同试用期如何约定？

《劳动合同法》第十七条规定："劳动合同期限三个月以上不满一年的，试用期不得超过一个月；劳动合同期限一年以上不满三年的，试用期不得超过二个月；三年以上固定期限和无固定期限的劳动合同，试用期不得超过六个月。同一用人单位与同一劳动者只能约定一次试用期。以完成一定工作任务为期限的劳动合同或者劳动合同期限不满三个月的，不得约定试用期。试用期包含在劳动合同期限内。

（4）解除或终止劳动合同时经济补偿金如何支付？

《劳动合同法》第四十七条规定："经济补偿按劳动者在本单位工作的年限，每满一年支付一个月工资的标准向劳动者支付。六个月以上不满一年的，按一年计算；不满六个月的，向劳动者支付半个月工资的经济补偿。劳动者月工资高于用人单位所在直辖市、设区的市级人民政府公布的本地区上年度职工月平均工资三倍的，向其支付经济补偿的标准按职工月平均工资三倍的数额支付，向其支付经济补偿的年限最高不超过十二年。本条所称月工资是指劳动者在劳动合同解除或者终止前十二个月的平均工资。《劳动合同法实施条例》第二十七条规定"劳动合同法第四十七条规定的经济补偿的月工资按照劳动者应得工资计算，包括计时工资或者计件工资以及奖金、津贴和补贴等货币性收入。劳动者在劳动合同解除或者终止前 12 个月的平均工资低于当地最低工资标准的，按照当地最低工资标准计算。劳动者工作不满 12 个月的，按照实际工作的月数计算平均工资。"

（5）目前烟台市最低工资标准是多少？

《关于公布烟台市最低工资标准的通知》（烟人社发〔2021〕20号）规定，调整后的最低工资标准：芝罘区、福山区、莱山区、牟平区、蓬莱市、长岛综合试验区、龙口市、招远市、莱州市、开发区、高新区、昆嵛山保护区月最低工资标准2100元，小时最低工资标准21元；海阳市、莱阳市、栖霞市月最低工资标准1900元，小时最低工资标准19元。用人单位向提供正常劳动的劳动者支付的工资，不得低于劳动合同履行的最低工资标准。

（6）最低工资标准包括什么？

最低工资标准包括劳动者个人应当缴纳的社会保险费和住房公积金。最低工资标准不包括下列各项：①延长工作时间、休息日工作和法定节假日工作的加班工资。②中班、夜班、高温、低温、井下、有毒有害等特殊工作环境、条件下的津贴。③法律、法规和国家、省规定的劳动者应享受的福利待遇。主要包括：对劳动者进行培训的费用；按国家劳动安全卫生规定发给劳动者的费用和用品，以及用人单位自身规定的工作用品（如工作着装等）；按国家住房制度改革规定由用人单位为劳动者缴纳的住房公积金；用人单位为劳动者支付的医疗卫生费、丧葬抚恤救济金、探亲路费、计划生育补贴、生活困难补助、冬季取暖补贴、夏季防暑降温费等。

（7）企业安排劳动者加班的，应如何支付加班工资？

①在日法定标准工作时间以外延长工作时间的，按照不低于小时工资基数的150%支付加班工资。

②在休息日安排工作的，应当安排同等时间的补休；不能安排补休的，按照不低于日或者小时工资基数的200%支付加班工资。

③在法定节假日安排工作的，应当按照不低于日或者小时工资基数的300%支付加班工资。

实行综合计算工时工作制的企业，劳动者综合计算工作时间超过法定标准工作时间的部分，视为延长工作时间，应当根据不同情形，按照第1项、第3项的规定支付加班工资。实行不定时工作制的企业，不适用以上规定。

（8）企业应在何时向劳动者支付工资，支付工资的周期应为多长时间？如遇法定节假日或休息日何时支付？

企业应当按照劳动合同或者工资集体协议约定的日期足额支付劳动者工资，不得克扣或者拖欠工资。工资支付日期遇到法定节假日或者休息日的，企业应当在节假日或者休息日前最近的工作日支付。企业应当每月至少支付给劳动者一次工资，但实行年薪制的，可以按照规定的比例和期限定期支付劳动者工资。对于从事临时性工作的劳动者，工作期间少于1个月的，企业应当在临时工作任务完成时立即支付劳动者工资；工作期间超过 1 个月的，企业应当按月支付劳动者工资。

（9）社会保险

社会保险是国家为了帮助公民抵御各种生活危险而建立的一种社会保障制度。社会保险的项目一般包括养老保险、医疗保险、失业保险、生育保险、工伤保险。

①养老保险。实行社会统筹和个人账户相结合的模式。用人单位的缴费比例为工资总额的 20%，个人缴费比例为本人工资的 8%，并计入个人账户。养老保险累计缴满 15 年达到法定退休后才能领取养老金。

②失业保险。所有组织及职工必须缴纳失业保险。用人单位的缴费比例为工资总额的 2%，个人缴费比例为本人工资的 1%。失业保险缴满 1 年符合规定才能享受失业保险待遇。

③医疗保险。实行社会统筹和个人账户相结合的模式。用人单位的缴费比例为工资总额的 8%，个人缴费比例为本人工资的 2%，并计入个人账户。

④生育保险。生育保险费由用人单位缴纳，职工个人不缴费。生育保险主要支付生育发生的医疗费用和产假期间按月发放的生育津贴。

⑤工伤保险。工伤保险费由用人单位缴纳，职工个人不缴费。工伤保险主要支付工伤医疗险、伤残补助金、抚恤金、伤残护理费等。

（10）劳动合同与就业协议书联系与区别

①毕业生就业协议是毕业生在校时，由学校参与见证并与用人单位协商签订的，是编制毕业生就业计划方案和毕业生派遣的依据；劳动合同是毕业生与用人单位明确劳动关系中权利义务关系的协议，学校不是劳动合同的主体，也不是劳动合同的见证方，劳动合同是上岗毕业生从事何种岗位、享受何种待遇等权利和义务的依据。

②毕业生就业协议的内容主要是毕业生如实介绍自身情况，并表示愿意到用人单位就业，用人单位愿意接收毕业生，学校同意推荐毕业生并列入就业计划进行派遣。劳动合同的内容涉及劳动报酬、劳动保护、工作内容、劳动纪律等方方面面，更为具体，劳动权利义务更为明确。

③一般来说，就业协议签订在前，劳动合同订立之后，如果毕业生与用人单位就工资待遇、住房等有事先约定，亦可在就业协议备注条款中予以注明，日后订立劳动合同对此内容应予认可。

④就业协议是毕业生和用人单位关于将来就业意向的初步约定，对于双方的基本条件以及即将签订劳动合同的部分基本内容大体认可，并经用人单位的上级主管部门和高校就业部门同意和见证，一经毕业生、用人单位、高校、用人单位主管部门签字盖章，即具有一定的法律效力，是编制毕业生就业计划和将来可能发生违约情况时的判断依据。

七、大学生在求职过程中常见的侵权、违法行为及权益保护

（一）"试用"陷阱

1. 关于试用期的规定

试用期的长短有法律明确规定，超过法律规定的期限试用，属于违法行为。该法规定，劳动合同期限三个月以上不满一年的，试用期不得超过一个月；劳动合同期限一年以上不满三年的，试用期不得超过两个月；三年以上固定期限和无固定期限的劳动合同，试用期不得超过六个月。

用人单位随意压低试用期工资的行为，属于违法行为。

劳动者在试用期的工资不得低于本单位相同岗位最低档工资或者劳动合同约定工资的百分之八十，并不得低于用人单位所在地的最低工资标准。

并非什么合同都有试用期。非全日制用工、以完成一定工作任务为期限的劳动合同或者劳动合同期限不满三个月的，不得约定试用期。

只约好试用期，未谈好劳动合同期限就试用，试用期视为正式劳动合同期限。

用人单位违法约定试用期，需赔偿劳动者经济损失。

用人单位违反法律规定与劳动者约定试用期的，由劳动行政部门责令改正；违法约定的试用期已经履行的，由用人单位以劳动者试用期满月工资为标准，按已经履行的超过法定试用期的期间向劳动者支付赔偿金。这相当于，违法试用期超过法定试用期的期间，劳动者有权得到转正工资和相当于转正工资额度的赔偿金。

2. 维权提醒

第一，入职初期如果企业雇主有与你签订劳动合同的意向，主动向雇主询问试用期细节至关重要，包括期限、评估方式，以及是否可能依据工作表现调整试用时间。

第二，若试用期末雇主意欲延长试用期限，应要求其明确指出不满意的具体方面，并依据合同中的录用标准进行说明。

第三，试用期结束后，若果你没有收到正式评估或转正通知，应先依法律途径与雇主沟通；若沟通无解，可以向当地劳动争议仲裁机构申请仲裁，或考虑通过法院解决争议。

第四，试用期只能有一次。

3. 试用期辞职

第一，一般情况下，不得收取违约金.用人单位只有在出资培训或竞业限制情形下才能与劳动者约定违约金。

第二，因用人单位的规章制度违法、用人单位未依法缴纳社会保险费、因用人单位原因造成劳动合同无效三种情形，劳动者可以随时向用人单位辞职。

第三，明确规定因"用人单位以暴力、威胁或者非法限制人身自由的手段强迫劳动

者劳动的，或者用人单位违章指挥、强令冒险作业危及劳动者人身安全的"，劳动者无须通知即可解除劳动合同。

（二）忽视五险

根据《劳动合同法》规定，企业雇主必须为劳动者参加基本养老保险、失业保险、医疗保险、工伤保险、生育保险。在企业，"五险"是劳动合同里不可或缺的条款。对新劳动者来说，"五险"是企业雇主必须给予的基本权利。

维权方法：首先，要认识到"五险"是法律规定的，是企业必须为员工提供的基本福利；其次，如果你所在的公司尚未注册，无法开设"五险"账户，那么你可以协商争取企业本应承担的保险费用，以便自行以自由职业者身份参保；最后，如果你不了解"五险"的缴纳流程和分担比例，可向劳动监察机构求助获取信息。

（三）如何缴纳"五险一金"？

"五险一金"包括养老保险、医疗保险、失业保险、工伤保险和生育保险，一金指的是住房公积金。其中养老保险、医疗保险和失业保险，这三种险是由企业和个人共同缴纳的保费，工伤保险和生育保险完全是由企业承担的。个人不需要缴纳。这里要注意的是"五险"是法定的，而"一金"不是法定的。

（四）关注"过劳"现象，延长劳动时间

对于平常和节假日加班加点，《劳动合同法》规定：用人单位由于生产经营工作时间，一般每日不得超过一小时；因特殊原因需要延长工作时间的，在保证劳动者健康条件下延长工作时间每日不得超过三小时；但是每月不得超过三十六小时。另外，还对加班的报酬进行详细的规定："有下列情形之一的，用人单位应当按照下列标准支付高于劳动者正常工作时间工资的工资报酬：（一）安排劳动者延长工作时间的，支付不低于工资的150%的工资报酬；（二）休息日安排劳动者工作又不能安排补休的，支付不低于工资的200%的工资报酬；（三）法定休息日安排劳动者工作的，支付不低于工资的300%的工资报酬。专家认为，从长远健康考虑，大学毕业生们应谨慎选择'过劳产业'。"

（五）许下"口头协议"

维权办法主要可以从以下几方面入手。

第一招：在求职过程中，若你对雇主口头提出的条件表示同意，建议提出将这些承诺正式转化为书面合同。需要明确的是，用人单位有义务与新员工签订书面的《劳动合同》，缺少这一书面文件是违法的。

第二招：假如你发现自己已经由于"口头协议"而处于不利局面，比如试用期结束后仍未获得应得薪资，也无法转为正式员工，这时就应当借助相关法律规定来保护自己的权益。

（六）想要工作先交费

注意：自 1995 年起，国家就明确规定企业禁止以任何理由向求职者收取报名费、押金或保证金等费用。在寻找工作时，首要任务就是验证目标公司的合法性。如遇到诈骗行为，请务必迅速报警处理。

（七）违约金不能随意约定

在劳动关系中，违约金的设定与支付常常成为争议的焦点，它被视为雇佣双方关系中的一个微妙而复杂的要素。这是由于违约金条款常被用人单位用作限制员工流动的手段。

以往，《劳动法》对用人单位和劳动者违约金条款的约定缺乏具体约束，导致某些企业过度使用此类条款来限制员工离职。在确定违约金额时，这些企业会将内部培训开支乃至招聘成本一并计入，这进一步加剧了问题的严重性。

《劳动合同法》规定，用人单位只能在二种情况下与劳动者约定违约金。一种是用人单位提供专项培训费用，对劳动者进行专业技术培训并与劳动者约定了服务期协议（职业技术学院学生较多）；另一种是对负有保密义务的劳动者约定有竞业限制的协议（条款）。《劳动合同法》明确规定，除此之外，用人单位不得与劳动者约定由劳动者承担违约金。在当前就业市场紧张、劳动者相对处于不利位置的大环境下，合理限定违约金的适用范围，对维护劳动者的合法权益尤为重要。此外，企业要证明对员工进行了培训并计入违约金的计算，必须提供第三方开具的培训费发票。这意味着，常规的企业内部培训如入职培训、转岗培训等，或者没有独立第三方发票的培训项目，不应作为计算违约金的依据。

八、山东、烟台人才卡

（一）山东惠才卡

政策内容："山东惠才卡"持卡人在鲁创新创业可享受出入境和居留、户籍、住房、配偶随迁、子女入学、编制、职称、岗位、薪酬等 29 项优惠政策和便利服务。

编制管理方面，全职引进到山东省事业单位工作的高层次人才，可在用人单位编制员额（人员控制总量）内直接办理纳入实名制管理手续。职称评审方面，引进高层次人才首次参加职称评审时，不受本人任职和年限限制，可按照业绩、能力、水平直接申报正高级职称。医疗保健方面，享受定点医院预约就诊、专员陪同、专家诊疗的就医绿色通道服务。交通出行方面，高层次人才在我市机场、火车站、码头客运站，凭"惠才卡"，本人身份证件和当日当次飞机（客船、火车）票，本人及一名陪同人员可享受绿色通道服务。旅游服务方面，免费进入省高层次人才服务专区公布的 3A 级以上旅游景区及国家森林公园。健身服务方面，享受我市各级体育部门所属公共体育场馆免费入场健身服务。金融方面，享受"人才贷"优惠政策。

申报时间：直接颁发类、审核颁发类为随时申报，评审颁发类为每年 7 月集中申报一批。

申报流程：登录省人社厅官网高层次人才服务专区"山东省高层次人才服务信息系统"—线上申报提交相关信息—区市人社局审核—市人社局审核—省人社厅审核—审核通过后发卡。

经办材料：身份证（外籍人才为护照）、学历证书、学位证书、荣誉称号证书、人才奖项证书、专业技术资格证书、劳动合同和所获专利及发表论文等，均为电子扫描件。

（二）烟台优才（青）卡

（1）优才（青）卡如何分类？

我市的高层次人才精准服务实施分级分类供应，认定为 A、B、C、D 类的人才获颁优才卡，认定为 E 类的人才获颁优青卡，持卡人可根据持卡类别享受对应的服务。

（2）持有优才（青）卡高层次人才可享受的精准服务包括哪些？

①出入境和居留。

E 类及以上外籍高层次人才和团队成员及其随行家属，可享受签证、居留等绿色通道服务。

②户籍登记。

E 类及以上非烟台户籍的高层次人才及其配偶、未婚子女，具有中国国籍或愿意放弃外国国籍申请加入（恢复）中国国籍的，均可依照本人意愿落户我市。

③住房保障。

人才公寓——E 类及以上高层次人才均可向工作单位驻地所在区市申请租住人才公寓，但已享受或正在享受我市购房补贴、生活补贴、租赁补贴中任一补贴政策的，按相关政策执行。

公积金贷款优惠——D 类及以上或具有全日制博士研究生学位的高层次人才，在我市购买首套商品住房的，可申请最高额度 80 万元的住房公积金贷款。

④配偶安置。

新引进 D 类及以上或具有全日制博士研究生学位的高层次人才，配偶原属公务员或事业单位在编在岗人员的，可由人才所在单位组织、人社部门负责协调安置。其他情形，多渠道帮助推荐就业岗位、提供免费就业服务，人事档案免费挂靠所在区市公共就业或人才服务机构。

⑤子女入学。

学前和义务教育——D 类中重点人才工程入选者、C 类及以上高层次人才子女，可根据意愿由市级教育部门在全市范围内统筹解决。D 类中其他高层次人才或具有全日制博士研究生学位的高层次人才子女，由工作单位驻地所在区市人才工作领导小组办公室，协调当地教育部门结合教育资源情况统筹解决。

　　报考普通高中——D 类及以上高层次人才子女在我市报考普通高中学校的，在填报学籍所在区市志愿的基础上，可突破学籍和户籍限制，在全市范围内选择 2 所普通高中学校填报志愿，达到报考学校录取分数线即可录取，达不到分数线的，在学籍所在区市按正常程序录取。

　　转学——E 类及以上高层次人才工作调动或户籍迁移，其子女需转学的，优先予以办理。

　　⑥医疗保障。

　　定点诊疗——C 类及以上高层次人才在定点医院提前预约就诊，可享受预约专家、陪同门急诊服务。

　　健康体检——D 类及以上高层次人才每年可享受一次免费健康体检。

　　⑦交通出行。

　　烟台国际机场——A 类高层次人才本人及 1 名随行人员，可享受 A 区出行全流程服务；B 类、C 类高层次人才本人及 1 名随行人员，可享受 B 区出行全流程服务；D 类及以上高层次人才本人及 1 名随行人员，可享受头等舱旅客待遇。

　　火车站——D 类及以上高层次人才本人及 1 名随行人员，在烟台火车站、烟台南站，可享受优先购票、进站和 VIP 贵宾室候车待遇。

　　港口客运站——D 类及以上高层次人才本人及 1 名随行人员，在烟台港客运站及烟台港国际客运站、同三客运站、蓬莱港客运站、龙口港客运站，可享受优先购票和 VIP 检票通道待遇。

　　市内公交——适时面向 E 类及以上高层次人才推出"烟台人才交通卡"，凭卡可享受 3 年免费乘坐烟台市公交集团公司运营的常规公交线路公交车待遇。

　　车管业务——E 类及以上高层次人才在车管业务大厅可优先办理机动车登记、驾驶证业务。

　　⑧政务服务绿色通道。

　　E 类及以上高层次人才在政务服务场所办理业务时，可提前预约，由服务场所指定服务专员专门受理、享受全程协助或代办待遇。

　　⑨金融服务。

　　D 类及以上高层次人才或其长期所在烟台市行政区域内注册的企业，可在市地方金融监管局备案并按要求开展"人才贷"业务的银行机构，申办最高 5000 万元无抵押、无担保信用贷款业务。

　　⑩海关服务。

　　D 类及以上高层次人才通过烟台境内口岸进出境时，可享受通关便利。

⑪税务服务。

E类及以上高层次人才办理有关涉税事项时，可享受税务部门提供的预约、"一对一"个性化咨询服务，还可按规定享受相关税收优惠政策。

⑫编制管理。

企业、机构平台引进的D类及以上或具有全日制博士研究生学位的高层次人才，来烟台前为事业单位在编人员的，可使用周转编制为其保留5年身份。期限内本人申请调入本市专业对口事业单位的，按程序直接办理调动手续；来烟前为非事业单位在编人员的，全职在烟工作满5年且表现优秀、本人申请调入本市专业对口事业单位，可按照紧缺人才特聘政策聘用到事业单位。

⑬职称评审。

D类及以上高层次人才，可享受"高级职称评审直通车"政策，直接申报副高级职称。其中持有"山东惠才卡"的，可直接申报正高级职称。

⑭岗位聘用。

烟台市属事业单位对D类及以上或具有全日制博士研究生学位的高层次人才，可采取组织考查的方式引进，符合特聘条件的可采用专家评议的方式引进，并可先聘用到相应岗位再办理相关手续；首次进行岗位聘用时，相应岗位没有空缺的，可根据资格条件突破单位岗位总量和最高等级结构比例限制，使用特设岗位聘用。

⑮薪酬管理。

事业单位正式聘用的编制内高层次人才，可实行协议工资制、年薪制、项目工资制等灵活多样的分配办法。

⑯旅游健身。

旅游景区——D类及以上高层次人才，进入我市政府投资管理的公园和政府投资管理的A级旅游景区免购门票入园。

健身场馆——D类及以上高层次人才，可在我市各级体育部门所属公共体育场馆免费健身。

⑰文化休闲。

剧院服务——E类及以上高层次人才，在烟台大剧院和福山剧院可享受提前预约、升级会员、打折优惠等服务。

博物馆服务——E类及以上高层次人才，在烟台市博物馆、烟台市自然博物馆可享受免费讲解及导览服务。

图书馆服务——E类及以上高层次人才，在市内各公共图书馆可免押金办理借书证。烟台图书馆可根据需求提供专项文献信息和科技信息保障服务。

九、职业培训政策

（一）国家层面

国家实施青年专项技能提升行动，高校毕业生可根据自身情况参加青年学徒培养、技能研修、创业培训、新职业培训、职业技能竞赛等培训内容，提升技术技能，并按规定享受职业培训补贴。培训后初次通过职业技能鉴定并取得职业资格证书的，还可享受职业技能鉴定补贴。教育部实施"中央专项彩票公益金宏志助航计划"，通过深入开展线上线下集中培训，帮助重点群体毕业生增强就业信心、提高综合素质和就业能力。（线上培训平台网址：https://hzzh.chsi.com.cn/）

（二）烟台市

1. 补贴性职业技能培训补贴

政策内容：职业培训补贴的人员范围包括：防止返贫监测对象、毕业年度高校毕业生（含技工院校高级工班、预备技师班、技师班和特殊教育院校职业教育类毕业生，下同）、城乡未继续升学的应届初高中毕业生、农村转移就业劳动者、城镇登记失业人员、就业困难人员（统称六类人员），以及符合条件的企业职工。对参加就业技能培训和创业培训的六类人员，培训后取得符合规定证书的（包括职业资格证书、职业技能等级证书、专项职业能力证书、培训合格证书），给予一定标准的职业培训补贴。

申报时间：无限制。

申报流程：符合条件人员向各区市人社部门或人社部门签约培训机构提交培训申请，受理通过后通知本人参加培训。

经办材料：身份证明材料。

咨询电话：

芝罘区：6605535	莱山区：6717276	蓬莱区：5653476	海阳市：3228265
栖霞市：5235759	招远市：8237929	黄渤海新区：6391576	福山区：6999536
牟平区：4338027	长岛区：3213566	莱阳市：2925128	龙口市：8518465
莱州市：2220122	高新区：6922784		

2. 企业职工岗位技能培训补贴

政策内容：对企业新录用的六类人员，与企业签订1年以上期限劳动合同，并于签订劳动合同之日起1年内参加由企业依托所属培训机构或政府认定的培训机构开展岗位技能培训，培训后取得证书的给予一定标准的职业培训补贴。

申报时间：无限制。

申报流程：符合条件企业向各区市人社部门提交申请，编制申报材料—由各区市人社部门审核—按照审核和公示结果，按程序发放补贴。

经办材料：企业职工身份证、培训花名册，劳动合同等证明劳动关系的证明材料，培训合格证书等。

3. 技能提升补贴

政策内容：累计缴纳失业保险费 36 个月以上的企业在职职工，取得职业资格证书，且证书批准日期距离申领补贴之日在 12 个月内可申领技能提升补贴。

申报时间：取得职业资格证书，且批准日期距离申领补贴之日在 12 个月内。

申报流程：通过市人社局官网、微信公众号进行申请，经初审、复审、公示后，发放至申请人的社保卡银行账户。

咨询电话：

芝罘区：6605534	福山区：6999762	莱山区：6717619	牟平区：4339017
蓬莱区：5647331	长岛区：3213566	海阳市：3222652	莱阳市：2915128
栖霞市：5235755	龙口市：8518452	招远市：8266601	莱州市：2213323
黄渤海新区：6375030	高新区：6922093	市本级：6266144	

资料三　大学生创业小锦囊

一、大学生创业优惠政策

（一）国家政策

1. 创业担保贷款及贴息政策

补助对象：符合条件的高校毕业生可申请最高 20 万元的个人创业担保贷款，由财政给予贴息。合伙创业的，可根据符合贷款条件的合伙创业人数适当提高贷款额度。

申领流程：当地人力资源社会保障部门确定。

受理机构：当地人力资源社会保障部门。

2. 一次性创业补贴政策

补贴对象：首次创办小微企业或从事个体经营，且所创办企业或个体工商户自工商登记注册之日起正常运营 1 年以上的离校 2 年内高校毕业生。

补贴标准：由省级人力资源社会保障、财政部门确定。

申领流程：由省级人力资源社会保障、财政部门确定。

受理机构：当地人力资源社会保障部门。

3. 税收优惠政策

补贴对象：毕业年度内从事个体经营的高校毕业生、登记失业半年以上的高校毕业生，持《就业创业证》（注明"自主创业税收政策"或"毕业年度内自主创业税收政策"）或《就业失业登记证》（注明"自主创业税收政策"）。

补贴标准：自办理个体工商户登记当月起，在 3 年内按每户每年 12000 元为限额依次扣减其当年实际应缴纳的增值税、城市维护建设税、教育费附加、地方教育附加和个人所得税。限额标准最高可上浮 20%，各省、自治区、直辖市人民政府可根据本地区实际情况在此幅度内确定具体限额标准。

申领流程：由当地人力资源社会保障、税务部门确定。

受理机构：当地人力资源社会保障、税务部门。

可在公共创业服务机构享受创业服务，获得咨询辅导、政策落实、融资服务等服务，政府投资开发的孵化基地等创业载体还会安排一定比例场地，免费向高校毕业生提供。

（二）山东省

1. 鼓励自主创业

（1）政府投资开发的孵化器等创业载体应安排 30% 左右的场地，免费提供给高校毕业生。有条件的地方可对高校毕业生到孵化器创业给予租金补贴。

（2）高校毕业生从事个体经营的，自办理个体工商户登记当月起，在3年（36个月）内按每户每年1.2万元为限额依次扣减其当年实际应缴纳的增值税、城市维护建设税、教育费附加、地方教育附加和个人所得税。

（3）毕业后创业的大学生可按规定缴纳"五险一金"。高校毕业生自主创业，可申请最高20万元创业担保贷款，对符合条件的借款人合伙创业或组织起来共同创业的，贷款额度可适当提高；对10万元以下贷款、获得市级以上荣誉称号以及经金融机构评估认定信用良好的大学生创业者，原则上取消反担保。

（4）实施弹性学制，放宽学生修业年限，允许调整学业进程、保留学籍休学创新创业。

（5）对小型微利企业应纳税所得额不超过100万元的部分，减按12.5%计入应纳税所得额，按20%的税率缴纳企业所得税；对年应纳税所得额超过100万元但不超过300万元的部分，减按50%计入应纳税所得额，按20%的税率缴纳企业所得税。个体工商户应纳税所得不超过100万元部分个人所得税减半征收。

（6）对月销售额15万元以下的小规模纳税人免征增值税。按月纳税的月销售额不超过10万元，以及按季纳税的季度销售额不超过30万元的缴纳义务人免征教育费附加、地方教育附加、水利建设基金。增值税小规模纳税人可以在50%的税额幅度内减征地方"六税两费"［资源税、城市维护建设税、房产税、城镇土地使用税、印花税（不含证券交易印花税）、耕地占用税和教育费附加、地方教育附加］。

（7）对高校毕业生首次领取小微企业营业执照（2013年10月1日以后登记注册）、正常经营12个月以上，在创办企业缴纳职工社会保险费的给予一次性创业补贴。每名创业人员、每个企业只能领取一次。有条件的市可将一次性创业补贴政策放宽到符合条件的新注册个体工商户。小微企业补贴标准不低于1.2万元。个体工商户一次性创业补贴标准不低于2000元。

（8）对新评选的"山东大学生十大创业之星"给予5万元奖励。对新评选的"山东优秀大学生创业者"给予1万元奖励。各市可参照省里的做法，根据实际情况制定市级创业典型人物奖励办法。

（9）对不超过35岁、软科世界大学学术排名前200位高校、自然指数前100位高校和科研院所博士来鲁创新创业的，直接给予省自然科学基金青年基金等项目支持。

（10）对回国创办企业且担任企业的法定代表人或出资额占企业注册资本的30%（含）以上的海外留学人员，择优给予"留学人员来鲁创业启动支持计划"资金支持。

2. 鼓励社会支持高校毕业生创新创业

（1）各地区、各高校和科研院所的实验室以及科研仪器、设施等科技创新资源可以面向大学生开放共享，提供低价、优质的专业服务。纳税人提供技术转让、技术开发和与之相关的技术咨询、技术服务免征增值税。

（2）对国家级或省级科技企业孵化器、大学科技园和国家备案众创空间向在孵对象提供孵化服务取得的收入，免征增值税；其自用及提供给在孵对象使用的房产、土地免征房产税和城镇土地使用税。依据科技企业孵化载体年度绩效，每培育1家高新技术企业补助10万元，每家科技企业孵化载体每年最高补助200万元。对首次通过高新技术企业认定的中小微企业给予10万元补助；对属于集成电路、氢能领域且首次通过高新技术企业认定的中小微企业给予15万元补助。

（3）符合条件的（投资2年以上）创业投资企业、有限合伙制创业投资企业和天使投资个人，采取股权投资方式直接投资于未上市的中小高新技术企业、初创科技型企业的，可按投资额的70%抵扣应纳税所得额；当年不足抵扣的，可以在以后纳税年度结转抵扣。

（4）金融机构向小型企业、微型企业及个体工商户发放小额贷款取得的利息收入，免征增值税。

（5）实施企业研发投入财政补助政策，按一定比例对符合条件企业的研发经费投入给予补助，引导企业加大研发投入，激发企业创新活力。对集成电路领域有关企业，按其当年享受研发费用加计扣除费用总额的10%给予补助。

（6）面向山东省内年销售收入2亿元、职工人数500人以下的中小微企业和入驻省级孵化载体的创业（创客）团队发放创新券，用于补助其使用共享科研设施与仪器开展科技创新活动、购买科技创新服务。补助标准：同一企业或团队每年最高补助50万元。

（7）实施科技成果转化贷款风险补偿政策，省级风险补偿资金由省级中小微企业贷款增信分险专项资金统一管理，与市级风险补偿资金协同联动，为科技型中小企业贷款提供增信支持。其中，省级财政按备案贷款不良本金给予35%的风险补偿；市级风险补偿比例原则上不低于备案贷款不良本金的35%。单户企业纳入风险补偿的科技成果转化贷款年度余额不超过2000万元。

（8）鼓励高校毕业生创办领办家庭农场、农民合作社和社会化服务组织，壮大重点龙头企业队伍。每年面向部分家庭农场主、农民合作社带头人、农业社会化服务组织带头人、小微农业企业负责人、农村创新创业带头人等开展创业富民主题培训班。

（9）鼓励返乡下乡高校毕业生参与全省农村创新创业项目创意大赛，对获奖选手给予一定奖励。

3. 高校毕业生创办小微企业有哪些纳税优惠政策？

（1）普惠性政策。

①自2022年1月1日至2024年12月31日，对小型微利企业年应纳税所得额超过

100万元但不超过300万元的部分，减按25%计入应纳税所得额，按20%的税率缴纳企业所得税。

②我省小规模纳税人减半征收六税二费。自2022年1月1日至2024年12月31日，山东省对增值税小规模纳税人、小型微利企业和个体工商户减按50%征收资源税、城市维护建设税、房产税、城镇土地使用税、印花税（不含证券交易印花税）、耕地占用税和教育费附加、地方教育附加。

（2）促进创业就业政策。

①自2019年1月1日至2025年12月31日，在毕业年度内，持有《就业创业证》（注明"毕业年度内自主创业税收政策"）的校毕业生从事个体经营的，自办理个体工商户登记当月起，在3年（36个月）内按每户每年14400元为限额，依次扣减其当年实际应缴纳的增值税、城市维护建设税、教育费附加、地方教育附加和个人所得税。

高校毕业生是指实施高等学历教育的普通高等学校、成人高等学校应届毕业的学生。毕业年度是指毕业所在自然年，即1月1日至12月31日。

毕业年度内高校毕业生，可持《就业创业证》、个体工商户登记执照向创业地县以上（含）人力资源社会保障部门提出申请，由人社部门核实其是否享受过重点群体创业就业税收优惠政策，并对符合财税〔2019〕22号文件规定条件的人员在其《就业创业证》上注明"毕业年度内自主创业税收政策"。

②企业吸纳高校毕业生就业的税费扣减政策。自2019年1月1日至2025年12月31日，企业招用在人力资源社会保障部门公共就业服务机构登记失业半年以上且持《就业创业证》（注明"企业吸纳税收政策"）的毕业年度内高校毕业生，与其签订1年以上期限劳动合同并依法缴纳社会保险费的，自签订劳动合同并缴纳社会保险当月起，在3年内按实际招用人数予以定额依次扣减增值税、城市维护建设税、教育费附加、地方教育附加和企业所得税，定额标准为每人每年7800元。

4. 高校毕业生首次领取小微企业营业执照有何补贴？

按照省有关规定，高校毕业生首次领取小微企业营业执照有下述补贴：

（1）首次领取小微企业营业执照（2013年10月1日以后登记注册）、正常经营12个月以上，在创办企业缴纳职工社会保险费的给予一次性创业补贴。

（2）每名创业人员、每个企业只能领取一次，小微企业补贴标准不低于1.2万元。

（3）有条件的市可将一次性创业补贴政策放宽到符合条件的新注册个体工商户，个体工商户一次性创业补贴标准不低于2000元。

5. 一次性创业补贴政策

有条件的地区，对首次创办小微企业或从事个体经营，且所创办企业或个体工商户自工商登记注册之日起正常运营1年以上的离校2年内高校毕业生，给予一次性创业补贴。补贴标准和申领流程由各省级人力资源社会保障、财政部门确定。符合条件的高校毕业生可到当地人力资源社会保障部门申请。

6. 创业担保贷款政策

高校毕业生自主创业，可申请最高 20 万元创业担保贷款，对符合条件的合伙创业或组织起来共同创业的借款人，贷款额度可适当提高。由财政部门按相关规定贴息。对个人申请 10 万元以下创业担保贷款，免除反担保要求。具体可到当地人力资源社会保障部门咨询申请。

7. 求职创业补贴政策

对毕业学年有就业创业意愿并积极求职创业的低保家庭、贫困残疾人家庭、建档立卡贫困家庭、特困人员中的高校毕业生和中等职业学校（含技工院校）毕业生，以及残疾、获得国家助学贷款的高校毕业生和中等职业学校（含技工院校）毕业生，给予一次性求职创业补贴。

符合条件的毕业生所在学校申请求职创业补贴，向当地人力资源社会保障部门提供毕业生获得国家助学贷款（或享受低保、身有残疾、建档立卡贫困家庭、贫困残疾人家庭、特困救助供养）证明材料、学籍证明复印件等。申请材料经毕业生所在学校初审和公示，报当地人力资源社会保障部门审核后，将补贴资金支付到毕业生本人社会保障卡银行账户。

（三）烟台大学生创业优惠政策

1. 一次性创业补贴

使用对象：创业人员、离岗或在职创业的乡镇事业单位专业技术人员。

2013 年 10 月 1 日至 2015 年 12 月 31 日期间首次领取小微企业营业执照、正常经营 12 个月以上且申请补贴时仍正常经营，在创办企业缴纳职工社会保险费的创业人员（企业法人）、离岗或在职创业的乡镇事业单位专业技术人员（不受缴纳社会保险费的限制），给予 1.2 万元一次性创业补贴；对 2016 年 1 月 1 日至 2019 年 12 月 31 日期间首次领取小微企业营业执照的，符合上述条件的创业人员，给予 2 万元一次性创业补贴；对 2020 年 1 月 1 日以后首次领取小微企业营业执照、正常经营 6 个月以上且申请补贴时仍正常经营，在创办企业缴纳职工社会保险费的创业人员（企业法人）、离岗或在职创业的乡镇事业单位专业技术人员（不受缴纳社会保险费的限制），给予 3 万元的一次性创业补贴。对 2014 年 1 月 1 日至 2019 年 12 月 31 日期间首次领取营业执照、正常经营 12 个月以上且申请补贴时仍正常经营的个体工商户，在创办实体缴纳职工社会保险费或在公共就业人才服务机构个人挂档缴纳城镇职工社会保险费的创业人员，给予 5000 元一次性创业补贴。对 2020 年 1 月 1 日以后首次领取营业执照正常经营 6 个月以上且申请补贴时仍正常经营的个体工商户，在创办实体缴纳职工社会保险费或在公共就业人才服务机构个人挂档缴纳城镇职工社会保险费的创业人员，给予 5000 元一次性创业补贴。正常经营是指有正常营业收入。每名创业人员、每个企业只能领取一次。

对 2022 年 1 月 1 日以后首次领取小微企业营业执照、正常经营 12 个月以上且申请补贴时仍正常经营，在创办企业缴纳职工社会保险费的创业人员（企业法人）、离岗或在职创业的乡镇事业单位专业技术人员（不受缴纳社会保险费的限制），给予 2 万元一次性创业补贴；首次领取营业执照、正常经营 12 个月以上且申请补贴时仍正常经营的个体工商户，在创办实体缴纳职工社会保险费或在公共就业人才服务机构个人挂档缴纳城镇职工社会保险费的创业人员，给予 5000 元一次性创业补贴。毕业 5 年内的全日制高校毕业生仍按《烟台市加快吸引集聚青年人才来烟就业创业三年行动方案》（烟委人组发〔2021〕2 号）中一次性创业补贴的条件和标准执行。

毕业 5 年内全日制高校毕业生，租用经营场地创业未享受过场地租赁费用减免的，正常经营一年后，每年给予最高 3000 元创业场所租赁补贴，补贴期限最长 3 年。

2. 一次性岗位开发补贴

2020 年 1 月起，将一次性创业岗位开发补贴实施范围扩大到有雇工的个体工商户。

对 2013 年 10 月 1 日以后注册成立，吸纳登记失业人员和毕业年度高校毕业生（不含创业者本人，下同）并与其签订 1 年及以上期限劳动合同，按月向招用人员支付不低于当地最低工资标准的工资报酬，并按规定为其缴纳职工社会保险费的小微企业，按照申请补贴时创造就业岗位数量，以每个岗位 2000 元的标准给予一次性创业岗位开发补贴。

3. 一次性创业场所租赁补贴

2020 年 1 月起，取消对创业场所租赁补贴中领取营业执照的"首次"限制。

对 2018 年 1 月 1 日以后领取营业执照的法定劳动年龄内的高层次高技能人才、返乡农民工、就业困难人员和毕业 5 年内全日制高等院校毕业生租用经营场地创业，并且未享受过场地租赁费用减免的，正常经营一年后，给予最高 3000 元每年的创业场所租赁补贴，补贴期限最长不超过 3 年。高层次高技能人才是指具有硕士以上学历、副高级以上职称或高级工以上技术等级的人员。返乡农民工是指本市农村户籍（或身份证住址在乡镇以下），曾离开户籍所在县务工半年以上且按规定缴纳职工社会保险费，目前正在户籍所在县范围内创业的人员。创业者租赁家庭成员房屋场所的以及租赁场所为工位形式的不列入申请范围。

4. 申请各项创业补贴的业务流程

符合条件的创业人员到注册地人力资源社会保障部门进行申请。

5. 创业补贴申请网上申请的审批时间是多久？创业贷款拨付给个人还是企业账户？

审批时间为 20 天，审核后交由财政部门发放，具体发放时间以财政部门为准。创业贷款拨付以申请主体为准。

6. 创业担保贷款享受的群体

创业担保贷款对象可以是借款人，也可以是单位。借款人是法定劳动年龄内，城镇登记失业人员、就业困难人员、复员转业退役军人、刑满释放人员、高校毕业生、化解过剩产能企业职工失业人员、返乡创业农民工、网络商户、建档立卡贫困人员、农村自主创业农民。

企业借款人是小微企业当年新招用符合创业担保贷款申请条件的人员数量达到企业现有在职职工人数 20%（超过 100 人企业达到 10%）以上，并与其签订 1 年以上劳动合同，且小微企业无拖欠职工工资、欠缴社会保险费等严重违法违规信用记录，企业、法定代表人和主要股东社会名誉好，无不良信用记录，无违法乱纪行为，无重大诉讼案件。小微企业认定按照各级市场监管部门公布的小微企业名录进行查验比对，划型标准参照《关于印发中小企业划型标准规定的通知》（工信部联企业〔2011〕300 号）规定执行。

7. 小微企业创业担保贷款具体申请规定

小微企业当年新招用符合创业担保贷款申请条件的人员数量达到企业现有在职职工人数 20%（超过 100 人企业达到 10%）以上，并与其签订 1 年以上劳动合同，且小微企业无拖欠职工工资、欠缴社会保险费等严重违法违规信用记录，企业、法定代表人和主要股东社会名誉好，无不良信用记录，无违法乱纪行为，无重大诉讼案件。

8. 创业担保贷款的申请程序

借款人携带相关材料至注册地公共就业（人才）服务机构提出申请，进行资格审核。网上申请：登录烟台市人力资源和社会保障局网站—网上办事—个人服务—就业创业—创业担保贷款申请—个人及小微企业创业担保贷款申请（入口）—登录山东省创业担保贷款资金系统，个人申请创业担保贷款，用户登录时选择"创业个体申请"，小微企业申请创业担保贷款，用户登录时选择"创业企业申请"。

二、创业计划书模板及范例

创业计划书模板：

一、项目概述

项目名称：项目名称。

项目背景：简述项目的起源、目的和意义。

项目目标：明确项目的短期和长期目标。

二、市场与竞争分析

市场需求分析：详细分析目标市场的需求及增长趋势。

竞争环境分析：评估竞争对手的优势与劣势，找出差异化竞争点。

SWOT 分析：对项目进行优势、劣势、机会和威胁的分析。

三、产品或服务描述

详细介绍：具体描述产品／服务的功能、使用方法和解决的问题。

创新点：突出产品／服务的创新性和独特性。

客户需求匹配：分析产品／服务如何满足市场需求。

四、营销策略与销售计划

品牌建设：说明如何塑造和提升品牌形象。

推广计划：制定具体的市场推广计划和销售策略。

客户关系管理：描述如何建立和维护客户关系。

五、运营与供应链管理

运营模式：阐述项目的运营模式和关键业务流程。

供应链管理：分析供应链的关键环节和合作伙伴。

物流与库存管理：说明物流和库存管理的方法和策略。

六、组织结构与团队管理

组织架构图：提供清晰的组织架构图。

团队介绍：详细介绍团队成员及其专业背景和技能。

人力资源策略：描述人力资源的招聘、培训和激励措施。

七、财务预算与投资分析

初始投资和资金来源：列出启动项目和运营初期的资金需求及来源。

运营成本预算：详细预测项目运营的各项成本。

收入预测与财务分析：基于市场调研和销售策略，预测项目的收入和盈利情况。

投资回报分析：分析项目的投资回报率和回报周期。

八、风险评估与应对策略

外部风险：分析政策、市场、技术等方面的外部风险。

内部风险：讨论团队、运营、财务等方面的内部风险。

应对策略：针对上述风险，提出具体的应对措施。

九、实施时间表

列出项目从筹备到运营各个阶段的关键时间点和预期成果。

十、总结

强调项目的核心价值、市场前景和盈利潜力。

呼吁投资者或合作伙伴的支持与参与。

创业计划书范例：

智能健身镜创业计划书

一、项目概述

项目名称：智能健身镜项目

项目背景：随着生活节奏的加快，现代人越来越重视健康和身材管理。传统的健身房虽然设备齐全，但受到时间、地点等因素的限制。智能健身镜作为一种新兴的健身方式，能够为用户提供便捷、高效的家庭健身解决方案。

项目目标：打造一款集健身指导、数据分析、社交互动于一体的智能健身镜产品，为用户提供个性化的健身服务，同时实现商业盈利。

二、市场与竞争分析

市场需求分析：随着健康意识的提高，越来越多的人开始关注健身。智能健身镜作为一种新型的健身方式，能够满足用户在家中进行高效健身的需求，市场前景广阔。

竞争环境分析：目前市场上已经有一些智能健身镜品牌，但大多数产品功能单一，缺乏个性化服务。我们的产品将通过丰富的功能和个性化的健身计划，与竞争对手区分开来。

SWOT 分析：

优势（S）：我们的产品具有高度的个性化和互动性，能够为用户提供定制化的健身计划。

劣势（W）：作为一个新兴品牌，我们在市场上的知名度有待提高。

机会（O）：随着健康意识的提高，智能健身市场不断增长，为我们的产品提供了广阔的发展空间。

威胁（T）：竞争对手可能会加强市场推广，对我们的产品造成一定的冲击。

三、产品或服务描述

详细介绍：我们的智能健身镜产品采用先进的 AI 技术，能够根据用户的身体状况和健身目标，为用户制订个性化的健身计划。产品内置多种健身课程，包括瑜伽、普拉提、有氧运动等，满足不同用户的需求。同时，产品还具有实时数据反馈和社交互动功能，让用户在健身过程中更加有趣和高效。

四、营销策略与销售计划

品牌建设：通过线上线下相结合的方式，提升品牌知名度和美誉度。线上方面，利用社交媒体、短视频平台等进行宣传推广；线下方面，与健身房、体育用品店等合作，开展体验活动。

推广计划：制订具体的市场推广计划，包括广告投放、KOL 合作、线下活动等多种方式，以吸引更多潜在客户。

客户关系管理：建立完善的客户关系管理系统，定期收集用户反馈，不断优化产品和服务。同时，通过会员制度、积分兑换等方式，增强用户黏性。

五、运营与供应链管理

运营模式：采用直销和渠道销售相结合的方式，扩大市场份额。直销方面，通过官方网站和电商平台进行销售；渠道销售方面，与体育用品店、健身房等合作，拓展销售渠道。

供应链管理：与优质的供应商建立长期合作关系，确保产品质量和供货稳定性。同时，建立完善的库存管理系统，降低库存成本。

六、组织结构与团队管理

组织架构：设立研发部、市场部、销售部、运营部等部门，明确各部门职责，确保公司高效运转。

团队介绍：团队成员具有丰富的健身、科技和市场营销经验。核心成员包括健身教练、软件工程师、市场营销专家等。

人力资源策略：制定完善的人力资源管理制度，包括招聘、培训、绩效考核等方面。通过激励机制和职业发展路径规划，吸引和留住优秀人才。

七、财务预算与投资分析（详细数据根据实际情况填写）

八、风险评估与应对策略

外部风险：市场竞争激烈，需密切关注行业动态，及时调整市场策略。

内部风险：产品研发进度可能受阻，需加强项目管理，确保按时交付。

应对策略：建立风险预警机制，提前识别潜在风险。同时，制定应急预案，以应对可能出现的突发情况。

九、实施时间表（根据具体项目情况制定）

十、总结

智能健身镜项目具有广阔的市场前景和盈利潜力。我们将以用户需求为导向，不断创新和优化产品功能和服务，致力于成为智能健身领域的佼佼者。希望得到投资者的支持与参与，共同开创美好的未来。

资料四　成长型企业及用人需求

一、山东汉鑫科技股份有限公司

山东汉鑫科技股份有限公司，成立于 2001 年，注册资本 4789 万元，是国家高新技术企业，专注于新一代信息技术领域。公司下设工业智能事业部、智能网联事业部、智慧城市事业部，致力于为政府及企业客户提供全方位的数字化转型服务。凭借强大的技术实力和创新能力，公司荣获了 2020 中国隐形独角兽 500 强、山东省"专精特新"中小企业、山东省瞪羚企业等多项殊荣，并且是山东省首批涉密信息系统集成／软件开发／运行维护资质单位。2021 年 11 月 15 日，公司在北京证券交易所成功首发上市（股票代码 837092），成为山东省首家直接登陆北交所的企业。

公司主营业务涵盖企业数字化转型、车路协同智慧交通和新型智慧城市三大板块。作为华为云工业互联网的核心合作伙伴，公司在企业数字化转型方面表现出色，已助力 400 多家企业实现转型升级。在车路协同智慧交通领域，公司积极响应国家政策，联合多所高校科研单位，研发了多项核心技术，并取得华为"车联网"独立软件供应商资格认证。在新型智慧城市业务方面，公司积累了丰富的设计经验和实施能力，已完成 1000 多个大型项目。

公司高度重视技术研发与创新，拥有专利 18 项、软件著作权一百余项，研发和技术人员占比超过 60%，并在烟台、北京和硅谷均设有研发中心。公司与多所著名校企建立了"产学研"合作关系，并自主研发了汉鑫 k8s 云原生技术平台。

展望未来，公司将持续聚焦三大业务板块，加大资源投入和市场布局。同时，公司将紧跟国家政策导向，加大在车路协同智慧交通方向的研发投入，并计划在未来五年内建成 30 个以上企业数字化转型人工智能区域创新中心，实现政企业务的双轮驱动战略布局。

为了满足公司快速发展的人才需求，我们诚邀各界精英加入我们的团队。目前，我们正招聘解决方案工程师、销售经理、售前技术工程师、交付项目经理、实施工程师、网络工程师、弱电岗位人员、软件研发人员、产品经理、投资经理／证券代表以及政研主任等多个职位。我们期待你的加入，共同开创山东汉鑫科技股份有限公司的美好未来！

二、山东明宇重工机械有限公司

山东明宇重工机械有限公司始建于 1996 年。公司位于美丽富饶的渤海湾畔—烟台莱州市，交通便利，地理位置优越。公司坚持"质量第一、用户至上、诚信守誉"的企业宗旨和"人才为根本，市场作导向，质量创品牌，创新促发展"的经营理念，专业打造世界一流的小型装载机、电动叉车、内燃叉车的研发生产基地。

公司占地面积 20 万平方米，拥有年产 8 万台整车的现代化生产车间 12 座；拥有国际领先水平的机器人焊接、激光下料、机加工设备 200 多台。公司建立并通过了 ISO9001 国际质量体系认证、ISO14001 环境体系认证、ISO45001 职业健康安全管理体系认证。明宇重工立志打造成产、学、研为一体的创新型企业。公司现有研发人员 140 余名，拥有多套具有世界先进水平的科研试验设施和智能检测系统，并与多所国内著名高校、科研院所建立了良好的技术合作关系，整体科研实力雄厚。

目前，公司形成了 0.5-50 吨系列装载机、越野叉车、挖坑机、电动和内燃叉车的产品格局。广泛应用于农田水利、建筑、矿山、仓储、货物搬运等诸多领域。明宇重工系列产品以其优美的外观、可靠的性能、优质的服务享誉祖国大江南北，先后获批"国家高新技术企业""国家专精特新小巨人企业""山东省省级工业设计中心""山东省工程研究中心""山东省制造业单项冠军企业""山东省瞪羚企业""山东省一企一技术研发中心"等殊荣，产品出口至欧、亚、非等多个国家和地区。

公司坚持"合作共赢、感动用户"的服务宗旨，在全国建立了 400 多家经销网点，构筑起了遍布全国 31 个省、市、自治区的营销服务网络，并创新性的在全国各个经销网点建立了明宇重工 4S 店，打造起了一支高素质、高效率的营销服务团队，提升了产品的服务水平。

在新时代，公司愿携手新老朋友及广大用户在全面建设小康社会，实现中华民族伟大复兴的征途上开拓创新，追求卓越，砥砺奋进，共创辉煌！

三、山东一云数据科技有限公司

山东一云数据科技有限公司，注册资金 300 万元，地位于山东省济南市高新区新泺大街，是一家专业的 IT 技术服务公司。公司立足高端 IT 技术服务，专注于打造一支高技术、高效率、高素质的专业技术团队。公司致力于 IT 资源的整合，全心全力打造最专业的 IT 服务团队，提供科学精准、人性化的专业 IT 技术服务，通过我们为企业信息化平台保驾护航，为用户创造最大化的价值，用户的成功就是一云最大的成功。

公司经营范围包括大数据、人工智能科技、网络、信息、仪器仪表、计算机、云计算、物联网专业领域内的技术开发、技术转让、技术咨询、技术服务；计算机系统集成服务；计算机网络工程；互联网科技创新平台；软件开发、技术服务；计算机软硬件及辅助设备、非专控通信设备的销售、维修；电子产品的安装及销售；安防工程的设计及施工；增值电信业务；电子与智能化工程；数据处理和存储服务；网页设计；规划设计管理；环保工程；照明工程；电气安装工程；一云科技的产品解决方案涵盖了从桌面管理、资产管理、安全管理、网络管理到 IT 服务管理等方面。AI 拟真面试训练终端产品、AI智慧面试训练亭、AI便携式面试训练箱、AI面试训练赋能中心全场景解决方案、智慧教室、网络教学平台、教学资源平台、云课堂、云录播教室、网络系统集成、数据中心、智慧校园等成熟产品，这些产品和方案全部具有产品高度集成、支持异构网络、功能完善、易于部署，应用灵活、方便等特点。

四、青岛恒星集团有限公司

青岛恒星集团创建于1988年，是青岛市人民政府最早认定的民营高新技术企业集团。集团目前下设基础教育、国际教育、继续教育、商业、传媒、智信、建设、健康、文教、旅游10个行业集团和江西义门陈区域集团。在国内外拥有90余家子公司，产品涉及教育、传媒、信息技术、汽车、养老、建筑、物流等几十个行业。业务覆盖全国30多个省，300多个大中城市，并在美国、加拿大设立分公司，积极广泛开展国际交流与合作。集团先后被青岛市评为"百强私营企业"、"百强企业"等荣誉称号，被中华人民共和国商务部、国际贸易经济合作研究院评为"企业诚信AAAA单位"。经过35年集团发展和23年学校育人探索的恒星人进一步明确了自己的使命与愿景，即教育作为恒星人不懈追求的事业，恒星将从备孕、胎教、托育、幼教、小学、初中、高中、大学、创业壮业和老年教育等人的整个生命链给能人再赋能，服务于人生全过程。为促进人的健康成长、全面发展与终身发展，为促进优秀文化传承以及经济社会发展而努力，并辅以各项配套措施，致力于人民生活更美好。每个集团下设的各企业（实训基地）与学院对应专业形成互促的发展模式。依托"行校共建、产教融合"的办学模式，"工学交替、实岗真做"的教学模式，学校作为企业的人才培养基地，企业作为学校的实习实训基地，实现了企业和学校的深度结合，也实现了学生在工作环境中学习，达到上岗工作零适应期。在集团十四五发展规划中，将全力打造各行业大厦，将进一步推动产业集群发展，促进创新创业机制，打造产业上下游壁垒，塑造从2人才培养到产业孵化、产业发展的产业生态圈。以行业大厦为平台，推动形成兼具人才培养、生产服务、技术研发、文化传承、科学研究等功能的"政、企、校、研、协"合作生态圈。"成就他人、幸福你我"是恒星人的核心价值观，在他人成长与奋斗时，恒星事业将提供尽心尽力的帮助与支持；学会与他人共享，善于与他人合作，在合作与共享中促进彼此事业的发展。成就他人的同时，使人生更有价值和意义，为恒星人带来成就感和幸福感。同时，打造国际名牌，最终实现"国际名企"的奋斗目标也是恒星人不懈的追求，恒星人也将为此而持之以恒的努力奋进。

五、世培教育科技有限公司

世培教育有限公司是一家全国连锁的以让更多人在人力资源服务行业获得成功为根本，进一步提高人力资源行业从业人员服务水平，以提高人力资源产业导向，推动行业向专业化和价值链高端延伸的创业就业培训基地。

目前国务院及多个部委推进新时代人力资源服务业高质量发展，各省市力求创新，不断完善人力资源服务业服务环境，为促进人力资源行业发展提供有力的支撑。中共中央国务院把促进高质量就业作为新时代新征程就业工作的新定位、新使命，目前给人力资源服务行业三个新使命，就业优先、人才强国、乡村振兴战略，以促进就业为根本。然而，创业这条路从来都不会轻松，谁来引导人力资源行业从业人员对接政府的政策？谁来为人力资源行业从业人员提供专业化培训服务？谁来为人力资源行业从业人员搭建创业就业的平台？

公司坚持"帮助服务更多的人创业和就业"的企业宗旨，以"让更多的人在人力资源行业获得成功"为根本，结合国家政策，培养人力资源服务行业领军人才职业化，其中包括职业指导师、劳务派遣管理员、创业指导师、薪酬规划师、劳动关系协调师、直播待岗直播员等，为打造人力资源服务行业人才队伍而赋能。公司主要培训人力资源行业高层次人才培养力度，以集中培训方式，组织全国人力资源行业专家以及行业领导人，联合各大高校、知名人力资源服务行业机构专家，以人才带动全行业从业人员能力提升。

公司为了加大人力资源服务行业领军人才培养力度，开展高级经营管理人员研修培训服务，打造高水平领军人才队伍和创新团队。公司依托现有资源，建设一批人力资源服务培训基地和实训基地，为人力资源服务行业社会组织建设发挥积极作用！

资料五 中英文简历模板

一、中文简历模板

PERSONAL RESUME
求职意向：服装、纺织设计

- 姓名：耐思
- 生日：1995.06
- 籍贯：上海
- 现居：上海浦东新区

- 微信：Nice1234
- 微博：Nice1234
- 手机：123456789
- 邮箱：Nice@123.com

🎓 教育背景

| 2012.09 - 2016.06 | 江苏大学 | 服装设计/ 本科 |

主修课程：西洋服装史，服装材料学，服饰文化，服装设计，服装工业工程，服装国际贸易，英语，服装连锁店管理，装消费心理学，服装制板与放码装流行分析，服装市场调查与分析

💼 工作经历

| 2014.05 - 2015.05 | 江苏贸易商行 | 服装设计师 |

工作描述：
定期开展市场调研分析工作，收集市场流行元素；
配合款式拍摄工作，做好款式搭配，发布每季服装的主题文章；

| 2015.11 - 2016.04 | 江苏服饰有限公司 | 服装设计师 |

工作描述：
浏览当季最新的各大品牌服装秀，搜集各网站的最新潮流资讯，分析款式，流行色，面料，工艺；
去中大搜集自己设计所需的面料色卡，辅料

⚙ 专业技能

语言技能：英语 CET6、粤语
专业技能：熟练掌握 Office 办公软件和 PS、CAD、AI 等设计软件
办公技能：熟练使用 Office 办公软件、Axure RP、Visio

👤 自我评价

工作积极认真，细心负责，熟练运用办公自动化软件，善于在工作中提出问题、发现问题、解决问题，有较强的分析能力；勤奋好学，踏实肯干，动手能力强，认真负责，有很强的社会责任感；坚毅不拔，吃苦耐劳，喜欢和勇于迎接新挑战。

PERSONAL　RESUME

👤 基本资料 Basic

- 姓名：耐思
- 年龄：22
- 性别：男
- 籍贯：湖北武汉
- 现居：广东深圳
- 专业：艺术设计
- 求职意向：Oracle 工程师
- 电话：123-456-7890
- 邮箱：4560@163.com

🪪 教育背景 Education

- 2011.09 - 2014.06　　　　耐思大学　　　　软件工程　　　　大专学位
- 2014.09 - 2017.06　　　　耐思大学　　　　软件工程　　　　本科学位
- 主修课程：装饰制图与 CAD，造型设计基础，素描与色彩，建筑设计与构造，居住空间装饰设计，手绘效果图技法

💼 工作经历 Work Experience

- 时间：2016.02 - 2016.05　　　　企业：耐思　　　　职位：Oracle 工程师
- **工作职责：**

负责 Oracle&MySQL 软件环境搭建、制定备份策略；

负责解析、转换应用程序发送的 xml 数据；

负责完善整个监控预警方案，规划相关资源，推动项目进展；

- 时间：2016.02 - 2016.05　　　　企业：耐思　　　　职位：Oracle 工程师
- **工作职责：**

负责 Oracle&MySQL 软件环境搭建、制定备份策略；

负责解析、转换应用程序发送的 xml 数据；

负责完善整个监控预警方案，规划相关资源，推动项目进展；

📊 自我评价 Self-evaluation

- 本人性格热情开朗，待人友好，为人诚实谦虚。工作勤奋，认真负责，能吃苦耐劳，尽职尽责，有耐心。具有亲和力，平易近人，善于与人沟通、活泼开朗、乐观向上、兴趣广泛、适应力强、上手快、勤奋好学、脚踏实地、认真负责、坚毅不拔、吃苦耐劳、勇于迎接新挑战。

耐思

应聘岗位：机电工程师

⌂ 上海浦东新区

☏ 123456789

✉ nice@123.com

⬡ 教育背景

2012.09~2016.07　　　　**北京大学**　　　**机电一体化**　　　　**本科学位**

主修课程：电工技术、电子技术、机械设计基础、机械加工机床、数控加工工艺、互换性与测量技术、液压与气动技术、

⬡ 工作经历

2015.07~2015.08　　　　**XXX 公司**　　　**机电工程师**

负责水暖专业设计变更、洽商及现场签证的初级审核工作。

协助有关部门办理供水、供暖、供气等手续。

负责水暖工程建设各阶段施工资料的收集，文字记录的汇总。

2014.07~2014.08　　　　**XXX 公司**　　　**机电工程师**

负责水暖专业设计变更、洽商及现场签证的初级审核工作。

协助有关部门办理供水、供暖、供气等手续。

负责水暖工程建设各阶段施工资料的收集，文字记录的汇总。

2013.09~2014.06　　　　**XXX 公司**　　　**机电工程师**

负责水暖专业设计变更、洽商及现场签证的初级审核工作。

协助有关部门办理供水、供暖、供气等手续。

负责水暖工程建设各阶段施工资料的收集，文字记录的汇总。

⬡ 技能证书

语言能力：通过大学英语六级、普通话二级甲等

计算机能力：通过全国计算机等级考试（二级 C），熟练掌握 word、excel、PPT 等日常办公软件

其他能力：C1 驾照　CAD Revit　低压电工　高压电工　空调维修

⬡ 自我评价

工作态度认真负责，办事效率高，工程经验丰富，能采取有效办法快速解决专业问题

时刻充满自信，有责任感，遇到问题从不推诿

积极参与团队建设，服从领导指示

沟通能力强，能及时协调顾问、业主、总包及其他专业分包，保证施工进度

二、英文简历模板

XXX

Objective :
Marketing Promotion or
Administration Assistant

Gender :
Age:
Mobile Phone :
E-mail Address :

Education

Sept.2017—Jul.2021　　　　**xx University**　　　**Major in International Business**

Work Experience

Mar.2008-present　　　　**China Hewlett Packard Co.Ltd**
Consumer Business Organization
Customer relationship Management Dept.

Skills & Ability

Very strong analysis , creative and communication ability.

Language

Excellent English in speaking and writing.

Computer

Excel , Access and other computer tools.

Family Name :　　**Given Name :**

Date of Birth :　　Birth Place :　　Gender :

Marital Status :　　Telephone :　　E-mail :

Education

Sept.2014-Aug.2018 Dept.of Automation , xx University , B.E.

Work Experience

Nov.2019 — present CCIED Inc. , as director of software development and web publishing.0rganized and attended trade shows (Comdex 99) .

Summer of 2018 BIT Company as a technician , designed various web sites.Designed and maintained the web site of our division independently from selecting suitable materials , content editing to designing web page by Frontpage , Photoshop and Java as well.

Achievements & Activities

- President and founder of the costumer committee
- Established the organization as a member of BIT
- President of communications for the marketing association
- Representative in the student association

Computer Abilities

Skilled in use of MS Frontpage , JavaBeans , HTML , CGI , JavaScript , Perl , Visual InterDev , Distributed Objects , CORBA , C , C++ , 0ffice2019 , Rational RequisitePro , Process , Pascal , PL/L and SQL software.

English Skills

Have a good command of both spoken and written English.Past CET-6 , TOEFL : 623 , GRE : 2213.

Others

Aggressive , independent and be able to work under a dynamic environment . Have coordination skills , teamwork spirit.Studious nature and dedication are my greatest strengths.

资料六　高校毕业生办理离校就职手续流程

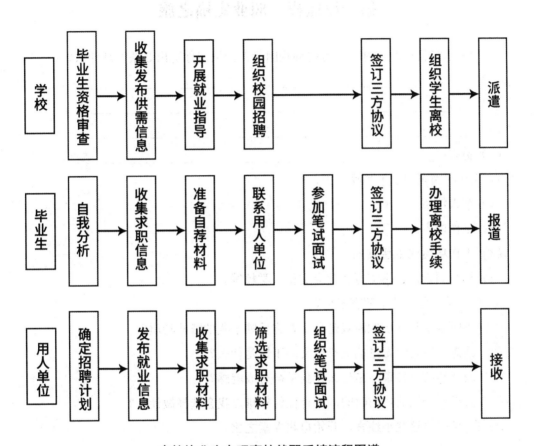

学校：毕业生资格审查 → 收集发布供需信息 → 开展就业指导 → 组织校园招聘 → 签订三方协议 → 组织学生离校 → 派遣

毕业生：自我分析 → 收集求职信息 → 准备自荐材料 → 联系用人单位 → 参加笔试面试 → 签订三方协议 → 办理离校手续 → 报道

用人单位：确定招聘计划 → 发布就业信息 → 收集求职材料 → 筛选求职材料 → 组织笔试面试 → 签订三方协议 → 接收

高校毕业生办理离校就职手续流程图谱

资料七　旅途配套手册

第一段旅程　职业定锚之旅

1. 我在选择目标职业时，会考虑哪些因素？如果请你写出 3 条，是什么？

（1）＿＿＿＿＿＿＿＿＿＿＿＿＿＿＿＿＿＿＿＿＿＿＿＿＿＿。

（2）＿＿＿＿＿＿＿＿＿＿＿＿＿＿＿＿＿＿＿＿＿＿＿＿＿＿。

（3）＿＿＿＿＿＿＿＿＿＿＿＿＿＿＿＿＿＿＿＿＿＿＿＿＿＿。

（4）更多：＿＿＿＿＿＿＿＿＿＿＿＿＿＿＿＿＿＿＿＿＿＿＿＿。

2. 我写的因素属于下列哪一类？

（1）个人特质。

（2）工作内容。

（3）工作环境或生活方式。

（4）社会因素，包括家庭、社会文化、学校等。

3. 看看我对自己的了解有多少？

（1）小时候最喜欢玩的游戏是什么？它反映了我的哪些特质？

（2）回想一下曾经做过的最有意义的事情是什么？

（3）成就感的一件事，是什么让我觉得有成就感？

（4）假设有一天的自由时间，没有任何安排，我会选择做什么？

现在，请带着这些小线索，开始自我探索之旅。

第一站　自我认知

1. 我的前三位职业兴趣类型代码：（　　）（　　）（　　）

对应的特点是：＿＿＿＿＿＿＿＿＿＿＿＿＿＿＿＿＿＿＿＿＿＿。

2. 我的职业技能优势

成就事件 1：＿＿＿＿＿＿＿＿＿，技能优势：＿＿＿＿＿＿＿＿＿。

成就事件 2：＿＿＿＿＿＿＿＿＿，技能优势：＿＿＿＿＿＿＿＿＿。

成就事件 3：＿＿＿＿＿＿＿＿＿，技能优势：＿＿＿＿＿＿＿＿＿。

其他技能测评结果：＿＿＿＿＿＿＿＿＿＿＿＿＿＿＿＿＿＿＿＿＿。

资源盘点：＿＿＿＿＿＿＿＿＿＿＿＿＿＿＿＿＿＿＿＿＿＿＿＿。

3. 我的职业价值观

第 1 位：_____。

第 2 位：_____。

第 3 位：_____。

4. 我的三叶草交集

高兴趣类型对应的职业：_____。

高能力优势对应的职业：_____。

高价值标准对应的职业：_____。

总结交集，最佳目标职业是：_____。

第 2 站　职业世界

1. 可能的职业选择

家族影响下的目标职业可能有：_____。

专业对口的职业选择可能有：_____。

2. 梳理职业招聘信息

表 10-1　各行业职业招聘信息统计表

序号	行业	组织（单位）	岗位	地域	入职条件	信息来源

3. 其他补充信息（如职场人物访谈、实习见习、实地参观、招聘会）

_____

_____

_____。

第 3 站　职业选择

1. 通过生涯幻游，遇见 10 年后的自己，你最想实现的生活方式和工作方式是怎样的？

_____

_____

_____。

2. 你的目标职业已经确定，请综合前面的探索，运用五维分析法，以下表示例，看看你与目标职业的匹配度。

表 10-2　基于五维分析法的目标职业匹配度分析表

项目	个人情况	职业信息 1	职业信息 2	职业信息
兴趣爱好				
入职资历				
生活方式				
工作环境				
行业现状				

第二段旅程　简历设计

1. 针对性撰写我的专属简历

（1）求职意向：没有意向目标就不能写出优秀的简历

目标 1　单位名称：_____，岗位名称：_____。

目标 2　单位名称：_____，岗位名称：_____。

目标 3　单位名称：_____，岗位名称：_____。

其他：_____。

（2）个人信息：我认为以上求职目标所需的个人信息有哪些

□姓名　□性别　□年龄　□出生年月　□身高、体重

□政治面貌　□籍贯　□联系电话　□电子邮箱　□地址

这些选项的规范书写是这样的：_____

_____。

（3）教育背景：我认为以上求职目标所需的教育背景有哪些

□时间　□学校　□专业　□学历层次　□所修课程　□成绩排名

规范书写是这样的：_____

_____。

（4）实习 / 实践 / 项目经历

我有几段经历可以写入简历匹配目标岗位？

使用 STAR 法则撰写。

表 10-3　基于 STAR 法则的实习经历统计表

经历	S	T	A	R
经历 1				
经历 2				
经历 2				

借鉴 USP 法则修改：_____

_____。

（5）校园活动：我有哪些校园活动？

我选取哪些写入简历，可以证明我具有什么能力或品质？

活动 1：_____，证明我的：_____。

活动 2：_____，证明我的：_____。

活动 3：_____，证明我的：_____。

（6）其他情况

我有哪些获奖、以上未提及的技能、爱好特长等？

获奖奖项：

表 10-4　各类获奖奖项统计表

奖项	时间	项目或比赛名称	奖项等级	我的表现或成果
奖项 1				
奖项 2				
奖项 3				

技能证书：

技能的名称：_____，掌握程度：_____，是否有证书 _____

应用的成果：_____

爱好特长：_____

爱好特长的名称：_____，掌握程度：_____

收获提升与感悟：_____

2. 我这样投递简历

（1）简历投递的方式：_____

（2）邮件简历是这样的；

简历命名：

邮件投递使用的标题：_____

邮件投递使用的正文：_____

注意：

附件上传时将简历保存为 _____ 格式，不要直接用 _____ 格式。

3. 我的简历投递信息记录表

表 10-5　简历投递信息记录表

序号	单位	岗位	投递结果	初面时间	后续面试时间	最终结果

What can you do？你能做什么？（能力）

What have you done？你曾经干过什么，是否持之以恒？（实践经历）

What do you know？你了解些什么？（知识）

Who are you？你属于哪一类人？（风格类型）

第三段旅程　决胜面试

1. 我接到了面试通知电话

务必清晰这 6 条重要信息：

（1）公司名称：＿＿＿＿＿＿＿＿＿＿＿＿＿＿＿＿＿＿＿＿。

（2）应聘职位：＿＿＿＿＿＿＿＿＿＿＿＿＿＿＿＿＿＿＿＿。

（3）面试类型：＿＿＿＿＿＿＿＿＿＿＿＿＿＿＿＿＿＿＿＿。

（4）时间：＿＿＿＿＿＿＿＿＿＿＿＿＿＿＿＿＿＿＿＿＿＿。

（5）地点、交通：＿＿＿＿＿＿＿＿＿＿＿＿＿＿＿＿＿＿＿。

（6）携带材料：＿＿＿＿＿＿＿＿＿＿＿＿＿＿＿＿＿＿＿＿。

注意：用笔记下、录音开启、可以请求发邮件，别忘了，还有我的"简历投递信息记录表"。

2. 我要做好面试前的准备

（1）我的形象

服装：＿＿＿＿＿＿＿＿＿＿＿＿＿＿＿＿＿＿＿＿＿＿＿＿＿。

发型：＿＿＿＿＿＿＿＿＿＿＿＿＿＿＿＿＿＿＿＿＿＿＿＿＿。

基本体态的练习：＿＿＿＿＿＿＿＿＿＿＿＿＿＿＿＿＿＿＿。

（2）携带材料

□毕业生就业推荐表　□简历、自荐信　□成绩单　□证书　□作品成果

其他：＿＿＿＿＿＿＿＿＿＿＿＿＿＿＿＿＿＿＿＿＿＿＿＿＿。

（3）必备信息

□用人单位信息　□职业信息　□交通路线

（4）素质准备

复习个人简历，梳理以下要点：

专业知识：＿＿＿＿＿＿＿＿＿＿＿＿＿＿＿＿＿＿＿＿。

实践经验：＿＿＿＿＿＿＿＿＿＿＿＿＿＿＿＿＿＿＿＿。

求职动机：＿＿＿＿＿＿＿＿＿＿＿＿＿＿＿＿＿＿＿＿。

口头表达：＿＿＿＿＿＿＿＿＿＿＿＿＿＿＿＿＿＿＿＿。

（5）综合应变

意外 1：迷路，应对办法：＿＿＿＿＿＿＿＿＿＿＿＿＿。

意外 2：堵车，应对办法：＿＿＿＿＿＿＿＿＿＿＿＿＿。

意外 3：身体不适，应对办法：＿＿＿＿＿＿＿＿＿＿＿。

有效办法：求助、及时反馈。

（6）状态调整

随身必备物品：＿＿＿＿＿＿＿＿＿＿＿＿＿＿＿＿。

休息饮食：＿＿＿＿＿＿＿＿＿＿＿＿＿＿＿＿＿＿。

前 15 分钟：＿＿＿＿＿＿＿＿＿＿＿＿＿＿＿＿。

3. 面试结束后

（1）离场时：＿＿＿＿＿＿＿＿＿＿＿＿＿＿＿＿＿＿。

（2）后期联系：＿＿＿＿＿＿＿＿＿＿＿＿＿＿＿＿＿。

4. 自我介绍

（1）写出我的自我介绍：＿＿＿＿＿＿＿＿＿＿＿＿＿。

（2）肢体语言：＿＿＿＿＿＿＿＿＿＿＿＿＿＿＿＿＿。

第四段旅程　职业素养之旅

1. 测测我的职场情商

（1）领导问你在不在。

我这样回复：＿＿＿＿＿＿＿＿＿＿＿＿＿＿＿＿＿＿。

（2）向领导请示工作。

我这样表述：＿＿＿＿＿＿＿＿＿＿＿＿＿＿＿＿＿＿。

（3）领导跟我说谢谢。

我这样回复：＿＿＿＿＿＿＿＿＿＿＿＿＿＿＿＿＿＿。

（4）领导安排了我完成不了的工作。

我这样表述：＿＿＿＿＿＿＿＿＿＿＿＿＿＿＿＿＿＿＿＿＿＿＿＿＿＿＿＿。

（5）领导跟你说辛苦了。

我这样回复：＿＿＿＿＿＿＿＿＿＿＿＿＿＿＿＿＿＿＿＿＿＿＿＿＿＿＿＿。

（6）我犯了错，领导问我怎么回事。

我这样表述：＿＿＿＿＿＿＿＿＿＿＿＿＿＿＿＿＿＿＿＿＿＿＿＿＿＿＿＿。

（7）领导问你是否知道一件事情。

我这样回复：＿＿＿＿＿＿＿＿＿＿＿＿＿＿＿＿＿＿＿＿＿＿＿＿＿＿＿＿。

（8）领导问我工作进展。

我这样回复：＿＿＿＿＿＿＿＿＿＿＿＿＿＿＿＿＿＿＿＿＿＿＿＿＿＿＿＿。

2. 看看我的职场沟通

（1）你在工作中遇到了难题，需要领导的指导和支持，如何沟通？

与领导沟通的要点：＿＿＿＿＿＿＿＿＿＿＿＿＿＿＿＿＿＿＿＿＿＿＿＿＿。

（2）你和一位同事共同负责一个重要项目，但是你们对项目的某个部分有不同看法，如何沟通？

与同事沟通的要点：＿＿＿＿＿＿＿＿＿＿＿＿＿＿＿＿＿＿＿＿＿＿＿＿＿。

（3）你是一家软件公司的销售代表，正在与一个潜在客户讨论一个定制化项目，如何沟通？

与客户沟通的要点：＿＿＿＿＿＿＿＿＿＿＿＿＿＿＿＿＿＿＿＿＿＿＿＿＿。

3. 试试我的职场礼仪

（1）我的职业仪容设计：＿＿＿＿＿＿＿＿＿＿＿＿＿＿＿＿＿＿＿＿＿＿＿。

（2）奉茶礼仪要点：＿＿＿＿＿＿＿＿＿＿＿＿＿＿＿＿＿＿＿＿＿＿＿＿＿＿。

（3）握手礼仪要点：＿＿＿＿＿＿＿＿＿＿＿＿＿＿＿＿＿＿＿＿＿＿＿＿＿＿。

（4）介绍礼仪要点：＿＿＿＿＿＿＿＿＿＿＿＿＿＿＿＿＿＿＿＿＿＿＿＿＿＿。

（5）递接礼仪要点：＿＿＿＿＿＿＿＿＿＿＿＿＿＿＿＿＿＿＿＿＿＿＿＿＿＿。

（6）开门礼仪要点：＿＿＿＿＿＿＿＿＿＿＿＿＿＿＿＿＿＿＿＿＿＿＿＿＿＿。

（7）乘梯礼仪要点：＿＿＿＿＿＿＿＿＿＿＿＿＿＿＿＿＿＿＿＿＿＿＿＿＿＿。